교실심리

교 실
심 리

지금,
교실에서 무슨 일이
벌어지고 있나

김현수 지음

교실 속 아이들의 심리 A to Z
행복한 교실을 만드는 희망의 심리학 개정판

ᕦᕤ에듀니티

밖에서 들여다본 교실 안 풍경

〈행복한 교실을 만드는 희망의 심리학〉이 출간된 것은 2012년 4월이 었습니다.

벌써 7년 세월이 흘렀습니다. 그동안 이 책을 찾아주신 독자분들께 깊은 감사의 인사를 전합니다. 여전히 이 책을 필요로 하는 독자분들 이 계셔서, 새로운 책으로 발행하게 된 것 또한 저로서는 매우 기쁜 일 입니다. 개정판은 초기 집필 단계에서 제가 의도한 '교실에서 필요로 하는 심리학', '담임을 새로 맡은 젊은 교사에게 선물하고 싶은 심리학' 이라는 의미를 담아 〈교실 심리〉라고 제목도 바꾸었습니다.

〈행복한 교실을 만드는 희망의 심리학〉 출간이 계기가 되어 이후 〈공 부상처〉, 〈교사상처〉, 〈무기력의 비밀〉 (에듀니티), 〈중2병의 비밀〉 (덴스토리)까지 저자로서의 여정을 이어올 수 있었습니다. 가장 기뻤던 순간은 이 책이 초임 담임 교사나 경력이 오래지 않은 선생님들에게 교실이라는 공간을 이해하는 데 도움이 되었다는 후기나 서평을 접했을 때였습니다.

안에 있는 사람들이 보지 못하는 것을 밖에 있는 사람들이 볼 수 있는 경우는 생각보다 흔한 것 같습니다. 밖에서 바라보는 시각으로 나 자신을 보는 연습을 하면 나를 둘러싼 문제들을 훨씬 객관적으로 볼 수 있습니다. 그러면 자기 마음도, 아이들도, 학부모도, 교실도 더 잘 보이지 않을까 생각합니다.(정신과 전문의이면서 작은 학교의 교장을 20년 가까이 하고 있는 저는 애매하게 안과 밖의 시선을 모두 지니고 있는 상태랍니다.)

이번 책에서는 세월이 지나 변하고 달라진 것들을 일부분 고쳤습니다. 제 소개도 업데이트하고, 새로운 챕터를 추가하여 교실에서 일어나고 있는 변화의 표지판을 하나씩 세워 안내한다는 기분으로 썼습니다. 오늘의 우리가 같이 알고 논의해야 할 이슈들을 담았습니다. 기존의 본문 내용에서 현재에도 여전히 유효한 이야기는 그대로 두고 지금 현실에 맞지 않다고 생각되는 부분에 약간의 수정을 가했습니다. 교실에서 일어나고 있는 일들을 함께 이해하고자 하는 저의 미약한 노력이 여러 선생님들에게 새로운 영감을 가져다주기를 희망합니다.

교실은 생산하는 곳, 마법의 공간, 역동적 장면을 가득 담은 무대로서 설렘을 가져다주는 곳이어야 한다는 당위적 요구가 여전히 있지만, 현실은 언제나 그렇듯 변덕스런 여름 날씨 같이 변화무쌍한 곳인 것 같습니다.

그곳에서 만나는 다양한 기쁨 그리고 때로는 슬픔이나 고통을 통한 성장까지도 더 풍요롭게 만끽하기를 기원합니다. 진료실에서 제 삶이 펼쳐지듯이, 교실에서 여러분의 삶이 펼쳐지고 있음을 더 깊이 느끼고 간직하기를 바랍니다.

교실에서 분투하는 모든 선생님들께 고마움을 전합니다.

2019. 2. 28.

김현수

교실은 교사 삶의 터전

학교, 교실, 매일 만나는 아이들. 교실은 교사라는 직업을 가진 사람들에게 평생을 함께해야 할 공간이지만, '나는 지금 여기서 무엇을 하고 있나?'라는 의문에 머릿속이 혼란스러운 때도 있을 것이다. 서둘러 출근 준비를 마치고 학교로 가는 길, 오늘 아침 우리 교실은 벌통을 뒤집어놓은 것처럼 시끄러울까, 아니면 쥐죽은 듯 조용할까. 교실은 극단적인 두 가지 모습을 지니고 있어서 시장통처럼 시끄러울 때가 있는가 하면 모두가 잠든 주택가처럼 조용할 때도 있다.

교실은 교사가 하루 중에 가장 많은 시간을 보내는 곳이다. 교사에게 교실은 무엇이고, 아이들은 무슨 생각을 하며 교실에 와서 앉아 있을까. 교실은 수업을 하는 공간이라는 막연한 생각은 옳은 걸까. 교사에게 교실은 즐거운 곳일 때도 있지만 피하고 싶은 공간일 때도 있다. 솔직히 교실보다 교무실이 더 편한 교사도 없지 않을 것이다. 교무실에 앉아 있다가 종이 울리면 교실로 돌아가 수업을 하는 교사들은 도대체 답답한 사각의 교실에서 무엇을 하고 있는 것일까? 교사에게, 또 아이들에게 교실은 과연 무엇일까?

교사의 삶은 교실에서 시작된다

교사가 자신의 인생에서 가장 많은 시간을(적어도 낮 동안에는) 보내는 곳은 교실이고, 교실이라는 공간에서 수업이라는 행위를 하면서 교사의 삶이 시작된다. 그럼에도 대부분의 교사는 교실을 그저 일상적인 공간으로만 여길 뿐, 그곳에 특별한 의미를 부여하지 않는다. 그러나 교사가 교실을 가장 행복한 공간이라 여기고, 기대와 설레는 마음으로 들어설 때 비로소 교실도 수업도 살아날 수 있다.

〈교실 심리〉는 교실을 이해하는 과정으로서 교실이라는 공간이 교사에게 의미하는 것은 무엇이며, 또 학생들은 교실을 어떻게 받아들이는지에 주목했다.

'교실은 무엇인가?' 이 질문은 '사랑이란 무엇인가, 행복이란 무엇인가'처럼 너무 추상적이고 막연해서 한마디로 대답하기 어렵다. 나는 교사들에게 있어 교실이 무엇인지 알아보기 위해 구체적인 질문을 던져보았다.

'교사로 살아가면서 낮 동안 시간을 가장 많이 보내는 장소는 어디인가? ①교무실 ②운동장 ③화장실 ④교실.' ①번이라고 대답하는 교사도 있었는데, 담임을 맡지 않고 수업을 적게 하는 분들은 ①번일 수도 있을 것이다. 그러나 거의 모든 교사가 ④번이라고 답했다.

독일에서 조사한 한 자료에도 교사가 평생 가장 많은 시간을 보내는 곳은 교실로 나타났다. 즉, 밤에 집에 가서 지내는 시간을 빼면 교사가 자신의 인생에서 가장 많은 시간을 보내는 장소가 교실이다. 새삼스러울 일도 아닌데, 가만히 생각해보면 교실에서 그렇게 많은 시간을 보내기에 전혀 새롭게 느끼지 못하는 것일 수도 있을 것이다.

나는 직업이 의사지만 교육 운동과 청소년 상담도 하고 있다. 그런데 한때 의사이면서 진료를 안 하던 시기가 있었다. 교사이면서 수업 안 하는 교사처럼, 진료를 안 하면서 얼마간 지내보았다. 무척 답답함을 느꼈다. 물론 병원만이 아니라 여러 지역 사회의 현장도 내가 일하는 공간이기는 하다. 그럼에도 다른 어느 곳보다 내가 가장 마음 편하게 있을 수 있는 곳, 가장 오래 있어야 할 곳은 어디인가를 생각해보니, 내 직업이 의사인 한 그곳은 진료실이란 답이 나왔다. 진료할 때가 마음이 가장 편하다는 사실도 다시금 깨달았다.

그렇다면 교사는 수업을 할 때 가장 마음이 편할까? 사실 동료 의사 가운데도 진료하는 걸 싫어하는 친구들이 적지 않게 있다. 그들은 진료하면서도 일이 끝나면 어디로 놀러 갈까 고민하기도 한다. 그래도 대체로 많은 의사들은 진료실에 있는 걸 좋아한다. 자기가 평생 하기로 한 일이니까 진료실에서 환자들을 만나는 게 가장 좋고 행복하고, 또 그런 경험을 갖고 있어야 의사로서 직업 만족도도 높아지고 환자들한테도 잘할 수 있다.

이런 생각을 하면서 진료실을 다시 한번 둘러보았다. 사실 정신과 의사의 진료실엔 별 다를 게 없다. 초음파기도 없고, 내시경도 없고, 수술

도구는 있을 리 없다. 그냥 책과 책상과 의자뿐이다. 여기서 힌트를 얻어서 어쨌든 나도 학교라는 공간('성장학교 별')에 있는 사람이니까, 우리 교사들은 어떨지 생각해보았다.

역시 교사에겐 가장 오래 생활하는 공간이자 여러 가지 일들이 일어나는 장소(긴장하기도 하고, 기뻐하기도 하고, 행복감도 느끼고, 실망하기도 하는)가 교실이라는 결론을 내렸다. 의사가 진료하는 걸 피곤해하고 힘들어하면 진료의 질이 나빠지고 스스로 소외감을 느끼는 것처럼, 교사에게 교실이 행복하고 기대하는 공간이 되어야 비로소 교실도 살고 수업도 살아날 거라는 확신이 들었다.

나는 교실이라는 장소에 다시 한번 주목하면서 교사와 학생 사이에 어떤 일들이 일어나는지, 교사의 내면에서는 어떤 일들이 일어나고, 또 학생들 사이에선 무슨 일들이 벌어지는지 좀 더 자세히 들여다보게 되었다. 그러자 교실을 새롭게 하고 싶다는 기대가 생겼다.

의사에게 진료실이 중요한 삶의 공간이듯 교사의 삶에서 교실이 새로운 공간이 되게 도우면 좋겠다는 열망이 생겼다. 그리고 나 나름대로 교실을 이해하는 작업을 하면서 교사의 삶은 교실에서, 수업으로 시작된다는 지극히 당연한 논리를 다시 확인했다. 수업을 하는 것은 행위이고, 그 행위가 일어나는 장소는 교실이다. 따라서 이 책을 통해 내가 독자(누군가와 특정한 공간에서 배움을 나누는 모든 분)들과 나눌 수 있는 가장 큰 성과라고 한다면, 여러분이 일상적으로 드나들던 교실이 새롭게 다가오도록 하는 것이다. 만약에 그런 변화가 일어난다면, 아주 성공적이고 보람 있는 결과가 될 것이다.

교실은 ○ ○ ○ 이다

교실은 무엇이라고 생각하는가? 이 질문은 원래 아이들과 교사들에게 '교실에 대해 어떻게 느끼는지'를 살피기 위한 설문이었다. 아이들이 신나게, 전혀 고민하지 않고 대답한 데 비해 교사들은 대답이 더뎠다. 먼저 교사들의 답을 보자.

교실은 부대끼며 성장하는 곳이다.
교실은 사회생활의 실험실이다.
교실은 정글이다.
교실은 상호 작용이다.
교실은 작은 사회이다.
교실은 만남의 장소이다.

하나같이 교과서적인 답들뿐이다.
이번에는 아이들의 대답을 보자.

교실은 침실이다.
교실은 독서실이다.
교실은 교도소다.
교실은 독재자의 공간이다.
교실은 지겨운 곳이다.
교실은 냄새나는 곳이다.

교실은 친구가 있는 곳이다.

교실은 점수 매기는 곳이다.

교실은 따가운 시선이 많은 곳이다.

교실은 복도 맞은편에 있는 곳이다.

교실은 숨 막히고 답답한 곳이다.

교실은 공부 시간에 앉아 있는 곳이다.

교실은 앞만 바라보아야 하는 곳이다.

교실은 짝꿍이 있는 곳이다.

교실은 그들만의 리그가 펼쳐지는 곳이다.

교실은 욕하고 싸우는 곳이다.

교실은 배우는 곳이다.

아주 거침이 없었다. 이 가운데 '교실은 복도 맞은편에 있는 곳이다'라는 대답이 재미있다. 이 아이에게 학교생활의 중심은 복도인 것이다. 얼마 전에 상담한 아이도 그랬다. 학교에 가면 어디 있을 때 가장 좋으냐는 질문에 '복도에 있을 때'라고 대답했다. 복도에서 떠들고 놀 때 마음이 편하다는 것이다.

아이들이 느끼는 교실은 자유롭게, 누구한테 보여줄 게 아니니까 느끼는 대로 솔직하게 말하라고 한 상태에서 나온 결과였다. 사실 어느 정도 예측은 했지만, 그럼에도 아이들은 생각했던 것보다 훨씬 다양하게—흔히 어른들이 기대하는 만남, 배움, 우정 이런 것들과는 다르게—교실을 인식하고 있었다. '공부하는 곳'이라는 말은 아예 있지도 않았다.

왜 그럴까? 교실이 공부하는 곳이 아니라면 아이들은 도대체 어디에서 공부를 할까? 주로 학원에서 한다는 뜻일까? 안타까운 현실이지만 공부를 학교에서 한다는 개념 자체가 이전보다 많이 줄어들었다.

'교실 명상'을 하자

내가 교실이 삶의 주 무대인 교사들에게 일상생활에서 함께 실천하자고 제안하는 것이 바로 '교실 명상'이다. 교사가 자신의 마음을 새롭게 다질 수 있도록 하는 게 '교실 명상'이고, 그 실천 지침을 글로 써서 표현한 것이 '교실 명상문'이다. '교실은 ○○○다'라는 정의를 내린 교사라면, 다음 단계로 '교실 명상'을 하자. 아침에 수업을 시작하기 직전의 교실이든, 수업이 끝나고 아이들이 다 돌아간 뒤에 잠깐 앉아 있는 교실이든, 교실에서 자신을 새롭게 돌아보는 시간을 갖자는 것이다.

우리는 살면서 (설령 교사가 되지 않았다 하더라도)초등학교 6년, 중고등학교 6년을 합해서 적어도 12년을 교실이라 불리는 공간에서 생활했다. 그런 교실에 대해 자신만의 철학을 담은 생각을 하나쯤 정리해서 가지고 있어도 좋을 것이다. 아침에 하루를 시작하면서 교탁 한구석에 교실 명상문을 써서 붙여놓고 오늘 하루를 살아갈 교실을 새롭게 바라보는 마음을 갖는다면, 그것은 곧 새로운 무언가를 잉태하는 일로 연결될 것이다. 꿈을 잉태할 수도 있고, 성장을 잉태할 수도 있고 혹은 만남을 잉태할 수도 있다.

교사에게 있어 교실이란 어떤 곳이고, 교실과 새롭게 만나기 위해서는 어떻게 하면 좋을까? 교사에게 교실은 너무도 일상적인 공간이라

그 의미를 환기시키는 게 쉽지 않을 것이다. 하지만 사람에게 가장 중요한 시간은 어쩌다 마주하는 극적인 순간이 아니라 늘 반복되는 일상적인 순간들이다. 마찬가지로 교사의 삶이 교실에서 시작된다는 건 지극히 당연한데, 그럼에도 교사가 교실을 벗어나 다른 공간에 있을 때 더 편하게 느끼는 것은 아닌지 되돌아보아야 한다. 이것이 곧 교사의 소외와 일탈의 시작이며 아픔으로 연결되기 때문이다.

우리가 교실이라는 공간을 어떻게 정의하느냐에 따라 교실은 달라질 수 있고, 일상의 장면과 공간을 새롭게 의미화하려는 노력은 교실을 새롭게 하기 위한 출발점이기도 하다. 먼저 교사가 교실에 대한 자신만의 정의를 내리고, 교실 명상을 통해 되돌아보자. 그런 다음 교사가 내린 정의와 학생들이 내린 정의를 대조해보자. 교실이 다양한 드라마가 펼쳐지는 인생극장이라는 사실을 이해한다면 머지않아 그 공간의 실재적 의미와 만나게 될 것이며, 반드시 새로운 교실, 행복한 교실을 만들 수 있을 것이다.

차례

PART 0

오늘도 **교실**에서
분투하는 **선생님**께
띄우는 **편지**

새로운 시대, 새로운 아이들과 달라진 학부모를 이해해야 합니다

낯선 아이들의 손을 잡고 시대의 강을 헤쳐가는 선생님께

교실에 앉아 있는 아이들은 늘 변합니다.

선생님이라는 존재가 겪는 어려움은 여러 방면으로 존재하지만, 늘 새로운 문명을 가지고 올라오는 세대와 최전선에서 만난다는 것도 큰 어려움 중 하나입니다. 그런 의미에서 교사는 새로운 문명과 제일 먼저 만나는 사람이라고 할 수 있습니다. 아이들이 가지고 온 새로운 변화를 온몸으로 겪는 최초의 사회적 존재가 교사입니다. 장기자랑을 통해 표현되는 아이들의 새로운 예술을 받아주고, 모방과 상상이 어우러진 묘한 창작물에 '잘했어요' 도장을 찍어주기도 합니다. 때로는 기괴한, 구세대는 도저히 알 수 없는 아이들의 표현을 겪어내고 수용해야

합니다.

선생님들은 자신의 문화와 공존하지 않는 문화를 다루어 나가면서, 아이들과 함께 무언가를 만들어가야 합니다. 이 과정은 너무도 힘듭니다. 지금의 아이들은 선생님과는 너무도 다른 문화를 가지고 오는, 이른바 다른 문명의 아이들이기 때문에 마치 외국인을 대할 때와 같은 긴장감을 불러일으키기도 합니다. 낯선 문화적 양식을 보이는 아이들과 하루하루를 지내면서 아이들이 성장하도록 도와야 하는, 마치 '폭풍우 속에서 방향키를 잡고 꿋꿋이 버티면서 앞으로 나아가는 조타수'와 같은 역할이 어찌 보면 교사의 운명입니다.

그 곤혹스러움과 피곤함은 우리를 힘들게 합니다. 새로운 문명을 향해 앞으로 나아가고 있다면 다소 피로가 풀리겠지만, 폭풍우 속에서 자꾸만 방향을 잃고 맴돌고 있다거나, 뒤로 가고 있다거나, 갈 방향을 잃은 경우에는 더욱 괴로울 것입니다. 다행히 많은 선생님이 아이들과 함께 그 폭풍우를 뚫고 시대를 건너갈 수 있도록 큰 도움을 주십니다. 다만 갈수록 이 과정이 어려워진다는 것이 고민입니다. 그래서 선생님들의 고통과 소진이 이전보다 빨리 찾아오고, 병이 나거나 도주하고 싶다는 갈망을 만들기도 하는 것 같습니다.

한 학기를 마치고 나면 거대한 폭풍 속에서 겨우 빠져나온 것 같다고 말씀하시는 분이 많습니다. 하루를 어떻게 보냈는지도 모르게 살다가 이제야 자신을, 자신과 아이들이 함께한 일을 돌아볼 수 있게 되었다고 하시면서 안도의 한숨을 내쉬는 선생님들을 만납니다. 저는 그분들에게 오직 고마운 마음뿐입니다. 누구도 마련해주지 않는 뗏목을 아이들과 함께 만들고 아이들의 발달과 성장이라는 계곡을 안전하게 탐험하면서 목표지에 도달하도록, 성장하도록 이끈 선생님들에게 고마움을 전합니다. 우리 사회가 자꾸 잊어가는 것이 이런 것이 아닌가 합니다. 고마움도 고귀함도 모르는 사회가 되어서는 안 되는데, 하면서 아쉬운 생각이 듭니다.

교실의 풍속도는 해마다 변화가 크다고 듣고 있습니다. 신문명이 만드는 풍속도 속에 교실의 문화는 빠르게 변화하고 있습니다. 담임 선생님들을 위한 연수에서도 학교 방문 교육에서도 선생님들의 어려움에 대해 들었습니다. 정신과 의사들끼리도 이야기합니다. 요즘 아이들 진료하기가 어렵다고요. 청소년 환자 진료가 크게 불편하다고 하시는 분이 많습니다. 부모교육에 가서도 듣습니다. '내 자식이 아닌 것 같다'고 한탄하시면서 자녀의 변화를 두려워하고 적응하지 못하겠다는 부모님도 많습니다. 교실에는 이런 아이들이 적게는 20명, 많으면 30명 넘게 앉아 있으니, 가히 교사는 강철 인간이라고 할 수도 있을 것 같습니다. 이 아이들을 모두 맡고 있으니 말입니다.

시대의 변화가 가장 큰 영향이고, 이로 인한 사회적 변화가 아이들 삶 속에 더 빨리, 더 깊숙이 찾아와서 그런 것이라고 저는 생각합니다. 이 시대적, 사회적 변화를 슬기롭고 지혜롭게 헤쳐 나가도록 미리 돕지 못하는 정부와 관료들, 학자들이 약간은 원망스럽습니다. 하지만 언제까지고 그들 탓만 하고 있을 수도 없으므로, 늘 그랬듯이 옆에 있는 동료교사와 함께 이 형국을 잘 승화시켜나갈 방도를 찾는 것이 우리의 할 일입니다. 동료교사가 가장 큰 자원이고 지지체라는 것은 예나 지금이나 변하지 않은 진실입니다. 동료교사와 함께 새로 만난 아이들에 대한 이해를 조금이나마 돕기 위해 새로운 장을 추가했습니다. 이 장에서 소개하는 새로운 시대, 새로운 아이들, 제가 느끼는 달라진 아이들의 모습들, 학부모의 모습들에 기초해서 더 현실적이면서 지혜로운 교실에 대한 이해가 여러분에게 있기를 기원합니다.

와이파이 숲에서 자라난 아이들

새로운 문명을 지닌 신인류가 등교하고 있다!

2012년으로부터 7년이 지난 지금, 산업기반과 사회구조도 변하고 시대도 변하고, 아이들도 변했습니다. 물론 변하지 않는 것도 있고 천천히 변화하는 것도 있고, 너무나도 크게 변한 것도 있습니다. 4차 산업혁명이란 용어가 요란히 우리를 두들기고 있고, 인공지능이나 사물인터넷, 자율주행, 화성여행 등 과학의 발전을 포함하여 우리가 느끼지 못하는 상태에서 무언가 요구하는 것이 달라지고 있습니다. 사회적으로는 가족의 구조가 더 작아지고, 아이들은 나무와 바위, 꽃과 곤충으로 이루어진 자연의 숲보다 아파트, 콘크리트, 고층건물 혹은 거대한 지하쇼핑몰로 이루어진 와이파이라는 숲 속에 스마트폰이란 도구에 의해 지배받으며 자라고 있다는 점도 변화를 몰고 왔습니다. 2007년부터 상용화된

손 안의 컴퓨터이자 네트워커, 주머니 속 마법사인 스마트폰의 등장과 함께 아이들은 더욱 변화해서 삶의 반경과 사회적 활동의 방식도 바뀌어가고 있습니다. 일찍부터 야동을 볼 수도 있고, 부모 몰래 '대박자송'(대가리 박고 자살하자)도 들을 수 있으며, 게임 중계방송도 볼 수 있습니다. 소셜 미디어를 이용하면 누가 가르쳐주지 않아도 유튜브를 통해 무엇이든 배울 수 있고, 자신이 하는 활동을 온 세계에 공유할 수도 있습니다. 그래서 학교가 코딩을 가르치고 디지털 리터러시를 가르쳐야 한다는 요구도 받습니다. 한마디로 자연의 품속에서 자란 조부모 세대나 반은 자연, 반은 도시에서 자라난 부모 세대와 도시에서 자라나서 자연을 찾아 조부모를 방문해온 지금 아이들의 세대는 다를 수밖에 없습니다. 도시에서 태어나 도시와 지하세계를 전전하며 사는 첫 세대, 이들이 생각하고 경험하고 상상하는 생태계는 정말 다릅니다.

예전에 사회로부터 요구받던 학교의 역할이 현실 속에서 변화하고 있고, 그 새로운 경험을 쌓아가고 있는 아이들이 등교하고 있고, 교실에 모여 있습니다. 그들이 요구하는 것은 무엇이며, 필요로 한다고 이야기하는 건 무엇일까요?

도시와 도시의 변두리 생태계에서 전자제품에 지배당해온 아이들이 교실에서 찾는 것이 달라졌다는 것, 또래들이 모이면 하고자 하는 것이 달라졌다는 사실을 이해하는 것으로부터 우리는 출발해야 합니다. 대화도 달라졌고 놀이도 달라졌으며, 희망도 달라졌다는 것을 알아야 합니다. 그들이 꿈꾸는 미래가 우리가 생각하는 미래와 다르다는 것을 듣고, 나눈 뒤에 출발해야 합니다. 그런데 이 차이가 전과는 달리 엄청나게 큽니다. 아이들이 살아갈 미래를 함께 꿈꾸고 기획하는 과정에서 우리는 아이들에게 배워야 할 점도 많고 또 아이들에게 가르쳐야 할 점도 많습니다. 이런 변화 가운데서 학교가 할 일, 교실에서 일어나야 할 일, 이를 지도하기 위해 교사가 해야 할 일이 무엇인가에 대해 아이들은 다르게 생각할 수도 있습니다.

관계의 부족 속에 혼자 크는 아이들

새로운 3R

학교의 지위는 명백하게 달라지고 있습니다. 지식에 관하여 학교는 더욱 왜소해지고, 지식은 이제 학교 밖에서도 충분히 얻을 수 있게 되었습니다. 학교에 와서 한글을 배우는 아이들의 수는 격감했습니다. 구구단도 미리 배워 옵니다. 특히 우리나라는 여러 복잡한 이유로 학교에서의 '전통적인' 학습이 축소되어가고 있지요. 아이들의 창의성에 초점을 맞추는 학교 혁명을 주장하는 켄 로빈슨(Ken Robinson)을 비롯하여, 인공지능과 로봇 등의 등장, 산업구조의 변천으로 학교에서 가르쳐야 할 것은 단순한 산수가 아니라 코딩 같은 새로운 언어라는 주장도 널리 퍼졌습니다. 유발 하라리(Yuval Harari) 등 많은 석학들은 전통적인 학교의 종말에 대해서 이야기하고 있습니다.

교실에서의 기초 학습 역량은 더 이상 3Rs(읽기, 쓰기, 셈하기)에 국한되지 않는다

이미 오래 전에 다니얼 골맨(Danial Goleman)이 감성지능과 사회지능을 이야기하면서 우리가 학습해야 할 다른 형태의 지식에 대해 제안한 바 있습니다. 사실 그보다도 더 일찍, 다중지능의 창시자 하워드 가드너(Howard Gardner)는 교실에서 교사의 역할을 지식 전수자에서 지식을 네트워크 하는 사람, 지식과 경험을 디자인하는 사람, 아이의 장점을 개발하고 재능을 펼칠 수 있는 과정을 개발하는 사람으로 바꿀 것을 요청한 바 있습니다.

또 필립 릴라이(Philip Riley)를 포함해 학습에서의 관계의 중요성을 강조하는 여러 학자들은 학습을 위해 기존의 전통적인 3R보다 더 필요한 3R은 관계들(Relationship, Relationship, Relationship)이라고 주장하기도 합니다. 학생 관점에서의 관계, 교사 관점에서의 관계 그리고 학교, 기관, 리더십과의 관계가 더 중요하고, 학생과 교사 관계가 더 새롭게 주목받아야 한다고 말합니다. 애착이론을 포함한 여러 관계이론이나 자원이론이 교실에 적용되고 활용되기 시작했습니다. 이 시대를 살아가기 위해 아이들에게 가장 기초가 되는 역량은 관계 역량이고, 학습도 결국 관계나 자원에 의해 좌우된다는 주장을 하기도 합니다. 우리 나라에서 〈계층이동의 사다리〉의 저자로 알려진 루비 페인(Ruby K. Payne)은 학습 부진자를 '자원부족 학습자(Under-resourced Learner)'라고 불러야 한다고 하였으며, 학습부진자의 자원 중 가장 부족한 것은 '관계'에 관한 자원이라고 했습니다. 학교는 학생들이 이 사회를 살아나가기 위하여 아이들의 관계 역량을 향상시켜야 한다고 하였습니다. 인간이 진화하는 데 가장 중요한 역량이 원래 혼자가 아니라 함께하는 것, 서로 머리를 맞대고 협동하여 풀어나가는 것이었는데, 그런 본성을 더 잘 키우는 것이 지금 필요한 역량이라는 생각을 제안하고 있는 것입니다. 가족과 공동체는 갈수록 작아지고 돌봄은 부족해져 혼자에 익숙해지고 무기력해지는 현대의 아이들에게 단순한 지적 활동이 아니라 복잡한 활동인 관계 역량, 이것이 더 근본적인(Fundamental) 학습 역량이라는 주장을 제기하고 있는 것입니다.

트라우마 입은 아이들

또 다른 충격적인 이야기가 있습니다. 카이저 퍼머넌트(Kaise Permanente) 라는 재단의 펠리티(Vincent Felliti)라는 의사로부터 시작된 아동기 부정적 경험(Adverse Childhood Experience, 이하 ACE)에 대한 연구는 우리가 생각했던 것보다 더 많은 아이들이 학대와 방임같은 부정적 경험을 겪고 있고, 그 아동기 부정적 경험이 성장과 발달, 질적 체험에 큰 영향을 준다는 것을 보여줍니다.

ACE 연구 결과에 따르면, 학교에 등교한 아이들이 정상적으로 학교 생활을 하지 못하는 이유는 다른 이유와 복합되어 나타나기도 하지만, 아동기 부정적 경험에 의한 트라우마로 인해 학업이나 대인 관계에 어려움을 겪기 때문이라고 합니다. 이 ACE 연구그룹이 제시하는 열 가지 부정적 경험은 아래 표와 같은 것들입니다.

1	신체적 학대
2	정서적 학대
3	성적 학대
4	신체적 방임
5	정서적 방임
6	함께 지내던 가족 중 교도소 경험(범죄 경험)
7	함께 지내던 가족 중 자살시도, 만성 우울, 만성적 정신질환이 있었던 경험
8	함께 지내던 가족 중 상습적인 알코올, 마약 복용 등의 경험
9	아동에 대한 폭력적 학대 중 엄마에 의한 폭력이 주를 이룬 경우
10	이혼, 별거 등의 과정에서 아이들을 제대로 돌보지 못한 경우

이 열 가지 경험이 아동의 발달과 성인기 삶에 중요한 예측인자가 되는 것으로 알려져 있고, 실제 교실에서의 활동과 상호작용도 이 부정적 경험의 유무에 따라 달라질 수 있다고 주장합니다.

워싱턴주 학급 통계
평균 인원 30명 중 부정적 아동기 경험(ACE) 개수 조사 아동기 부정적 경험이 4개 이상인 아이들의 학교 적응력은 4개 미만의 아이와 현격한 차이가 있었고, 학교에 잘 적응하지 못하는 아이들은 대부분 일시적이더라도 4개 이상의 아동기 부정적 경험이 있는 아이들이었습니다. 워싱턴주에 따르면 학급 정원 30명 중 13명이 아주 심한 스트레스를 받으며 지내고 있고, 그중 3명 이상은 아주 심각한 트라우마를 지닌 채 등교하는 상황이라고 합니다.

이들 주장의 요점은 이런 상황에서 아이들에게 제공되어야 할 교육은 아이들의 트라우마를 잘 이해하고 치유하는 교육이어야 한다는 것입니다. 아동기 부정적 경험을 극복할 수 있는 사회정서적 교육(Social-Emotional Learning)의 중요성이 매우 커졌으며 이에 맞춰 학교의 교육과정이 재구성되어야 할 필요가 있다고 주장합니다. 정서조절 능력과 공감능력의 향상, 대인관계 기술은 학교가 아이들에게 제공해야 할 또다른 학습과정이라는 주장을 담은 책들도 쏟아져 나왔습니다. 현재 미국에서는 지속적으로 트라우마에 민감할 것을 주장하는 애착교실과 관계적 학습을 강조하는 경향이 유행처럼 커져 있는 상태입니다.

현재 제가 번역작업하여 곧 출판할 예정인 책이 있습니다. 〈트라우마 공감학교〉(가제)인데, 이 책에 트라우마 입은 아이들을 이해하고 존중하면서 학교를 운영하는 원칙이 소개돼 있습니다. 이 책에도 많은 관심을 부탁합니다.

4

폭발하는 아이들

학교마다 대하기 힘는 아이들이 늘어난다고 합니다. 단순히 성서행동상의 문제가 아니라 한번 울면 한 시간을 우는 아이들이나 책상을 집어던지고 기물을 파괴하는 아이들, 한번 화가 나면 진정이 안 되고 교실을 나가 돌아다니는 아이들, 선생님을 직접 공격하는 아이들 등등.

이런 폭발하는 활화산 같은 정서 혹은 충동조절의 어려움을 겪는 아이들이 우리나라만에만 있는 건 아닙니다. 여러 가지 이유로 복합적 외상 후 스트레스 장애라고 하는 다중적 피해, 생물학적 취약성, 치료의 유지 실패, 부모의 학대 등이 중첩된 아이들의 육체적, 정서적인 폭발은 세계 어디서나 중요한 사회적 사건으로 자주 다루어지고 있습니다. 폭발적인 아이들의 폭력이나 파손은 의도적이고 반사회적인 아이들의 그

것과는 성질이나 속성이 다르며, 아이들의 태도도 다릅니다. 그래서 더 다루기가 어렵다고 합니다. 그 의도와 이유, 행동의 목표가 이해하기 어렵거나 모호할 때가 많기 때문입니다.

나머지 아이들을 안전하게 보호하고 선생님도 소진되지 않으면서 이 아이들을 다루는 것이 중요합니다. 담임 선생님 혼자서는 이 문제를 해결할 수가 없기에 학교의 시스템을 통해서 폭발하는 아이들에 잘 대처하는 것이 필요합니다.

학교 전체적인 차원에서의 토론, 역할분담, 비상 시스템의 마련, 타학생 보호책, 교사 보호책, 교장, 교감 선생님들의 적극적인 관심이 필요합니다.

5

자해하는 아이들

잔혹 문화가 교실로 침투하다

새로 등장한 아이들의 충격적인 문화 중에는 자해와 잔혹문화도 있습니다. 특히 자해는 최근 2018년 급증하여 대중적인 문화로까지 확산되어 일종의 청소년 하위문화로 고착되어가는 것 같습니다. 이전에는 볼 수 없었던 새로운 그룹이죠. 착하고 내성적인 여학생들이 칼을 들고 손목을 그으면서 '이생망'(이번 생애는 망했다)을 속삭이고 있다는 것이 너무도 충격적입니다. 물론 이 또한 서구와 일본에서도 20년 전부터 시작되었던 것으로, 우리 사회에서는 뒤늦게 시작된 문화라고 할 수 있습니다. 손목을 긋고, 자신을 자해러*, 우울러, 정병러(정신과 환자)로 규정하

---

* ~러 : 영어의 ~er에서 따와 명사 뒤에 붙여 ~하는 사람이라는 뜻을 나타내는 청소년들의 신조어.(편주)

면서 자신처럼 손목을 긋는 다른 친구들을 만나기 위해 SNS에 자해 사진을 올리는 문화가 퍼져 있습니다. 자해와 소셜 미디어의 만남으로 인해 더 증폭된 영향이 나타났다고 진단하는 학자들도 있습니다. 아이들이 자해를 통해 연결을 추구하는 것은 아마도 외로움과 더불어 느슨한 관계에 대한 바람 때문일 거라고 해석을 하고 있습니다.

처음에는 자해하는 아이들의 대다수가 고등학생이었는데, 점차 중학생으로 내려갔고 최근에는 초등학교 5~6학년 여학생들 사이에서도 일어나고 있다고 합니다. 또 지금까지는 여학생이 주를 이루었는데, 요즘엔 남학생들 사이에서 자기 얼굴 때리기, 담뱃불로 지지기, 손목 긋기가 늘어나고 있습니다. 이렇듯 청소년 자해는 커다란 사회적 병리가 되었습니다. 이런 사실을 알게 된 교사나 부모는 충격을 받지만 아이들은 태연하게, 죽으려고 한 것이 아니라 살려고 한 것이라고 답하고 있습니다. 실제로 이러한 청소년 자해는 자살과는 구분되는 비자살성 자해질환(Non suicidal self injury disorder)으로 여겨지기도 합니다. 자살의도에 관해 면밀히 검토한 후 자살의도가 없었다면 비자살성 자해질환의 치료 가이드에 따라 상담을 해야 합니다. 이 비자살성 자해질환의 핵심병리 중 하나가 자기혐오입니다. 아이들이 자신을 미워하고 싫어하는 심리가 자해의 가장 큰 심리적 요인이라는 것이지요. 자해 후 면담을 받으러 온 상당수의 아이들이 외치는 '이생망'이 바로 그런 심리입니다. 부모의 기대에 미치지 못하고, 나 자신의 바람대로 되지도 않고, 친구들 사이에 뚜렷한 존재감도 없는, 이번 생애는 망한 존재가 된 자신이 너무 싫다고 아이들은 호소하고 있습니다.

세계 어느 나라에서나 청소년 자해가 등장하는 배경은 유사합니다.

가족의 유대관계 붕괴, 청소년들의 입시, 취업 스트레스의 증가, 학교생활에서 겪는 또래 관계의 어려움 등이 그 배경을 이루지요. 다른 나라의 대책들도 비슷합니다. 가정이나 학교에서 대화의 시간을 늘리고, 아이들의 어려움을 줄여주고, 아이들의 감정조절력을 향상시키는 것이 주요 정책이자 치료과정이었습니다.

자기혐오가 확장된 문화로 잔혹물에 대한 심취나 파괴적 결과에 대한 동경이 늘어난 것도 눈에 띕니다. 유혈이 낭자한 그림을 아름답다고 하고, 사람을 죽이는 게임을 재미있다고 즐기는 심리가 혐오 문화의 확산이라고 해석하는 학자들도 많습니다.

혐오는 사랑을 잃은 것으로 인해 나타나는 반응입니다. 따라서 사랑을 되찾는 관계의 회복을 통하여 혐오 문화를 극복할 수 있습니다. 공동체의 붕괴가 혐오의 배경으로 지적되는 것도 같은 맥락입니다. 소외되는 사람을 살피고, 미워하는 사이가 오래 가지 않게 조치를 취하고, 서로가 연결되고 유대를 이루고 있다는 것을 느끼게 하는 노력이 이런 혐오와 잔혹함을 이겨낼 수 있게 만듭니다. 가정과 교실에서의 유대감은 사회를 안전하게 출발하게 하는 데 기여합니다. 혐오가 판치는 교실이 되지 않게, 서로가 한 부족처럼 연결되는 활동이 다른 어떤 것보다 중요한 교실 활동이 되고 있습니다.

교실에 들어온 부모의 유령

‘몬스터 페어런츠’ 혹은 교실 속
부모 유령(Parent ghost in the Classroom)

또 하나의 큰 변화는 교실 속에 몰래 들어와 있는 다른 존재들의 등장입니다. 그중 가장 영향력이 큰 것이 부모들입니다. 일본의 정신과 의사 이소베 우시오가 쓴 대로 우리 사회에는 ‘모자 일체화’ 가족이 많습니다. 소규모 극핵가족의 시대에 부모, 특히 엄마들은 자녀와의 분리를 어려워하고, 이런 상태가 오래 지속되면 아이도 부모와의 분리를 어려워합니다. 엄마의 영혼이 아이의 어깨 위에 올라앉은 채로 학교에 오는 아이들도 많고, 엄마 자신이 유령처럼 아이들의 교실에 와 앉아 있는 경우도 많습니다. 그리고 교실에서의 일들에 훈수를 두거나 방해를 하기도 합니다.

이런 과정에서 자기 자녀의 중요성만 지나치게 강조하여, 학급이나 학교가 자기 자녀를 중심으로 돌아가야 한다는 다소 극단적인 주장을 하는 부모들이 등장했고, 일본에서는 이런 부모들의 사례를 모아 〈몬스터 페어런츠(Monster Parents)〉(흔히 말하는 진상부모와 비슷한 의미로, 일본에서 탄생한 신조어)라는 이름의 다큐멘터리로 방영한 적이 있다고 합니다. 하나밖에 없는 자식에게 무한한 책임을 느끼면서 오직 자기 자식에게 이로운 것만 추구하는 뻔뻔한 부모가 되는 것인데, 이렇게 변화하는 이유를 분석하기도 했습니다. 자식의 희소화, 자식에 대한 책임의 편중, 부모의 욕망, 학벌 사회의 경쟁 과열과 같은 여러 요소가 중첩되어 몬스터 페어런츠가 등장하는 배경이 되었다고 합니다.

또 하나 학부모들의 중요한 변화는 학부모들의 학력이 전보다 평균적으로 높아지고, 선생님과의 지식 격차가 줄어들면서 교육에 개입할 여지가 늘었다는 점입니다. 즉 학부모의 고학력화로 인해 부모가 직접 자녀들의 교육을 지도하고, 기획하고, 교사처럼 가르쳐줄 수 있는 가정이 많아졌습니다. 그래서 때로는 교사와 부모가 경쟁하기도 하고, 부모가 교사보다 높은 학력이나 지위 혹은 경험을 가진 경우도 적지 않으며, 실제로 입시를 중심으로 한 현재의 교육에서는 부모가 교사보다 자신의 자녀에게 더 탁월한 입시지도자가 되는 경우 또한 비일비재합니다. 이런 현상들이 학교와 부모, 교사와 부모 사이의 전통적인 관계에 변화를 가져온 것입니다.

'담임교체' '학교폭력 소송' '휴직, 병가' 등의 단어는 교사들이 가장 싫어하는 용어들인데, 이런 경험들이 지난 몇 년간 급증했습니다. 교사와 부모간의 갈등 또한 새로운 국면으로 나아가 승화되어야 할 사회적 과제 중 하나입니다.

　서양의 일부 국가들에서는 이런 부모와 교사의 관계 갈등, 지위 갈등을 해결하기 위해 부모-교사 연합회를 만들기도 합니다. 부모와 교사가 자녀를 위해 협력하는 방안을 찾아 더 발전된 관계로 나아가려고 노력하고 있는 것이죠. 하지만 그런 경험이 없는 현재 우리나라의 상태에서 '몬스터 페어런츠' 혹은 '모자 일체화' 현상은 교사들에게 큰 상처가 되고 있습니다. 교사가 지니게 되는 상처 중 지난 5~6년간 가장 늘어난 것이 학부모가 주는 상처인 것 같습니다. 이제 부모와 교사가 협력하고 파트너가 되는 새로운 양식을 창출하는 것도 새로운 시대의 중요한 과제입니다.

7

시대를 건너는 아름다운 선생님들께

기본이 강하면 두려울 것이 없다!

주세란 년시고 답은 시원치 않은, 변화된 교실의 선생님을 위한 퓐시의 마무리는 진짜 뻔한 이야기로 싱겁게 마무리합니다. 그 이야기는 바로 '만남'과 '이해'에 관한 이야기입니다.

교실은 만남의 장소이고, 만남의 광장이었습니다. 아이들은 교실에 모여들어서 자기 이야기를 하고, 친구들 이야기를 듣고, 선생님과 이야기를 듣고 나누기도 하면서 몸과 마음이 무럭무럭 자랐었습니다. 요즘엔 많은 수업개선 활동과 더 과학적인 평가방안, 축제, 발표회 등으로 교실이 바쁘게 돌아가지만 정작 그 가운데서 사라진 것이 일상의 편안한 만남입니다. 그냥 '어떻게 지내니?' '요즘은 어때?' '힘든 것은 없니?' 하면서 여유롭게 대화하는 모습입니다. 상담도 아니고 돌봄도 아니고 전산기록 상 실적의 어느 칸에도 넣기 애매한 지극히 사적이면서 공적인 만남이 지금의 교실에서는 사라져가고 있습니다.

아이들과의 이런 만남이 늘어나면 많은 해결책을 만들 수 있을 것입니다. 만나고, 듣고, 이해하고 도울 방법을 함께 궁리하면서 아이들과 더욱 편안한 관계를 맺게 될 것입니다. 실제로 아이들이 가장 원하는 것도 이러한 만남이라고 합니다. 바쁜 부모, 바쁜 선생님, 나에 관해서는 관심 없고 내 성적에만 관심이 있는 어른들과의 관계 속에 결핍 상태에 처한 아이들에게 가장 시급한 활동은 '만남'입니다. 마르틴 부버(Martin Buber)가 말한 그런 성스런 만남이 아니더라도 그저 '살고 있고, 살아가는 것'에 관해서 이야기하는 만남을 아이들은 필요로 합니다. 시시하지만 너와 나를 접착시키는 '그냥 사는 것에 관한 궁금함과 그냥 잘되었으면 좋겠다는 바람'을 건네받는 만남 말입니다.

그리고 조금 더 바란다고 하면 '이해'라고 합니다. '나와 이야기해줄 수 있는 사람이 필요해요, 단 나를 이해하려고 하는 입장에서 대화를 한다는 조건에서요'라고 아이들은 자주 이야기합니다. 그만큼 우리는 지금 서로 이해가 어려운 상태인가 봅니다. '위로까지는 바라지도 않는다, 다만 이해라도 해주면 좋겠다'는 아이들에게 다 이해하지는 못해도 이해하려는 노력으로 다가서는 어른이 필요한 것 같습니다.

만남과 이해가 교실에 가득하면, 조금 더 교실이 평화로울 것이라고 생각합니다. 그렇게 되면 아이들이 더 이상 인정받으려는 힘든 투쟁에 매달리지 않게 될 수 있을 것 같습니다 .

너무 낭만적인 이야기라 하실 수도 있지만, 시간을 내어 아이를 이해해보려고 애쓰고 또 만나는 과정에서 변화가 시작됩니다. 수많은 기술도 기본이 부실하면 도움이 되지 않습니다. 아이를 만나고 이해하려는 노력을 통해 관계를 축적하고, 도약할 방법을 찾아보는 것이 때로는 더 시급한 것일 수도 있습니다.

노사연 씨의 노래 〈만남〉의 가사처럼 '우리 만남을 우연이게 하지 않을 만남'에 대한 주목, 그리고 정현종 시인의 말처럼 '네가 온다는 것은 네 어마어마한 인생이 온다는 것'임을 알려주고 상담가들의 원칙처럼 '이 크나큰 우주에 단 둘이서만 함께 하는 체험'을 통해 교실에 만남의 꽃을 피우고 이해의 열매들이 곳곳에 맺히면 교실은 흔들려도 중심을 잃지 않을 것입니다. 기본으로 돌아가서 만나고 이해하기. 그 작고 어렵지 않은 기술들을 통한 교실의 풍요가 선생님의 마음도 행복으로 채워줄 수 있지 않을까 생각해봅니다.

저도 곧 선생님을 만나러 가겠습니다. 선생님 삶의 한 가장자리에서 만나 뵙겠습니다. 고맙습니다. 오늘노 교실에 계셔수셔서.

PART 1

교실은
무엇인가

협동이 없는 교실은 죽은 교실이다.

셀레스탱 프레네

교실 구성 요소

오늘부터 환경 미화를 해야 하는데 이번에는 또 어떻게 교실을 꾸며야할까. 새 학년, 새 학기마다 어려운 숙제를 받은 아이처럼 마음이 무겁다. 교실 분위기를 새롭게 바꾸기 위해서라지만 요소요소에 의미와 내용을 담기보다 교실 벽면을 꾸미거나 깨끗이 청소하는 게 고작이다. 아이들과 1년 동안 지낼 생활의 터전인데 공간을 채우는 아이디어밖에 떠오르는 게 없다니 안타까움이 앞선다. 교실을 구성하는 가장 중요한 요소는 무엇일까? 교실을 새롭고 의미 있는 공간으로 바꾸려면 어떻게 해야하지? 교실에는 여러 가지 물건들이 있고 다양한 활동도 있는데 내가 생각하는 교실이라는 환경 혹은 공간에서 가장 중요한 요소는 과연 무엇일까?

교실을 구성하는 요소들은 무엇일까? 내 교실은 어떤 것들로 이루어져 있는가? 교실에 꼭 필요한 물건 혹은 장치는 무엇일까?

교실을 다시 느끼기 위해 교실과 관련된 추억을 떠올려보자. 누구나 한두 가지씩은 있을 것이다. 학창 시절 교실에서 일어났던 일들, 친구랑 심하게 싸웠던 기억, 누군가를 괴롭히거나 괴롭힘을 당했던 기억, 공부한 생각은 안 나고 놀았던 것만 생각난다는 사람도 의외로 많을 것 같고, 친구들과 경쟁하고 시기하고 질투했던 기억, 요즘 교실엔 없는 풍경이지만 수업 시간에 몰래 도시락을 까먹은 기억, 특히 40대 이후 세대는 종류도 다양하던 체벌의 기억을 떠올리는 사람도 있을 것이다. 학창 시절을 돌이켜보면 뜻밖에 공부나 수업에 대한 추억보다 나쁜 기억이 떠오르는 사람이 꽤 있는 것 같다.

내 경우는 선생님과 관련한 좋은 기억이 지금까지 남아 있다. 고등학교 2~3학년 때 지구과학 선생님이셨는데, 우리가 흥분해서 집중할 정도로 잘 가르치셨다. 그 시절에 그런 방식으로 평가를 해도 되는 거였는지는 잘 모르겠지만 과목 평가를 시험 50%, 나머지 50%는 노트 필기와 발표로 점수를 매기셨다.

노트는 반으로 접어서 쓰게 했는데, 한쪽에는 수업 시간에 필기를 하게 했고 다른 쪽에는 권장 도서를 읽고 독후감을 쓰게 했다. 그렇게 네 학기를 수업한 셈인데 나는 지구과학을 잘 못해서 시험 점수는 그다지 좋지 않았지만 선생님의 독특한 평가 방식 덕분에 노트 필기와 독후감으로 점수를 보충할 수 있었다.

그 선생님은 가르치는 걸 아주 좋아했고 또 잘 가르쳤다. 학생들이 수업에 집중하게 만드는 능력도 뛰어났다. 참고서를 보고 이해가 잘 안되는 부분도 선생님의 설명을 들으면 아주 쉽게 이해가 갔다. 학습 측면에서 꼭 알아야 한다고 생각한 내용은 전 학급 아이들이 다 외우게 했고, 선생님이 맡은 여덟 개 반에서 잘 못하는 반이 있으면 너희 반만 못한다고 하면서 경쟁을 부추겼다. 그러면 각 반에서는 못 외운 아이들을 도와 다 외우게 만들었다.

동아리 활동은 불교반을 맡으셨는데, 자연과학을 철학으로 풀어서 이해시키는 능력 또한 탁월하셨다. 한마디로 교수(教授) 능력이 뛰어난 교사였다. 그때도 나는 그분의 매력에 흠뻑 빠져서 지냈지만, 세월이 한참 지난 뒤에 다시 생각해도 교사의 수업 방식이 얼마나 중요한지를 깨닫게 해주신다.

그런데 여기서 중요한 사실 하나. 그 선생님의 수업을 다른 데서는 결코 들을 수 없다는 것이다. 오직 그 선생님의 수업 시간에, 그 교실에서만 들을 수 있다. 이것이 교실의 가장 중요한 역할이기도 하다.

교실에는 무엇이 있어야 할까?

요즘 아이들이 나중에 어른이 되면 교실에 대한 추억을 어떻게 이야기할까? 아마 친구 관계를 중심으로 기억할 것이다. 안타깝지만 선생님이 하는 수업이나 선생님이란 존재 자체에 대한 추억은 과거보다 줄어든 게 사실이다.

본론으로 돌아와서, 교실에 무엇이 있는지 살펴보자. 교실이라는 공간을 구성하려면 무엇이 있어야 할까? 교실에 있는 것과 없는 것은 무엇일까?

다음 중 교실에 없는 것은? 학생, 교사, 책걸상, 성적표, 자유, 배움, 사랑, 분필, 시계, 체벌, 도시락, 주전자… 교실에 진정한 교사가 없다는 학생도 있고, 교실에 진정한 학생이 없다는 교사도 있다.

교사와 학생이 함께 교실을 꾸민다고 하자. 20여 평의 공간에서 배움의 역사가 일어나게 하려면 교실에 무엇이 꼭 있어야 할까? 교실에 필요한 것이야 스무 가지, 서른 가지가 될 수도 있겠지만, 열 가지만 정해서 1부터 10까지 순서를 매겨보자. 과연 무엇을 꼽을 수 있을가?

우선 교실이 성립하려면 교사와 학생이 있어야 할 것이다. 부모님이 '전쟁이 나도, 육이오 때도, 공부는 했다'고 말씀하시는 걸 듣고 자란 분도 많을 것이다. 전쟁 통에 천막을 치고도 공부했는데 지금 너희는 뭐가 아쉬워서 그러냐고 하실 때 쓰는 표현이다. 아마 그때노 천막을 치고 학생들을 가르칠 때 꼭 필요한 것이 무엇인지 교사들끼리 모여서 이야기했을 것 같다. 배움이 일어나게 하기 위해 꼭 필요한 건 이것, 이것이라고. 중요한 건 순위를 매기는 일이다. 어느 연수에 참여했던 팀은 10위부터 교구, 친구, 자유, 규칙, 의사소통, 존중, 열정, 참여, 교사, 학생이라는 답을 내놓았다.

지금부터 소개하는 것은 프랑스의 한 공립 고등학교에서 진행한 프로젝트에서 나온 결과이다. 신축 공사를 마치고 채 완공이 되지 않은 상태에서 교사 위원회와 학생 위원회를 구성한 이 학교는, 교실을 새로 꾸밀 때 꼭 필요한 게 무엇인지 협의하는 과정을 거쳤다고 한다. 교실에서 정말 필요한 물품부터 얘기하기 시작해서 나중엔 교실 안에서 어떤 가치가 실현되어야 할까에 이르기까지 논의가 진행되었다. 참고로 이 학교는 학생들이 등교를 잘 안 하는 데다 정원이 200명인데 50여 명이 지각이나 결석을 하고 전화해서 학교에 나오라고 독려해야 하는 그런 학교였다.

논의 결과 1위는 학생, 2위는 교사, 3위는 대화가 차지했다. 교실에 있어야 할 세 번째 중요한 요소로 대화를 꼽았다는 점이 인상적이었다. 사실 교실은 수업이 이루어지는 곳이니까 단순히 생각하면 학생과 교사 다음에 수업이 나오는 게 맞지 않을까 싶은데 말이다. 이 학교 학생들과 교사들이 합의한 교실의 세 번째 구성 요소가 대화라는 사실은 매우 중요하다. 그 프로젝트를 이끌었던 교사는 수업을 '학생과의 대화'라고 정의했으므로, 대화든 수업이든 단어를 구분하는 것은 별 의미가 없다. 대화와 수업은 서로 다른 말이 아니라 한 쌍이기 때문이다. 대화가 곧 수업이라면, 학생과 교사의 대화는 어떻게 이루어질까?

그 답은 4위로 등장한 '질문'에서 찾을 수 있었다. 대화에 이어 배움이 일어나기 위해 필요한 것은 질문이라고 했다. 역시 '질문과 대답'이 한 쌍이다. 그럼 강의가 중요할까, 아이들의 질문이 더 중요할까. 이 학교에서는 이 문제에서 질문이 더 중요하다는 결과를 얻었다. 알다시피 우리나라 교실에서는 일방적인 강의로 수업을 진행한다. 예를 들어 교사가 지금부터 '유전의 법칙'에 대해서 수업할 테니 질문을 하라고 하면, 지금까지 강의 방식으로 수업을 받아온 아이들은 선생님이 설명부터 하라고 할 것이다. 그러나 근본적인 호기심을 해결하고 배움이 일어나게 하려면 자신이 품은 궁금증을 질문으로 던질 줄 알아야 한다. 질문 없이는 결코 능동적인 배움이 일어나지 않는다. 그래서 교실에는 무엇보다 질문과 대답이 필요하다.

5위를 차지한 것은 '목표'였다. 우리는 목표를 이야기할 때 단 하나의 목표만을 생각하는 경향이 강하지만, 여기서 말하는 목표는 학급의 통일된 목표가 아니라 학생들 개개인의 목표다. 그 학교 학생들은 게시판에 자신의 목표를 적어놓고 얼마나 달성했는지 스스로 체크했다.

6위는 '규칙'이었다. 교실이라는 곳은 여럿이 모여서 공동체 생활을 하는 공간이다. 서로를 어떻게 대해야 하는지에 대한 툴이 필요하고, 그것을 지키는 것이 무척 중요하다. 사람들이 모여서 생활하는 곳에 근본적으로 필요하다고 여기는 것들은 크게 다르지 않을 것이다.

7위는 '노트'가 차지했다. 이 대답이 흥미로웠던 이유는 노트(혹은 칠판)냐, 책(교재)이냐 하는 문제에서 노트가 이겼기 때문이다. 가만히 생각해보면 학생들에게 책은 필요 없을 수도 있지만, 노트는 반드시 필요하다는 데 동의하게 된다. 자신이 얻은 지식을 스스로 기록하는 작업이 더 중요하기 때문이다.

8위를 차지한 '벽'은 우리로 치면 '게시판'에 해당한다. 학생들이 생각하고 말한 것들을 다 같이 공유하기 위해서 필요하다고 꼽았다.

그밖에 교실을 구성할 때 어떤 것들이 있어야 한다고 생각하는가? 새로 담임을 맡거나 학년이 바뀔 때마다 교실을 잘 운영하기 위해서는 이런 게 꼭 필요해, 이건 꼭 갖출 거야, 이런 건 꼭 할 거야, 하는 게 무엇일까.

어느 교사에게나 나름대로 필요한 것들의 목록이 있을 것이다. 그것을 조금 더 의식화해서 '정말 내 교실에 필요한 것은 이것'이라고 정리해볼 필요가 있다. 좋은 교실, 행복한 교실은 꼭 필요하다고 여기는 것들을 함께 만들어내고 공유하는 데서 이루어진다. 내가 평생 일하는 공간이자 나와 함께 지내는 학생들의 공간이므로 그 의미는 엄청나다. 교실 구성의 필수 요소들을 정리하는 것은 전반적인 학급 운영에도 가이드라인을 제시해줄 것이다.

교실이라는 공간 다시 정의하기

교실은 교탁, 책상, 걸상, 시계 그리고 벽면의 게시판 등 다양한 장치들이 있는 공간이기도 하고 수업, 대화, 놀이, 상담 등 다양한 활동이 일어나는 공간이기도 하다. 교사와 학생이 함께 참여하는 교실을 구성한다고 할 때, 환경미화란 단지 예쁘게 잘 꾸미고 정돈하는 것만이 아니라 참여와 소통이 있고 상호작용하는 생활 공간으로 만드는 것을 의미한다. 아무리 좋은 물건이라도 자주 써서 때가 타지 않으면 소외되기 마련이다. 환경 미화를 순간적인 미술과 공예의 퍼포먼스로 끝내지 말고 작은 벽면의 게시물 하나라도 참여와 소통의 의미를 담아서 살아 있는 장치로 만들어보는 것은 어떨까?

한 학기를 보내면서 학생들이 생활하는 모습들을 잘 담을 수 있고, 수업에 대한 소통을 가능하게 하며, 학급에 필요한 것들을 피드백할 수 있는 다양한 공간. 그렇게 하기 위한 아이디어가 교사에게도 학생들에게도 분명 많을 것이다. 예를 들어(뒤에 다시 나오겠지만) 학급 온도계라거나 학급 규칙을 누구나 볼 수 있도록 게시판에 붙이는 것도 좋은 방법이다. 가장 중요하면서도 반드시 공유해야 할 교실의 구성 요소들을 진지하게 정리해보는 시간을 갖는다면 교실은 얼마든지 그 형태를 변화시켜 다시 태어날 수 있다.

교실 기후

교실 분위기가 왜 이래?

아침부터 옆자리에 앉은 박 선생님이 우리 반 분위기가 안 좋다고 한마디 하는 바람에 기분이 언짢아졌다. 반장부터 준영이, 미애까지 거론하면서 애들을 잡으라고 한다. 내가 더 강하게 나가야 한다며 이대로 두면 나중에 골치 아파진다고 걱정 아닌 걱정을 해준다. 교실 분위기를 잡으라고? 교실 전체 분위기가 몇몇 아이들에 의해 좌지우지되기라도 한단 말인가. 그런데 요즘 들어 학기 초와 달리 잘 따르던 아이들도 친근하게 굴지 않고 뭔가 이상한 느낌이 들기는 한다. 갑자기 아이들을 대할 자신이 없어진다. 도대체 교실에서 무슨 일이 일어나고 있는 걸까?

교실 분위기를 형성하는 데 영향을 미치는 요인들은 무엇일까?

교실을 새롭게 느끼기 위한 워밍업이 끝났다면, 이제 교실을 분석하는 작업을 해야 할 차례다. 교실 전반을 분석할 때 쓰는 표현이자 학급 운영, 교실 경영에 쓰이는 용어 가운데 '교실 기후(Classroom climate)'라는 말이 있다. 교실에도 기후가 있다는 의미인데, 교실을 지배하는 전반적인 분위기를 나타낼 때 쓴다.

쉽게 이해하려면 지난 학기 담임을 맡았던 교실의 기후가 어땠는지, 수업하기 위해 들어갔던 반의 분위기가 어땠는지를 떠올려보면 된다. 따뜻하고 그럭저럭 괜찮은 온대 기후였는지, 그것도 아니면 썰렁한 냉대 기후였는지. 아마 '쓰나미' 같은 재앙 수준인 교실도 있었을 것이다.

교무실에서 근무하는 시간이 많은 교사라면 교무실의 기후를 떠올려보자. 이상 기후를 맛본 교사도 있을 테고, 저음에는 온대였나가 냉대로 바뀐 경우도 있을 것이다. 교실마다 기후가 다르기도 할 테고, 최악의 경우 전 지구적인 기후를 골고루 맛본 교사도 있을 것이다. 화산 폭발 직전의 폭탄급 교실도, 힘든 고비를 몇 차례 넘기고 휴화산 상태를 맞은 교실도 있을 것이다.

때에 따라서는 교실 기후를 측정하기 위해 '교실 온도계'를 활용하기도 한다. 교실 온도계란 말 그대로 교실의 현재 온도를 측정하는 장치이다. 아이들끼리 학급회의 때마다 교실의 온도를 재서 지금 우리 교실은 어떠어떠한 상태라는 것을 기록하는 방식이다.

교실 온도계 말고 교실의 기후를 알 수 있는 또 다른 방법은 뭐가 있을까. '성장학교 별'의 경우 학생 수가 40명밖에 안 되는데, 흔히 말하는 '아침 조회'를 학교에 온 것을 서로 환대하자는 의미로 '환대 나눔'이라고 부른다. 그 시간에 하는 것 가운데 하나가 '기분 점수 이야기하기'다. 아침에 등교하면 다같이 모여서 자신의 기분을 숫자로 말하는 것이다. 5점 만점에 3점 미만인 아이는 그날 조심하는 게 좋다.

'나 오늘 기분 점수가 2점이야.' 이렇게 말하는 아이들은 담임도 유심히 살펴야 하고, 아이들끼리도 '나 오늘 기분 점수 빵점이거든', '나 오늘 기분 점수 마이너스야'라고 하면 '잘못 건드리면 안 되겠구나' 하고 배려하는 게 좋다는 것을 인지한다. 그날 자기 기분이 왜 그런지 이야기하는 경우도 있고, 교실의 전반적인 분위기를 학급 회의에서 아이들끼리 표현할 수 있도록 하기도 한다. 그렇게 하면 현재 반 분위기가 대체로 어떻다는 걸 학생들도 교사도 알 수있다.

교실의 지배적 분위기를 표현하는 교실 기후란 개념은 궁극적으로 교실이 온화해서 학습하기에 좋고, 소통이 잘 되는 온대성 기후를 만드는 데 목적이 있다. 날씨가 따뜻해야 사람이 활동하기 좋은 것처럼 교실의 기후가 대체로 온난한 상태를 유지해야 아이들끼리의 관계에도, 교사와 아이들의 관계에도 좋다.

교실 기후가 화산이 폭발하기 직전처럼 들끓는 상태에 있거나 기온이 조금만 더 올라갔다가는 용암이 분출해서 어디로 튈지 모르는 상태라면 위험한 게 당연하지 않을까. 소통과 상호 작용이 멈추어 모두 숨죽여 지내는 싸늘한 빙하기는 물론, 공포와 두려움으로 가득한 토네이도 상태에서도 학급 운영은 제대로 이루어지기 어렵다.

무엇이 교실 기후를 형성하는가

그렇다면 교실을 지배하는 분위기는 어떻게 형성될까? 교실 기후에 영향을 미치는 근본 요인들로 다음과 같은 것을 꼽을 수 있다.

- 교사(담임)가 정한 규칙
- 학급의 리더 그룹, 인기 있는 아이들
- 눈에 띄지 않으나 학급 여론을 형성하는 아이들
- 학생들 사이의 상호 작용
- 학교의 전반적이고 전통적인 분위기
- 보이지 않는 교과 과정(hidden curriculum)
- 교장이나 교감, 부장 교사의 성향 및 태도
- 입시 제도를 비롯한 교육 정책
- 학부모의 태도나 압력
- 사회 문화적 분위기
- 지역 사회의 성격

나는 학교에 강연을 하러 가는 경우가 종종 있는데, 강의 전에 꼭 만나 뵙는 분이 교장 선생님이다. 때때로 나는 교장 선생님한테 압력을 느끼기도 하고 시간을 빼앗기기도 한다. 1시간 강의하기로 했는데 면담을 15분 정도 하면 강의 시간은 45분으로 줄어든다. 이런 것들이 관리자의 영향에 해당한다고 볼 수 있다.

교실이 교육 정책의 영향을 받는다는 사실은 군이 설명하지 않아도 될 것이다. 일제고사의 시행이 교실에 얼마나 큰 영향을 주었는지, 입시 제도가 조금만 바뀌어도 교실 분위기가 얼마나 달라지는지는 익히 겪었을 것이다. 교실은 교육 정책이나 학교 분위기를 어떻게 만들어가겠다는 관리자의 의지에 따라 크게 달라질 수밖에 없다.

교사의 힘

교사의 영향은 보다 직접적이고 구체적이다. 교실 분위기를 주도적으로 형성하는 데 영향을 미칠 수 있는 사람이 곧 교사이기 때문이다. 교사가 어떤 성향을 지녔는지, 어떤 요소에 중점을 두는지에 따라 교실 분위기도 달라진다.

예를 들어 승진을 중요시하는 교사라면 학교장의 성향을 잘 따르게 될 터이므로 그런 분위기로 학급이 흘러가게 될 것이다. 교육 정책에 관심이 많은 교사라면 교실도 정책 변화에 크게 좌우된다. 학생 눈치를 살피는 교사라면 학생 성향에 맞춰 교실 분위기가 형성될 것이고, 강력하게 저항하는 학생이 있을 때는 반 분위기도 험악해진다.

교사도 사회적 존재이므로 교실 분위기를 조성할 때 의식적으로든 무의식적으로든 여러 요소들의 영향을 강하게 받을 수밖에 없다. 특히 담임을 맡았을 경우 학생들의 영향력이 가장 크게 작용하며 직접 대면하지는 않더라도 아이들을 통해 전해지는 학부모의 영향도 압력으로 작용한다. 경력이 많지 않은 교사라면 부장급 교사들의 영향도 무시할 수 없을 것이다. 따라서 담임 혼자서 행복한 학급, 온난한 교실 기후를 만들기란 매우 힘들다. 교실에 영향을 미치는 요소들을 정확히 인식하기 위해 촉각을 세우고 있어야 한다.

보이지 않는 교과 과정

교실 기후에 영향을 미치는 또 다른 요인들 가운데 특히 주목해야 할 부분은 학생들 간의 상호 작용이다. 이것이 바로 '보이지 않는 교과 과정'에 해당한다. 교사들은 대개 가르치는 일에만 집중하는 경향이 있는데, 아이들은 교사가 가르치지 않은 것에서도 배운다. 어쩌면 요즘 아이들은 교사가 가르치지 않은 것에서 더 많이 배운다고도 할 수도 있을 것이다. 그러므로 교사는 자신이 가르치지 않았는데도 아이들이 배우는 것이 무엇인지에 관심을 기울일 필요가 있다.

그렇다면 교사 말고 아이들이 가장 많이 배우는 대상은 누구일까? 바로 또래 친구들이다. 아이들은 '지금 누구한테서 가장 많은 것을 배우고 정보를 얻니?'라고 물으면 대부분 '친구'라고 대답한다. 아이들이 정보를 얻는 대상으로서 예전에 비해 확연히 늘어난 것이 친구, 인터넷, 텔레비전, 휴대 전화다. 부모님이나 어른의 영향은 갈수록 줄고 있다.

요즘 아이들을 보고 버릇이 없고 예의범절도 모른다고 하는데, 왜 그런지를 분석해보면 쉬이 납득이 된다. 지금 50대인 엄마가 자랄 때 어른을 만난 횟수와 고등학생인 자녀가 어른을 만나는 횟수는 천양지차다. 요즘 아이들이 알고 지내는 어른의 범위도 마찬가지다. 예전엔 사촌은 물론이고 육촌에 팔촌, 아니 동네 아주머니들까지 다 알고 지냈지만 요즘은 사촌 넘어가면 얼굴도 모르는 경우가 태반이다. 이제는 아이들을 관찰할 때 또래 관계에 집중해서 보는 것이 중요하다. 아이들은 또래가 선생님을 어떻게 대하는지를 보면서 자신의 태도를 결정하고, 또래의 행동을 보면서 그것이 사회에서 통용되는지 여부를 파악한다.

부모가 자녀를 키울 때도 그렇지만 교사가 학생들과 지낼 때도 마찬가지다. 우리는 가르치는 사람으로서 가르치는 것에만 몰두해서 '난 이렇게 가르쳤는데 저 애는 왜 저렇지'하고 생각하기 쉽지만 사실 아이들은 교사가 아닌 다른 이에게 더 많은 것을 배우고, 그것을 중요시 여긴다. 이것이 바로 보이지 않는 교과 과정, 히든 커리큘럼이 지닌 비밀이다.

교실 기후를 형성하는 데 있어 학생들의 힘이 얼마나 크고 중요한지도 같은 맥락에서 이해해야 한다. 교사가 학생들과 어떻게 상호 작용을 하고 싶어 하는지에 따라 한 해의 학급 분위기가 설정된다. 보이지 않는 교과 과정을 중요하게 인식하고 반영하는 것이 그래서 중요하다. 여러 요인들을 어떻게 조절해서 어떤 교실 분위기를 만들 것인가는 교사가 자신에게 부여된 힘을 어떻게 사용할 것인가의 문제이기도 하다.

유럽의 '제도적 심리학파(환경 심리학파)'가 주장하는 이론도 교실 분위기가 친사회적이고 애정이 넘치면 마음이 따뜻하고 사회성이 높은 아이들로 성장한다는 내용이다. 교사가 반드시 수업이나 상담, 훈육을 통해서 의식적인 교육 과정을 거치지 않더라도 교실 자체가 사람을 변화시키는 하나의 시스템으로 작용한다는 것이다.

공자가 "세 사람이 함께 길을 걸으면 그 가운데 반드시 나의 스승이 있다"고 했듯이, 한 학급에 30명이 있으면 한 학생에게 나머지 29명이 모두 교사일 수 있다.

온대 기후 만들기

대부분의 중고등학교가 2학기 중간고사를 추석 명절 지나고 치른다.

이전에 100명의 교사를 대상으로 추석 때 자녀에게 할아버지 할머니 댁에 데려갈 건지, 시험공부하면서 집에 있게 할 건지 물어본 적이 있다. 100명 중 6명만이 조부모님 댁에 데려가겠다고 대답했고, 나머지는 중간고사를 준비시키겠다고 했다.

못 갈 만한 사정도 있겠지만, 그렇다고 해도 요즘 아이들이 어른들과 지내는 시간이 현저히 줄어들었음을 증명하기에 모자람 없는 사례다. 상황이 이런데 아이들이 어른을 어떻게 대해야 하는지 모르는 건 당연하다. 자주 보지 않는데 어떻게 알겠는가. 애초에 어른과 같이 있는 상황 자체가 아이들에게는 부담스럽다.

어른 대할 기회가 없는 아이들을 이해하자

교실 기후를 형성하는 데에도 이런 문화적인 부분이 크게 작용한다. 집에서는 부모의 보호를 받으며 하고 싶은 대로 다 하는 아이들, 부모 말고 다른 어른이라곤 전혀 만나본 적이 없는 아이들, 그런 아이늘이 학교에 와서 자기 부모보다 어린 선생님한테 깍듯이 예의를 갖춰 대하기는 쉽지 않다. 배우지 않아서 못하고, 몰라서 못한다. 간단히 말해 부모들이 안 가르친 것이다.

그런데 우리는 가르쳐주지도 않고 버릇없다고만 한다. 우스갯소리로 '너, 선생님한테 왜 이래?' 하면 요즘 애들은 '나는 우리 엄마아빠한테도 그래요'라고 대꾸한단다. 예전과는 현격하게 달라진 문화적 분위기에서 자랐기 때문에 과거처럼 '스승의 그림자도 밟지 않는' 교실이 되기는 어렵다. 오히려 지나치게 순종적인 아이들을 보면 혹시 너무 억압받는 환경에서 자란 게 아닐까 걱정될 정도다.

따라서 요즘 아이들은 버릇없는 게 당연하다는 생각에서부터 시작할 필요가 있다. 자꾸 어른 세대가 학교 다닐 때의 모습을 견본으로 놓고 요즘 애들은 왜 그런지 이해할 수 없다고 하면 서로 힘들어질 뿐이다. 요즘 애들은 어른을 만나지도 않았고, 과거와 같은 유교 문화 속에서 성장하지도 않았으며, 선생님을 그렇게 무서워하지도 않는다. 자기 부모도 무서워하지 않는데 선생이 뭐가 무섭겠는가.

결국, 상호 작용

일단은 각기 다른 문화적 환경에서 자란 아이들이 모여서 교실 분위기를 형성하고 있다는 사실을 받아들일 필요가 있다. 교실은 그런 아이들이 받은 의식적, 무의식적 영향들―학부모의 태도, 지역 분위기, 사회의 전반적인 흐름 등―이 한데 버무려져 형성된 아이들의 집합체인 셈이다.

물론 그 반대로 학생 개개인도 교실의 영향을 받는다. 교실에는 여러 가지 다중적인 기후가 있고, 각 학생이 받아들이는 강도에도 차이가 있다. 어떤 아이는 담임의 영향을 가장 크게 받고, 어떤 아이는 또래들의 영향을 크게 받으며, 어떤 아이는 사회 정책의 영향을 많이 받기도 한다. 예를 들어 일제고사가 생기자마자 성적에 목매고 자기 라이프 스타일을 완전히 입시 체제로 바꾸는 아이라면 사회 정책의 영향을 많이 받는 경우에 속한다.

아이들은 자신이 그렇다는 사실을 의식하는 경우도, 전혀 의식하지 못하는 경우도 있는데 아마도 의식하지 못하는 아이들이 더 많을 것이다. 중요한 것은 그런 아이들이 교실 분위기에 영향을 미치는 여러 요소들을 각자 껴안고 모여 있다는 사실이다.

교실 분위기를 만드는 주도권을 쥐고 있는 교사들은 아이들의 영향을 받고, 아이들은 또 교사를 비롯한 다양한 환경에 영향을 받는다. 즉, 교사와 학생들 사이의 상호 작용을 통해 교실 분위기가 형성되는 것이다.

여러 가지 외부 영향들 때문에 이상적인 교실 기후를 만드는 일이 쉽지만은 않다. 학생들끼리도 협력해야 하고, 담임도 학생들과 좋은 관계를 맺어야 하며 학부모의 협력도 얻어야 한다. 교감이나 교장의 정책과 교사의 정책 사이의 조화에도 신경을 써야 한다.

담임이 어떻게 학생들의 협력을 얻어서 어떤 분위기의 학급을 만들 것인지, 그 지향점에 따라 한 해의 학급 분위기가 왔다 갔다 할 수 있다. 어떤 아이는 수동적으로 끌려가고, 어떤 아이는 희생하면서 동참하며 또 어떤 아이는 능동적으로 이끌어간다.

학급 분위기, 즉 교실 기후는 이런 요소들이 서로 영향을 주고받으면서 형성되며 그것들을 어떻게 조절하느냐에 따라 결정된다. 그러므로 학급 분위기를 좋게 만들려면, 즉 교실 기후를 따뜻하게 유지하려면 교사의 역할이 가장 크고 중요하다는 사실을 인식해야 한다. 수많은 요소들을 조절할 수 있는 열쇠의 대다수를 교사가 갖고 있기 때문이다.

교실 기후 체크리스트를 만들자

교실 분위기는 여러 가지 요인의 영향을 받는다. 아이들에게 중요하게 영향을 미치는 것이 무엇인지, 또 반 분위기가 어떤지 아이들과 한 번 이야기를 나누어보는 것이 좋다. 아울러 담임 자신이 반 아이들에게 어떻게 받아들여지는지 피드백을 받아보는 것도 필요하다. 교실 분위기는 한번 정착되면 바꾸기 쉽지 않다. 교실 분위기를 좋게 유지할 수 있는 교사의 역할을 인지하고 교사에게 협력하는 학생들을 찾아내야 한다. 또한 교실 분위기에 좋지 않은 영향을 미치는 요인들도 찾아내서 해결 가능한 것부터 하나씩 변화시켜 나가야 한다. 교실 분위기를 형성하는 데는 담임의 역할이 가장 중요하지만, 보이지 않는 요소들이 작동하고 있다는 사실을 명심하고 이를 파악해놓아야 한다. 무엇보다 교실 기후를 다시 한번 체크하도록 해야 한다. 혹독하고 삼엄해서 조용하기만 한 교실을 좋다고 생각할 이유는 전혀 없다.

교실 무의식

수업이 재미 없다는데….

아이들마다 관심사도 다르고 학습 수준에 차이도 많이 나는데, 준비한 하나의 교안으로 지도하는 것이 과연 옳을까. 그동안 아이들의 학습 욕구나 상태가 비슷하다고 간주하고 수업을 했는데, 오늘 별 생각 없이 수업이 어떠냐고 물었다가 깜짝 놀랐다. 솔직히 이런 반응이 나오리라곤 생각지도 못했다. 몇몇은 수업이 너무 어렵다고 투덜거렸고, 몇몇은 너무 쉬워서 재미없다고 했다. 아예 관심이 없다고 말하는 아이도 있었다. 예상치 못한 반응에 혼란스럽기까지 하다. 그동안 아이들의 상태와 수준을 고려하지 않고 너무 일방적으로 수업을 한 것 같다. 다른 선생님들은 어떻게 하고 있을까. 어떻게 하면 학습 수준에 차이가 있고, 관심사도 다른 아이들을 대상으로 수업을 잘해나갈 수 있을까.

다양한 사회적, 문화적, 심리적 영향이 뒤섞이는 교실

교사라면 누구나 한번쯤 이런 혼란에 빠져본 경험이 있을 것이다. 교실에 있는 학생들의 학습 욕구와 상태가 비슷하다는 전제로 수업을 진행하다가 저항에 부딪히는 것이다. 일부 아이들은 너무 어렵다고 하고 일부 아이들은 너무 쉽다고 하며 어떤 아이들은 아예 수업에 관심이 없다. 진도는 나가야 하는데 어느 수준에 맞추어야 할지 몰라 교사도 혼란에 빠진다. 상황을 피하다 보니 학생들의 상태와 무관하게 기본적인 흐름만 잡고 나머지는 각자 알아서 하겠지 하는 마음으로 지내게 된다. 이런 상황이 반복되면 늘 마음 한구석이 편치 않아, 해결할 방법을 찾아보아도 쉽게 떠오르지 않는다.

교실에 앉아 있는 학생들은 각각 생김새도 다르고 성격도 다르다. 그만큼 교실에 와서 앉아 있는 동기도 다르다. 이런 다양성과 차이를 어떻게 다룰 것인가? 어떻게 아이들의 다양성을 수용하고, 차이를 인정하면서 교실을 운영하고 수업을 진행할 것인가? 답을 구하기 위해서는 우리 교실의 현실이 어떤지, 문제가 무엇인지부터 살펴보아야 한다.

교사가 흔히 저지르는 오류 가운데 하나가 '우리 반 아이들은 하나'라는 사고방식이다. '우리는 하나'라는 사고로는 한 가지 접근 방법밖에 취할 수 없다. 그러면 똑같은 실패를 반복하게 된다.

'교실 무의식(classroom unconsciousness)'이라는 말을 처음 쓴 사람들은 제도적 심리학파인데, 이들이 강조하는 것도 획일성에 대한 반대이다. 교실에 있는 아이들이 다 똑같다고 생각해서 한 가지 방식만 취하는 교사들의 오류를 지적한 것이다.

아이들은 다 다르다

교실을 한번 둘러보자. 한 명의 교사 앞에 모인 30여 명의 아이들은 다 똑같은가? 그렇지 않다. 프랑스처럼 다민족 국가인 경우에는 더 심할 것이다. 생김새나 피부색만 다른 게 아니라 집에서 쓰는 말과 학교에서 쓰는 말이 다른 경우도 있다. 문화도 다르고, 관습도 다르고, 가족 구성도, 출신지도 다르다. 신체적 성장에도 차이가 있으며 학습 수준에도 차이가 있다. 공통점은 오직 하나, 비슷한 또래라는 것뿐. 그런 아이들이 교실에 모여서 한 반을 구성하고 있다. 그들은 공동체이지만 개인이다.

부산에 있는 대안학교 가운데 '우다다'가 있다. '우리는 다 다르다'의 줄임말이다. 어른 세대는 자신들이 획일적이고 전체주의적인 분위기에서 성장했기 때문에 나와 남이 다르다는 사실을 불편해한다. 심지어 어지간하면 다 똑같았으면 하는 바람까지 갖고 있다.

그런데 현실은 전혀 그렇지가 않다. 아이들은 나이만 비슷할 뿐, 초등학교에 입학할 때의 학습 수순에서부터 이미 자이가 난다. 특히 한국 사회의 가장 큰 문제가 바로 이 학습 격차다. 관심이 있는 부모와 없는 부모, 또 지역 사이의 학습 격차가 아주 크다.

서울의 어떤 지역은 한 반에 있는 아이들 사이에서도 평균 학습 격차가 6년 정도 나는 경우도 있다. 한 반 안에 부모의 교육열이 너무 높아 세계 여행을 갔다 온 아이도 있고, 웬만한 영어 회화는 가능한 아이가 있으며, 특목고에 가기 위해 선행 학습을 2~3년치 미리 해놓은 아이도 있다. 중학교 1학년 때 고등학교 수학 진도를 나가는 아이가 있는가 하면, 지리 선생님이 피오르드를 설명하면 자기 휴대 전화에 저장해놓은 사진을 보여주면서 설명하는 아이도 있다.

우리 사회는 이렇게 가정환경과 부모의 교육열이 아이의 차이를 만드는 데 가장 큰 요인으로 작용한다. 3분의 1 법칙에 따라 '선행(미리 진도를 나간 경우)' '적기(해당 학년에 맞는 수준)' '부진(학습 수준이 자기 학년에 비해 떨어지는 아이)'으로 학습 격차를 구분하는데, 그 비율이 어떤가에 따라서 교사의 수업 난이도 조절도 달라진다.

지역에 따라 편차가 크기는 하지만 '적기'가 다수이고 '선행'과 '부진'이 일부라면 그래도 수업하기가 수월한 편이다. 그런데 어떤 지역처럼 반의 4분의 3이 '선행'을 했고 '부진'이 4분의 1이라면, 이런 상황에서는 수업을 하기가 여간 힘든 게 아니다.

예를 들어보자. 부임 첫해에 신입 교사가 실력 없다는 소리를 안 듣겠다고 결심한다. 죽 훑어보니 아이들이 그럭저럭 잘하는 것처럼 보여서 '선행'에 맞춰서 수업을 한다. 열심히 문제를 만들고, 어려운 문제도 뽑고…. 그런데 학기 중반쯤 갔더니 3분의 2정도 아이들이 수업 시간에 잔다. '저 선생님은 맨날 문제만 풀고 어려운 것만 가르친다'고 불만을 터뜨린다. 안 되겠다 싶어서 이번에는 '적기'에 맞추기로 했더니 '부진'도 자고 '선행'도 잔다. 이러다간 큰일나겠다 싶어서 '선행'은 학원에 다니면서 할 테니까 '부진'에 집중해야겠다고 결심한다. 수업 시간에 '선행'에겐 문제 풀라고 지시하고 '부진'을 위해 원리, 기초부터 차근차근 가르친다. 교사 자신도 갈팡질팡하느라 지치는 건 물론이고, 머지않아 아이들을 통해 이런저런 소리를 들은 학부모들로부터 불만이 제기될 것이다.

우리나라는 사교육의 횡행 때문에 교사가 교실에서 수업을 자유롭게 구현할 가능성이 막혀 있다. 어떤 지역에서는 초등학교에 입학하기 전에 한글 책 1000권, 영어로 된 책 200권을 마스터해야 한단다. 그런 아이들이 모인 지역에 그렇지 않은 아이가 몇 명 끼어있다면 교사가 그 일부 학생에게 학습 진도를 맞추기란 쉽지 않을 것이다. 고등학교에 가면 선행을 했던 아이들이 특목고로 빠져나가면서 학습 격차, 문화적 격차는 더욱 심해진다.

대한민국에서 교사로 일하면서 교실을 잘 이해하고, 좋은 방향으로 변화시키며, 효율적으로 이끌어 나가기란 조금 과장해서 큰 회사를 운영하는 것만큼이나 어려운 일이다. 특히 초등학교 5~6학년, 중학교 1~2학년을 맡은 교사들이 가장 힘들 거라고 생각한다. 그 시기의 아이들은 움직임이 너무 많아서 다루기가 힘들고, 학습 격차도 커질 대로 커진 상태이다. 몸은 성장하느라 근질근질하고, 각종 성호르몬 수치는 최고를 기록한다. 교실은 좁고, 체육 시간은 부족하다.

아이들이 교실에서 싸우고 욕하는 데는 다 이유가 있다. 또래들한테 분출하다 성에 차지 않으면 그 다음에는 선생님을 향하기도 한다. 어디로 튈지 모르는 교실, 그것을 하나로 묶어서 이끌어 간다는 것은 여간 어려운 일이 아니다.

다시 말하지만 아이들을 똑같은 존재로 인식하지 말자. 각기 다른 30명의 아이들이 내뿜는 에너지가 서로에게 어떻게 정서적, 정신적인 영향을 주고받으며 어떤 힘으로 작용하는지를 포착해야 한다.

교실에서 일어나는 다양한 현상과 그것들이 서로 유기적으로 영향을 미치면서 작용하는 일련의 흐름을 뭉뚱그려 '교실 무의식'이라고 한다. 교실 무의식이 중요한 이유는 사회적, 문화적, 심리적 영향들이 교실에서 어떻게 상호 작용을 일으키는지를 파악하는 기초 자료가 되기 때문이다.

아이들이 학교에 오게 하는 힘, 교실 무의식

아이들에게 학교에 왜 오는지를 묻는 것은 교실 무의식을 파악하기 위한 첫 번째 질문이다. 아이들은 어떤 이유로 학교에 왔고, 아이들을 학교에 나오게 하는 힘은 과연 무엇일까?

©아자라마 가디언, 주니스튜디오 조원준

학교에는 공부하러 온 아이, 놀러 온 아이, 자러 온 아이, 싸우러 온 아이, 인기를 얻기 위해 온 아이, 아무 생각 없이 그냥 온 아이, 갈 곳이 없어서 온 아이들이 제각기 모여 있다. 설문 결과에 따르면, 뜻밖에 학교에 놀러 온다는 아이나 친구 만나러 온다는 아이들이 많다. 현실에서 교실을 지배하는 가장 큰 힘이 놀이와 친구인 것이다. 공부는 하기 싫은데 졸업장은 받아야 하니까 학교에 나온다는 아이도 보았고, 학교에 와서 잠만 자는 아이를 상담하고 치료해본 적도 있다. 중학교 3년,

고등학교 2년 동안 수업 시간에 잠만 잔 아이가 고3이 되어서 수업을 듣는다고 제대로 들릴 턱이 있나. 그 아이는 잠 안 자고 수업을 듣는 게 너무 힘들다고 했다. 비행 청소년들은 의외로 학교에 잘 나오는데, 학교에 가야 자금을 모으고 힘을 과시하고 다른 아이들을 괴롭힐 수도 있기 때문이다. 그에 비해 은둔형 외톨이나 심리가 불안한 아이들은 학교에 안 가는 경우가 많다.

미국 농촌 지역에 있는 학교들 중에는 학생들의 중도 탈락률이 높아 놀러 와도 좋고, 수업 시간에 자도 괜찮으니 제발 학교에 나와달라고 한단다. 학교에 오지 않고 밖으로 돌아다니면 범죄에 노출될 확률이 높으니 차라리 학교에 와서 놀고 학교에서 자라는 것이다. 참고로 미국에서는 홈스쿨링 인구가 수백만에 이르렀고, 꼭 학교에 갈 필요는 없다는 인식도 점점 확산되고 있다.

그에 비하면 우리나라는 아직 출석률이 높고 중도 탈락률도 낮은 편이다. 한국 사회에 십난 무의식으로 일난 학교는 가고 봐야 한나는 사고가 깔려 있는 것이다. 새로운 학교의 필요성으로 대안학교는 늘어났어도 학교에 꼭 갈 필요는 없다고 생각하는 사람은 극소수다.

아이들을 학교에 나오게 하는 힘은 무엇인가 하는 논의에서 자발적으로 배우기 위해 오는 아이가 10%라고 할 때, 교사는 어떻게 해야 할까? 교사가 하는 일은 상담이나 행정 업무를 비롯해 여러 가지가 있지만, 그래도 교사의 정체성과 핵심은 가르치는 것이다. 그런데 가르침을 받으려는 아이가 10%뿐인 상황이라면? 다시 말해 배운 준비가 돼 있는 아이가 30명 가운데 3명뿐이라면? 당연히 교실과 수업 분위기를 바꿔야 하고, 그러기 위해서는 교실을 지배하는 무의식의 흐름을 포착해서 긍정적이고 참여하는 방향으로 돌려놓아야 한다.

어떤 요소가 이 아이를 학교에 오게 하는 힘인지, 학년이 바뀌고 한 두 달이 지나면 대체로 파악할 수 있다. 파악이 끝나면, 교사는 이를 아이들과 함께 긍정적인 상태로 조정해나가야 한다. 공부하고, 친구 사귀고, 사람을 만나고, 서로 대화하기 위해서 오는 등 긍정적인 요소의 비율이 높아지도록 교실을 변화시키는 작전을 짜야 한다. 이때 협력적인 아이들의 도움을 받는 것이 바람직하다.

교사가 교실을 분석하는 틀로 교실 기후(교실 분위기)와 교실 무의식(교실 정신)을 파악하는 일은 아주 중요하다. 아이들이 어떤 힘에 의해 학교에 나오는지 목록을 만들어서 학기 시작할 때와 끝날 때 어떻게 변했는지를 기록하는 것도 좋다. 부정적인 요인이 줄고 긍정적인 요인이 늘어났다면 바람직한 변화이다.

교실 무의식은 아이들이 학급에서 벌이는 관계와 활동의 기초가 된다. 공부하는 아이들은 공부를 중심으로 관계를 맺고, 놀러 온 아이들은 놀이를 중심으로 관계를 맺는다. 구성원 하나하나를 잘 파악하여 이 아이가 다른 아이들과 어떻게 관계를 맺어나가는지를 관찰하는 것이 교실 무의식을 이해하는 핵심이다.

배우러 온 아이들은 교사를 존중하지만 놀러 온 아이들에겐 교사가 중요하지 않다. 싸우러 온 아이들은 싸우다가 걸렸을 때 규칙을 적용하는 사람이 교사이기 때문에 교사를 중요하게 여긴다. 이처럼 어떤 이유로 학교에 왔는지에 따라서 아이가 교사나 다른 아이들과 관계 맺는 방식이 달라진다. 학교에 와서 선생님을 피해 다니는 아이가 있고, 오로지 선생님만 바라보는 아이도 있다. 아이가 학교에 나오게 하는 힘이 무엇인지를 아는 것은 교실에서 그 아이의 관계나 활동을 파악하는 기초 자료이자 아이의 행동을 예측하는 기본 정보가 된다.

압력을 균형 있게 나누자

아이들이 어떤 이유로 학교에 나왔는지, 그 이유와 비율을 파악한 교사라면, 교탁에 서는 순간 압력을 느낄 것이다. 더군다나 부정적인 요인이 많다면 더 강한 압력을 받게 될 것이다. 지금부터가 제대로 활약할 때라면서 의욕을 보이는 교사도 있겠지만, 어디서부터 어떻게 시작해야 좋을지 몰라 숨이 턱 막히는 교사가 더 많지 않을까.

그러잖아도 교사는 교탁에 서는 순간 압력을 받을 수밖에 없는 존재이다. 압력이 너무 강하면 위축되고, 너무 약하면 무기력해진다. 이러한 압력의 강약을 잘 느끼고, 감각적으로 받아들여야 수업을 편하게 진행할 수 있고, 아이들과 상호 작용도 잘 할 수 있다.

자리 배치도 중요하다. 어떤 아이들이 어느 자리에서 영향을 미치느냐에 따라 수업 분위기가 달라지기 때문이다. 예를 들어 '놀러 온 아이들' 군데군데에 '배우러 온 아이들'을 배치하면 다 같이 놀게 되는 경우도 있고, 반대로 되는 경우도 있다. 학기 초 일주일 동안 자리 배정을 하지 말고 '앉고 싶은 대로 앉아보라(seating chart)'고 한 다음에 상황을 파악해보는 것도 한 가지 요령이다. 자리 배치는 학생들 사이의 역동을 파악하는 방법이기도 하다. 친한 아이들끼리 뭉쳐서 앉는 아이들이 있고, 아무데나 앉는 아이들도 있으며, 매일 자리가 바뀌는 아이들이 있는 반면, 매일 같은 자리에 앉는 아이들도 있다. 그런가 하면 늘 친하지 않은 아이들과 앉는 아이들도 있다.

아이들은 대체로 혼자가 아니라 그룹 형태로 모여 앉아서 교사에게 압력을 행사한다. 아이들이 주는 압력이 편하고 좋을수록 교사는 수업에 활기를 얻고, 반대로 아이들의 압력을 불편하게 느끼면 교사도 수업을 형식적으로 하게 된다. 그 반 담임이 밉거나, 아이들이 밉거나, 학부모가 미워서 잘 안 되는 때도 있다. 어느 경우이든 학급에서 아이들이 주는 집단적 압력이 어디에서 오는지를 잘 느끼고 해석해야만 아이들과 민감하게 상호작용을 할 수 있다.

교실 무의식은 학생 개개인의 무의식적 동기의 총합으로, 학생들끼리의 관계 그리고 교사와 학생간의 관계를 형성하는 주요 요소이다. 우선은 아이들이 다양한 동기와 의식을 갖고 교실에 와서 앉아 있다는 사실을 받아들이고, 그것을 잘 파악하여 활용하면 수업도 살아날 것이다.

아이들 간의 격차를 수용하자

학교에 오는 아이들은 비슷한 연령에 비슷한 문화 속에서 살아가고 있는 것처럼 보이지만, 사실 아이들의 사회·문화적 배경과 학습 상태는 모두 다르다. 또 학생들이 다 공부하러 학교에 온다고 생각하지만, 아이들마다 학교에 와서 하는 주요 활동은 다르다.

교사는 이런 다양성과 차이를 파악하고 수용할 필요가 있다. 한 교실에서도 학생들 간의 학습 격차가 다르기 때문에 능력별 수업이나 이동 수업을 하기도 하는 것이다. 하지만 모든 과목을 그렇게 할 수도 없고, 능력별 수업의 효과에 대해서도 의견이 분분하다.

따라서 교사는 우선 학습의 출발선에서 그 격차를 파악해야 하고, 학습 격차가 크고 학습 속도가 상이한 경우 효율적인 수업 방안을 짜야 한다. 이때 활용할 수 있는 것이 협동 수업이나 개별화 수업 등의 방안이다. 일방적 강의가 아닌 다양한 모둠식 수업을 기획해서 그룹별로 학생을 지도하는 것도 하나의 방법이다. 때에 따라서는 학생 교사(이미 알고 있는 학생이 아직 모르는 학생을 돕는 것)를 임명하거나 개별 지도 방안을 만들어서 상위 학생과 하위 학생에게 따로따로 개입할 수도 있다. 일부는 자고 일부만 수업을 듣는 게 아니라 모든 아이들이 자신에게 맞는 교안에 따라 수업을 들을 수 있도록 방안을 만들어 나가야 한다.

교실 지리와
역동

교사의
고민 1   아이들이 끼리끼리 뭉치기 시작했다

요즘 패가 나뉜 듯한 우리 반 여자애들이 심상치 않다. 교문이 가까워질수록 아이들 재잘거리는 소리가 점점 커지고, 드디어 하나둘 다가와 살갑게 인사한다. 이럴 땐 너무 예쁘다. 같은 아파트 위아래 층에 산다는 두 녀석은 요즘 부쩍 외모에 신경을 쓰는 듯하다. 저 앞에 걸어가는 말썽꾼들은 몇 달 전에 담배를 피우다 걸려 학생 주임한테 혼났는데⋯. 담배는 끊었다지만 여전히 어울려 다닌다. 또 다른 단짝인 반장과 부반장은 담임인 나도 말을 걸기가 망설여진다. 반에서 1,2등을 도맡아 하고 학원도 같이 다니는데, 학급 분위기를 위해 오픈 마인드로 친구들을 대하면 오죽 좋을까.

아, 어디서 말다툼하는 소리가 들리는데, 무슨 일이지? 아이돌 그룹을 놓고 자기가 좋아하는 그룹이 춤을 더 잘 춘다고 난리다. 단순히 말다툼 정도로 끝날 것 같지가 않은데. 아이들은 왜 끼리끼리 어울리는 것을 넘어 사소한 문제로 집단적 갈등까지 겪는 것일까? 아이들이 서로의 다양성을 존중하고, 화합하게 할 좋은 방법이 없을까?

혹시, 왕따가 된 걸까?

평소에 말이 없고 조용한 영미가 어제부터 결석인데, 연락이 되지 않는다. 다른 아이들에게 물어봐도 모르겠다고만 한다. 아이들은 인기 많은 반장한테만 관심이 있고, 영미한테는 영 관심이 없다. 그러고 보니 요새 교실 분위기는 나하고도 겉도는 느낌이다. 나를 바라보며 눈을 반짝이는 아이들은 여전히 있지만, 창문 옆자리에 앉아 창밖만 멍하니 내다보는 아이들도 있고, 뒷자리에 앉은 아이들은 자기들끼리만 떠들며 어울린다. 한 교실 안에서도 이렇게 겉놀다니. 자기 그룹 말고는 관심이 없어 보이는 아이들, 어떻게 하면 우리 반 아이들이 조화를 이루며 함께 잘 어울리게 할 수 있을까?

집단 관계 — 아이들은 어떻게 나누어지는가?

청소년기에는 누구나 그렇지만 아이들은 끼리끼리 뭉쳐 다닌다. 아이들끼리 사고도 같이 치고, 또 학급 분위기도 주도한다. 교실의 구조를 이해하는 몇 가지 방법 가운데 하나는 교실을 수업이 아닌 '담임 반'으로 이해하고, 그 안에서 집단 관계를 살펴보는 것이다.

교실에는 30여 명이 앉아 있지만 이들은 단일한 하나의 집단이 아니라 여러 서브 그룹들의 집합으로 구성되어 있다는 이해에서 출발하는 것이 좋다. 이러한 서브 그룹에는 어떤 종류가 있으며 각각 어떻게 형성되고, 어떤 특징을 가지고 있을까.

첫째, 교실은 기본적으로 동창 서브 그룹이다. 초등학교는 좀 다르지만 중학교 이후부터는 어느 학교 출신인지가 중요한 역할을 한다. 어른들이 모르는 사람끼리 만나서도 학교 어디 나왔는지 물어보는 것이 주요 테마인 것처럼 아이들도 마찬가지다. '너 어느 학교 나왔어?'란 질문으로 자신들의 그룹을 결정짓는다. 지역에 따라서 조금씩 차이가 있겠지만 보통 초등학교 3~5개 정도가 중학교 하나를 구성하므로 같은 초등학교를 나왔으면 거의 얼굴을 안다. 3월에 입학식이 끝나면 몇 명의 '초딩 짱'들이 모여서 서열을 정한다는 말도 있다.

둘째, 동네 서브 그룹 혹은 주거 단지 서브 그룹이다. 아파트 이름별로, 좀 더 부정적인 경우는 아파트 평수별로 나뉘는 그룹이다. 이런 구분은 초등학생 사이에서 심하며, 등하교를 같이 하는 일반적인 서브 그룹이다. 부모 입장에서는 자녀의 동창 서브 그룹은 잘 몰라도 동네 서브 그룹은 대충 파악할 수 있다. 같은 동네, 같은 아파트 단지에 사는 경우라면 학부모들끼리도 거의 알고 지내고, 친하게 어울리는 경우도 많다.

셋째로, 남자아이들의 서브 그룹 가운데 대표적인 것이 게임과 놀이 그룹이다. 흔히 '반 길드', '반 클랜'이라고 하는데, 반에서 게임을 같이 하는 아이들끼리 몰려다니는 것이다. 예전에 경기도 어느 학교에 초대를 받아서 간 적이 있는데, 그 학교는 전교생이 인터넷 게임의 전사들이었다. 마치 옛날에 학교에서 축구 대항전을 벌였던 것처럼 요즘 학교에서 게임 대항전을 벌이는 것을 보고 깜짝 놀라기도 했다.

넷째, 남자아이들이 놀이 중심이라면 여자아이들은 팬클럽 서브 그룹의 영향력이 강하다. 남자아이들도 걸 그룹을 좋아하기는 하지만 팬클럽에 가입하는 비율은 별로 높지 않다. 이에 비해 여자아이들은 초등학교 5학년 때부터 중학교 때까지 팬클럽에 가입하는 비율이 압도적이다.

학년이 시작되고 얼마 지나지 않아 팬클럽 문제 때문에 한 아이가 등교를 거부하는 사태까지 갔던 일을 상담한 적이 있다. 자기 반의 상당수가 A그룹 팬이고, 자기만 B그룹 팬인데, 자기한테도 A로 바꾸라고 강요한다는 것이다. '우리는 100% A를 지지하는 반'이 되겠다면서 아이가 학교에 갈 수 없을 정도로 괴롭혔다고 한다.

이 아이는 자신의 초등학교 동창들이 많아서 B그룹 팬클럽 수가 우세한 다른 반으로 바꾸고 싶다고 했고, 결국은 반을 바꿔 B그룹 팬클럽의 보호를 받으면서 학교에 잘 다니게 되었다.

학교에서 팬클럽 문제로 다투는 경우는 생각보다 많으며, 인터넷에서는 더욱 심하다. 청소년 시기에 연예인을 우상화하고 좋아하는 것은 일반적인 현상이지만 여학생들은 특히 누구를 좋아하는지에 따라서 그룹이 나뉜다.

다섯째, 또 하나의 강력한 집단이 성적 서브 그룹이다. 1등에서 5등까지 하는 아이들이 어떤 반에서는 뭉쳐서 다니기도 하고, 또 어떤 반에서는 흩어져서 다니기도 한다. 성적이 비슷한 아이들끼리 방과 후에도 정보를 주고받으며 어울리는데, 이 그룹의 문제는 너무 고착화되는 것이다. 공부 잘하는 아이들이 지나치게 편중되어 있고, 그 아이들끼리만 정보를 나누고, 부모들까지 연대해서 성적을 높이기 위해 사교육을 부추기는 경우가 많다. 극단적인 경우에는 이런 현상이 대학에 진학할 때까지 지속되는데, 대학 진학에서 낙오하는 아이가 생기면 그로 인한 상처와 스트레스가 커진다. 성적으로 뭉쳐 있는 이 그룹은 교실 분위기를 형성하는 데도 중요한 영향을 미친다. 이 그룹이 폐쇄적인지, 다른 아이들과도 섞이려고 하는지 여부에 따라 학급 분위기가 달라진다고 해도 과언이 아니다.

끝으로 담배를 피우는 서브 그룹이 있다. 우리나라 청소년들의 흡연율은 꽤 높은 편에 속하며, 고등학생 가운데는 비행을 하지 않더라도 담배를 피우는 경우가 흔하다. 그런데 중학교에서는 담배와 비행이 크게 연관되어 있어서 흡연 여부로 비행이냐 아니냐를 판별하기도 한다. 아이들의 흡연 성향이 문제가 되는 이유중 하나도 독한 담배를 피운다는 점도 거론하는데, 흡연하는 아이들은 독한 담배를 피우는 것을 강하고 멋있다고 생각한다.

이처럼 한 반에는 게임을 같이 하는 아이들, 같은 연예인을 좋아하는 아이들, 공부를 잘하는 아이들, 비행(담배, 술, 이성)에 관심이 있는 아이들, 같은 동네에 사는 아이들, 같은 학교 출신인 아이들이 각각 그룹을 형성해서 저희끼리 역동을 주고받는다. 그리고 사회의 축소판 같은 이 서브 그룹들의 역동이 교실에 큰 영향을 미친다.

서브 그룹 파악하기

	Ann	Gray	Tom	Helen	Susan	Peter	Barbara	Keith	Danny
Ann		X		1	X		2	X	
Gray			2		X	1		X	
Tom		X			X	1		X	2
Helen	1	X			X			X	
Susan	1	X						X	2
Peter			1	X			2	X	
Barbara	2	X		1	X			X	
Keith		X			X	1			2
Danny		X	2		X	1		X	
Total1	3	0	3	2	0	4	2	0	3

학생 집단의 역동을 파악하는 가장 전통적인 방법은 '소시오메트리(sociometry)'다. 학급에서 누가 누구와 친한지 알아보기 위해서 하는 소사로, 위 그림에서처럼 X표를 많이 얻은 아이는 친구 관계에 문제가 있는 것으로 볼 수 있다. 1, 2로 표시한 것은 좋아하는 친구의 순위인데, 1이 가장 많이 나온 아이가 인기가 좋다는 의미다. 여기서는 피터를 가장 친한 친구라고 1순위에 놓은 아이가 4명이므로, 피터가 가장 인기가 높다고 볼 수 있다.

소시오메트리는 아이들 사이의 친밀도를 측정할 때 가장 효율적이다. 한 반 전체를 대상으로 이 방법을 적용하는 교사도 있는데, 특히 초등학교에서 많이 활용한다. 학년 초에 반이 구성되고 한 달 정도 지나서 자기를 중심으로 친한 친구들, 가깝게 사귀고 싶은 아이들, 좋아하지 않는 아이들을 써보라고 하는 것이다. 2학기 때 한 번 더 실시하여 그동안 어떻게 변했는지 확인하기도 한다.

생일에 초대하고 싶은 친구 몇 명을 적어라, 함께 놀이공원에 가고 싶은 친구 몇 명을 적어라, 조 편성을 같이 하고 싶은 친구 몇 명을 적어라, 친해지고 싶은 아이들을 적어라 같은 식으로 질문을 해서 표를 만들기도 한다.

중고등학교에서 활용하는 역동 측정 방법으로는 학년 초에 한 달 동안 앉고 싶은 대로 앉으라고 하는 '시팅 차트(seating chart)'가 대표적이다. 앞쪽에 앉는 아이, 뒤쪽에 앉는 아이, 중간에 앉는 아이, 혼자 떨어져 앉는 아이, 뭉쳐서 앉는 아이 등을 보면서 역동을 파악할 수 있다.

교실에는 동창, 동네, 게임과 놀이, 팬클럽, 성적, 취미 등으로 이루어진 다양한 유형의 그룹이 존재한다. 각각의 서브 그룹을 관찰하여 학급 내에서 친밀도 관계를 파악하는 것은 교실을 이해하는 기본적인 자료가 된다. 무엇보다 아이들은 단일 집단이 아니라 여러 개의 서브 그룹으로 형성되어 있다는 사실을 명심할 필요가 있다.

또래 관계를 중심으로 바라본 교실 구성

아이들이 어떻게 집단 서브 그룹을 형성하는지에 대해서 파악했다면, 또래 관계를 중심으로 한 그룹의 형성에 대해 살펴보자.

다음의 분류는 또래 관계를 연구하는 사람들이 개발한 것으로, 처음에는 유치원생들을 대상으로 시작한 연구였다. 이것이 확산되어 일반 교실에서 학생들의 관계를 파악하는 데까지 적용되고 있는 것이다. 교사들은 자신이 담임을 맡은 반의 구성원들을 떠올리면서 소그룹을 분류해보면 좋을 것이다.

① 어떤 반이든 인기 있는 아이들이 있다. 흔히 성적이 좋은 그룹이나 힘이 센 아이들, 선생님한테 반항을 잘하는 아이들이 여기에 해당한다.

② 교사가 관심을 갖고 빠르게 파악할 수 있는 그룹이나 주목해야 하는 그룹이 있다. 다수를 차지하는 평범한 아이들과 소수의 논쟁적인 그룹. 논쟁적인 그룹에 속하는 아이들은 반에서 좋아하고 싫어하는 호불호가 명확히 갈리는 아이들이다.

③ 어떤 의미에서든 튀는 아이들과 무시하는 아이들로 나뉜다. 무시하는 아이들은 반이 돌아가는 상황에 일체 관여하지 않는다. 쉽게 말해 학급 역동에 끼어들려고 하지 않는다. 아이들끼리도 그런 아이들은 그냥 내버려 두는 편인데, 무시하는 아이들의 유형에는 공상형과 조숙형이 있다.

④ 다수를 차지하지는 않지만 집중적으로 거부당하는 아이들이 있다. 거부당하는 아이들은 다시 두 부류로 나뉘는데, 자신이 거부당하는 것에 대해 공격적으로 반응하는 아이들과 반대로 위축돼서 결석을 자주하는 아이들이 있다. '거부당해서 위축된 아이들' 중에는 방임된 빈곤층이거나 친구를 사귀는 기술이 부족해서 내성적이고 소심한 아이들이 많다. 사회 공포증이 있는 아이들이거나 은둔형 외톨이들도 있다. '거부당하는 공격적인 아이들' 그룹에 가장 많은 유형은 이른바 ADHD(산만한 아이)인데, 초등학교 저학

년 때는 피해자였다가 고학년이 되면서 가해자로 바뀌는 경우가 많다. 부산하고 규칙을 지키지 않아서 아이들이 같이 놀지 않으려고 하므로 비행을 저지르는 아이들도 있다.

담임을 맡아서 교실을 꾸려갈 때 가장 먼저 보호해주어야 할 유형은 거부당하는 위축된 아이들이다. 이 아이들은 인기 있는 아이들이나 거부당하는 공격적인 아이들에게 괴롭힘을 당하는 경우가 많다. 자기주장을 잘 못하고 선생님과도 친하지 않아서 힘든 상황에서 의사표현을 해도 교사조차 진지하게 받아들이지 않는 경우가 많다. 대체로 깔끔하지 않고 소극적이며 말주변이 어눌한 아이들이 많은데, 교사가 빠르게 파악해서 관심을 가져야 하는 그룹이기도 하다.

반면 거부당하는 공격적인 아이들은 다른 아이들이 자기를 거부한다는 사실을 알고 학급을 헤집어놓으려는 경향이 강하기 때문에 다루기가 가장 힘들다.

새롭게 주목받아야 할 집단, 평균적인 아이들 그룹

거부당하는 공격적인 아이들을 빨리 파악하는 것 못지않게 교사가 서둘러 파악하고 가깝게 지내야 할 집단은 인기 있는 그룹이다. 인기 있는 아이들과 거부당하는 아이들 그룹을 어떻게 관리하느냐가 1년 동안의 반 분위기를 좌우한다. 문제는 인기 있는 아이들 그룹이 학급에서는 인기가 있는데, 담임에게 비협조적이거나 거부당하는 위축된 아이들을 괴롭힐 때다. 거부당하는 위축된 아이가 따돌림을 당할까봐 반장이랑 붙여놓았더니 괴롭힌 아이가 바로 그 반장이더라는 사례가 꽤 있다.

과거에는 이렇게 반에서 인기 있는 아이들 혹은 거부당하는 아이들을 중요하게 여겼다면, 2000년대 들어서는 평균적인 아이들의 역할이 중요하다는 이론이 우세해졌다. 이 이론은 원래 학교 폭력 문제에서 비롯되었다. 예전에는 거부당하는 공격적인 아이들을 잘 다루면 교실 내 폭력이 줄어든다고 생각했는데, 지금은 학교 폭력을 막고 교실 분위기를 좋게 변화시키려면 평균적인 아이들의 행동이 중요하다고 보는 것이다.

대다수를 이루는 평균적인 아이들은 대체로 학교 폭력에 무관심하거나 알면서도 방관한다. 자기도 피해를 받을 것이 두려워서 인기 있는 아이들이나 공격적인 아이들에게 동조하는 편이다. 그러나 만약 이 그룹이 동조를 거부하고 참여와 고발하는 대열에 선다면, 인기 있는 아이 그룹이나 거부당하는 공격적인 그룹이 교실에서 이기적인 행동을 할 수 없게 된다.

민주적인 학급을 만들려고 생각하는 교사들이 학교 폭력도 줄이고 학급도 활성화시키기 위해 강조하는 내용도 평균적인 아이들을 잘 활용해야 한다는 것이다. 이런 아이들이 자신의 발언권을 중요하다고 여기게 함으로써 변화를 유도하는 것이다.

예전에는 학교 폭력 문제가 발생했을 때 주로 피해자와 가해자에게만 집중했지만, 요즘은 학급 전체를 개입시키는 경우가 많다. 따라서 학급 전체의 역량을 강화하는 게 중요하고, 그 핵심은 인기 있는 아이들과 영향력이 큰 아이들에게만 초점을 맞추는 게 아니라 평균적인 아이들이 참여하도록 만드는 것이다. 학교 폭력과 관련된 정책의 흐름이 '폭력 후 개입'에서 '예방'으로 전환하는 과정에서 강조된 내용이기도 하다.

평균적인 아이들을 조정자로

학교 폭력을 줄이자는 것은 곧 폭력을 사전에 파악하자는 것과도 같은 의미이므로 흔히 말하는 침묵하는 다수, 조용한 사람들의 변화를 이끌어내는 것이 중요하다. 누가 다른 아이를 괴롭힐 때 괴롭히지 말라고 말하고, 말을 듣지 않으면 선생님한테 알리라는 것이다. 그런데 우리 문화에서는 선생님한테 말하는 걸 고자질한다고 생각해서 아이들이 꺼려한다. 비단 우리나라만의 문제는 아니다. 청소년기에 또래 관계에서 벌어진 문제를 다른 성인에게 알리는 것이 권장할 만한 문화는 아니기 때문이다. 그렇다 하더라도 어떤 아이가 다수에게 폭행을 당한다든지 힘이 약한 아이가 센 아이에게 당한다면, 또 그것을 학급 동료들의 힘만으로는 막을 수 없다면 성인의 힘을 빌려서 또래들 사이의 정의를 되찾는 것이 고자질이 아니라는 사실을 가르치는 교육은 필요하다. 따라서 우선 고자질에 대한 편견을 없애고, 고자질이 아니라 고발이라는 점을 알려야 한다.

침묵하지 말자, 동조하지 말자, 평균적인 아이들 그룹의 영향을 강화하자. 이것이 최근의 경향이다. 어떻게 보면 '너희는 저 아이가 괴롭힘을 당할 때 왜 침묵했느냐?'고 반문하는 것이므로 집단 책임론으로 보이기도 한다. 하지만 학급 내에서 전반적인 도덕성과 민주성을 향상시키는 것은 심각한 학교 폭력을 예방하는 데 효과적이다. 방관자 입장에 있는 아이들도 자신이 부당한 일에 일조했다는 점에서 심리적으로 압박을 받으며, 동조했을 경우에는 더 그렇기 때문이다.

아이들마다 교실에 앉는 위치도 다르고, 교실에서 하는 기능도 다르고, 선생님과 관계를 맺는 방식도 다르다. 그런 아이들이 서로를 어떻게 바라보고, 어떻게 교사와 만나고, 어떻게 움직이느냐에 따라서 교실에 작용하는 힘도 달라진다.

학급 분위기를 좌우하는 메인 그룹

인기 있는 아이들과 어떻게 관계를 맺을 것인가, 거부당하는 공격적인 아이들과는 어떻게 관계를 맺을 것인가, 또 평균적인 아이들과는 어떻게 관계를 맺을 것인가. 이러한 관계 맺기가 학급 역동에 미치는 영향에 기조해서 아이들의 움직임을 통제하고 균형을 잡는 것이 바로 '역동 조정하기'다.

교사들은 일반적으로 인기 있는 아이들에만 집중하는 경향이 강하다. 단적인 예로 반장, 부반장에 대한 편애를 들 수 있을 것이다. 그런데 교사가 어떤 그룹과 관계를 맺는 방식은 학급 전체에 큰 영향을 미친다. 그래서 인기 있는 그룹에 속하지 않은 아이들은 자기가 학급에 참여하는 의미가 없는 것처럼 느끼며, '담임이랑 반장, 부반장이 다 알아서 하라고 그래'라는 식으로 냉소적인 태도를 보인다.

바람직한 역동은 학급을 밝고 건강하게 만든다. 긍정적인 역동이 활발하게 작용하게 하려면 인기 있는 아이들이 자신의 인기를 학급에 기여하도록 만들어야 한다. 인기 있는 아이들이 교사의 편애에 편승해서 이기적으로 굴며 자신의 성적 향상에만 몰두하면 학급은 분열된다. 또한 평균적인 아이들이 학급 활동에 활발하게 참여할 수 있는 분위기를 조성해주고, 거부당한 위축된 아이들이 학급 성원들의 도움을 받아 변화할 수 있도록 해주어야 한다.

찡그린 얼굴에서 웃는 얼굴로, 지저분한 모습에서 깨끗한 모습으로, 소극적인 자세에서 적극적으로 변하고 자기주장을 못하던 아이가 발언할 수 있게 하려면 교사의 지원도 중요하지만 같은 교실에 있는 다른 친구들이 도움 주는 것이 가장 바람직하다.

그 학급이 좋은 학급인지 나쁜 학급인지, 교실에서 또래 관계가 좋은지 나쁜지는 아이들이 자기 반에서 한 명도 빼놓지 않고 다 챙기려고 하는지, 다수가 일부를 포기하려는지의 여부로 판단할 수 있다. 챙기는 학급이 될 것인가, 배제하는 학급이 될 것인가. 통합하는 학급이 될 것인가, 분열하는 학급이 될 것인가. 이 문제는 거부당하는 위축된 아이들을 어떻게 할 것인지에 달려 있다. 흔히 말하는 '모자란 아이들'에 대한 구성원들의 태도가 격려하는 분위기가 되느냐, 내버려두자는 분위기가 되느냐의 문제이기도 하다. 위축된 아이들이 변할 수 있도록 하되, 또래들의 지원을 통해서 이루어져야 한다.

교실에서 또래 관계를 중심으로 한 소집단의 역동이 잘 이루어졌을 때 나타나는 현상이 아이들의 평판 변화이다. 평판이 달라진다는 것은 아이들이 상대방을 인식하는 관점이 달라지고, 서로에 대해 이야기하는 것이 달라진다는 의미이다. 그래서 한 학급을 1년 동안 잘 꾸리면 학년이 끝날 무렵엔 변화한 관점으로 서로가 서로를 바라볼 수 있게 된다. 거부당하는 공격적인 아이들은 늘 교사에게 혼나고 아이들에게도 배제되는데, 이 아이들에게도 긍정적인 역할을 부여함으로써 평판이 달라지도록 해야 한다. '저 애는 학년 초에는 지질했는데, 이제 그 티를 좀 벗었더라.' 이런 인식이 자리 잡히면 학년이 올라갔을 때 그 아이가 거부당하는 그룹에 끼지 않고 평균적인 그룹이 될 수 있다.

인기 있는 아이들을 기여자로

인기 있는 아이들과 거부당하는 아이들의 패러다임은 교실 역동에서 활용할 여지가 많다. 앞서 인기 있는 아이들을 기여하게 만들어야 한다고 했는데, 활용 방법이 다양하다. 학습 멘토 역할을 맡길 수도 있고, 행정적인 봉사자 역할을 부여할 수도 있으며, 담임과 반 아이들을 연결시켜 주는 의사소통자로 움직이게 할 수도 있다. 교사가 그 아이들에게 어떠한 역할을 부여하는가는 교사의 창의적 영역이기도 하다.

인기 있는 아이들이 기여하는 그룹으로 기능하기 시작하면 반 분위기는 단박에 좋아진다. 성적 좋은 아이들이 자기들끼리 뭉치면서 학급을 분열시키는 분위기도 없어진다. 그러면 교사는 다음 작업으로 평균적인 아이들의 활동을 강화시키는 전략을 짜야 한다. 꼭 성적으로 구분할 필요는 없지만, 대략 반에서 15등에서 25등 사이에 속하는 이 그룹의 변화를 이끌기 위해서는 수업 시간에 잘하는 아이들만 대답하지 않도록 조 단위로 논의하되, 가급적 평균적인 그룹의 아이가 주축이 되도록 한다.

또 거부당하는 공격적인 아이들에게는 오락 부장이나 체육 부장을 맡겨서 그 아이의 재능으로 기여할 수 있도록 하는 것이 좋다. 거부당하는 위축된 아이들의 경우, 영국에서 시행하는 학급 개혁 프로그램 가운데 '성공 지원단'이라는 방식이 유효하다. 위축된 아이들이 각기 어떤 목표를 실현하도록 반에서 그 아이를 지원하는 지원단을 짜는 것이다. 가령, 위축된 아이들이 주로 갖는 공통된 특징이 운동을 잘 못한다는 것인데, 그런 아이들을 체육 대회의 달리기 주자로 선정해서 목표에 도달하도록 응원해주는 식이다. 잘 못하는 것을 잘할 수 있도록 돕고, 그것이 성공하면 그 아이의 평판이 달라질 수 있다.

교실 역동을 수업에 활용하는 '흥미 센터'

학급에서 여러 가지 역동을 수업에 활용하는 방식으로는 학업에 대한 흥미를 중심으로 조직을 짜는 '흥미 센터'가 있다. 이 방식은 때때로 기존의 소그룹을 완전히 해체시킬 수도 있으며, 게임 소그룹이나 팬클럽 소그룹이 교사가 주도하는 소그룹으로 대체되기도 한다. 흥미 센터는 과목별로 짤 수도 있고 주제별로 짤 수도 있다.

우선 교실 뒤쪽의 벽을 통째로 흥미 센터로 지정한다. 예를 들어 수학을 중심으로 소그룹을 짠다면, 모든 아이가 수학의 전 분야를 평균적으로 잘하는 것은 아니니 단원 별로 흥미를 갖는 아이들끼리 소그룹을 짜주고 그룹끼리 스터디를 하게 한다. 목표 설정은 두 가지 방식으로 할 수 있는데, 하나는 어려운 문제를 풀 수 있도록 하는 것이고 또 하나는 반에 이 원리를 모르는 아이가 없게 하는 것이다. 학습 모둠이 반에서 서브 그룹의 메인이 되면, 학습 분위기도 고조되므로 이상적이다.

소그룹들에도 생명력이 있어서 어떤 경우에는 더 팽창하려 하고, 어떤 그룹은 축소되며, 어떤 그룹은 이합집산을 반복한다. 기존의 소그룹을 파악하는 데서 그칠 것인지, 파악하고 나서 바람직하지 않다고 판단한 그룹을 와해시킬 것인지 혹은 개입할 필요성을 느끼면 건강한 그룹으로 대체시켜줄 것인지를 교사가 결정해야 한다. 교실 역동을 이해하면 문제를 예방하고, 문제가 발생했을 때 빨리 대처할 수 있다. 역동을 발전적인 방향으로 돌려놓는 것은 온전히 교사의 몫이다.

학급 역동 조정자로서의 교사

교실은 하나의 그룹이 아니라 여러 소그룹의 연합체다. 아이들이 모두 다같이 친한 것은 아니므로, 어떻게 친해지는지를 주의 깊게 관찰해야 한다. 아이들은 교실에서 성별, 성적, 놀이, 문화적 영향 능 다양한 요소에 따라 소셜 네트워크를 형성한다. 때로는 어른들이 이해할 수 없는 반목이 나타나기도 하고, 다른 아이가 자신이 좋아하는 문화를 비난하면 심각한 싸움이 일어나기도 한다. 아이들에게도 소속 욕구가 있어서 자신이 속한 그룹에 정체성을 투영하기도 한다. 싸움까지 벌어지는 이유는 소속감에 의한 동일시가 심각하기 때문이다.

가족을 벗어나고자 하는 청소년기에 자신이 몸담을 다른 소속 집단을 찾는 것은 자연스러운 일이지만, 때때로 이 과정이 지나치게 격정적으로 일어나 과잉 동일시가 이루어지면 위험할 수도 있다. 소그룹의 형성 과정은 교실 역동의 가장 중요한 정보를 제공한다. 따라서 일단은 소그룹 구성에 대해 이해하고, 반목이 심해 개입해야 할 경우에는 개입하되 다양성이 존재할 수 있도록 분위기를 조성해주어야 한다. 어느 한쪽으로 힘이 기울지 않도록 균형을 잡아주고, 다양성과 공존의 문화를 가르쳐야 한다. 교사는 모두에게 공평한 기회를 주고, 또 제3의 그룹을 만들어줄 수도 있다. 지나친 동일시의 위험성을 설명해주고, 새로운 문화를 권장하는 것도 필요하다.

학급 역동에서는 반장을 포함한 인기 있는 그룹이 소외당한 아이에게 이기적으로 행동하거나 힘을 부정적으로 발휘하지 않도록, 학급에 기여하는 학생이 되도록 전략을 짜야 한다. 능력이 뛰어난 학생들에 편중된 관심을 어려움이 많은 학생들에 대한 관심으로 전환하려는 노력을 기울이고, 괴롭힘을 당하는 학생과 특별한 시간을 가져야 한다.

주의해야 할 점은 괴롭힌 학생들에 대한 정보를 파악했을 때, 선생님만이 아니라 다른 학생들도 개입할 수 있으면서, 괴롭힘을 당하는 학생에게 확실히 도움을 줄 수 있는 방법을 찾아야 한다는 것이다. 친구들 간의 우정, 또 담임인 자신이 학급을 보호할 것이라는 메시지를 강력하게 전달해야 한다. 도움을 주고 보호하는 역할을 인기 있는 학생에게 맡기고, 동시에 괴롭힘을 당하는 학생에게도 반 전체를 위해 봉사하면서 적극적이고 긍정적으로 변화하도록 역할을 부여하여 아이의 평판이 달라지도록 도와야 한다.

최근 들어 학교에서의 회장이나 반장의 역할이 전과 다르게 변화를 겪고 있다는 이야기도 있다. 반장의 역할이 학생생활기록부를 위한 활동이 되기도 하고, 귀찮은 심부름이나 해야 하는 역할도 바뀌었다고도 한다. 지역이나 학교에 따라 차이가 있겠지만, 일부 지역에서 대입 수시 전형을 위해 반장을 하는 아이들을 보면서 반장이 이기적인 아이로 규정되는 경우를 보기도 한다. 입시의 영향은 줄지 않고 여전히 교실을 살벌하게 지배하고 있다.

인정 시스템

아이의 인정 욕구, 어디까지 받아주어야 할까

지영이가 요즘 나한테 불만이 많은 것 같다. 며칠 전 지영이 어머님이 전화를 하셨는데, 내가 성적이 우수한 지영이한테 관심을 가져주지 않는다고 불평을 했다는 것이다. 나는 성적이 좋은 아이들은 스스로 학교생활을 잘하고 있다고 생각해서, 그렇지 못한 아이들한테 신경을 조금 더 쓴 것뿐이다. 그런데 이런 내 태도가 지영이를 포함한 일부 아이들에게는 반감을 샀나보다. 다른 선생님들께도 내가 공부 못하는 아이들만 감싸고돌아서 반 분위기가 이상하다고 했다니 말이다. 담임으로서 내 방식이 잘못된 것일까? 지영이에게 내 교육 철학을 이해시키고, 반 분위기도 활기차게 만들려면 어떻게 해야 할까?

인정 시스템을 점검하자

현대는 한마디로 자기애의 시대라고 할 수 있다. 자기를 좋아해주는 곳이 아니면, 자신을 인정해주는 곳이 아니면 아무것도 기여하지 않고 참여하려고 하지 않는다. '인정 시스템(approval system)'이란 용어는 원래 '사회적 인정 시스템'에서 나왔다. 사회의 축소판인 교실에도 저마다 독특한 인정 시스템이 작동한다. 교실에서는 어떤 인정 시스템이 작동하느냐에 따라, 즉 다양한 서브 그룹 가운데 어느 그룹이 주도권을 잡느냐에 따라 반 전체의 분위기가 결정된다.

일반적으로 교사는 수업을 하면서 학생들에게 질문을 던진다. (이때 대답하는 아이들은 대체로 공부를 잘하는 그룹이다.) 그러면 교사는 자신의 수업에 적극적으로 호응해주는 아이들을 인정하고 예뻐할 수밖에 없다. 그런데 이런 시스템이 고착돼서 공부 못하는 아이들이 낄 자리가 없어지면, 즉 공부 못하는 아이들이 수업에 참여하지 않게 되면 그 아이들은 점점 수업을 방해하게 된다. 다수가 참여하지 않을 때 수업에 방해 요소가 생기는 것은 당연한 일이다.

그렇다면 다수의 아이들이 수업에 참여하게 하려면 어떻게 해야 할까. 여기서 교사의 수업 전략이 중요해진다. 아이들을 수업에 참여하도록 이끄는 가장 중요한 요소는 '인정'이고, 교사가 자신을 인정해준다는 것을 알면 아이들은 적극성을 띠게 된다. 다만 모든 아이들이 공부에 관심이 있는 것도 아니고, 저마다 학습 차도 크다. 따라서 교실에서 인정받을 수 있는 요소들을 다양하게 수용하고 그 요소들에 맞춰 아이들의 참여나 기여, 활동이 중요하다는 것을 인지시켜주어야 한다.

지금까지의 문제는 교실 내 인정 시스템이 대체로 공부나 성적만으로 작동한다는 사실이었다. 하나의 인정 시스템 안에서는 다수의 인정받지 못하는 아이들이 생기게 마련이며, 자연스레 공부 잘하는 아이들만 관심을 받고 나머지는 관심권 밖으로 밀려나는 구조가 된다.

다양한 인정 시스템을 마련하기 위해서는 먼저 반 아이들을 어떤 가치 순서에 따라 인정하는지, 선호도의 기준은 무엇인지, 교사의 인정 시스템을 정리해볼 필요가 있다. 흔히 교사의 인정 시스템은 성적→인성→순종→재능→외모나 매력→부모 순으로 작동하는 경향이 강하다.

교사들의 인정 시스템에서 1위가 공부 잘하는 아이들인 경우가 적지 않다. 이는 교실에서 아이들한테 '공부 잘하면 널 인정해준다'는 메시지를 전달하는 것과 같다. 교사의 기본 임무는 가르치는 일이므로 공부 잘하면 인정해준다는 것은 어찌 보면 당연하다고 할 수도 있다.

다음으로 인성, 즉 착하고 성격이 좋으면 인정한다는 것이다. 성격 좋은 아이들을 예뻐하는 것은 어른 세계에서나 아이들 세계에서 공통적으로 나타나는 현상이다. 세 번째인 순종은 말 잘 듣는 아이들을 인정한다는 것이고, 그다음으로 재능이 있는 아이들과 반듯하고 예의바른 아이들을 선호한다.

반면 학생 집단의 인정 시스템은 조금 다르게 나타난다. 특히 남학생들의 경우가 그런데, 남학생 집단의 인정 시스템은 힘→외모 및 매력→돈→성적→성격(사회성)→기질→재능 순으로 작동한다.

약간 편향된 것처럼 보이지만 학생 집단, 특히 남학생 집단에서는 일단 힘이 센 게 매우 중요하다. 그다음으로 멋있고 잘생기고 잘난 아이들 그리고 돈을 많이 쓰는 아이들, 그다음에야 성적이나 성격이다. 참고로 기질이란 '반항하는 것'을 가리킨다.

여기에 언급한 것 말고도 교사가 학생을 인정하는 기준은 여러 가지가 있을 수 있다. 중요한 것은 아이의 어떤 덕목들을 어떠한 순위로 인정해서 그것을 전달하는가이다. '우리 담임은 이런 걸 좋아해, 우리 담임은 이런 애들을 예뻐해, 그 선생은 수업할 때 이런 건 절대 허락하지 않아, 저 선생은 꼭 저것만 강조하더라' 같은 식으로 교사 자신이 의식하지 못해도 아이들이 먼저 간파하는 것들이 있다.

교사가 자신의 인정 시스템을 정리해야 하는 이유는 교사가 생각하는 가치와 아이들이 생각하는 가치 사이의 간극을 줄이기 위해서다. 교사 자신에게는 구체화되지 않은 인정 시스템을 아이들이 더 잘 알고 있는 경우가 많기 때문에, 자신이 어떤 인정 시스템을 작동시키고 있는지 아이들에게 물어보는 것도 하나의 방법일 수 있다.

교실의 인정 시스템은 곧 사회의 인정 시스템이기도 하다. 아이들은 교실에서 통하는 가치가 사회에서도 통하는 것으로 인식할 수밖에 없기 때문이다. 따라서 다수의 아이들을 수업에 참여시키기 위해서는 한 교실 안에서 다양한 인정 요소가 수용되어 자신의 참여나 기여가 중요하다는 사실을 인식시켜야 한다.

교실에서 가장 이상적인 인정 시스템을 구축하는 방법도 아이들을 적극적으로 활용하는 것이다. 아이들이야말로 교사의 인정 시스템을 가장 민감하게 받아들이며 교사에게 인정받고자 부단히 노력하는 집단이기 때문이다.

인정 시스템에 대한 반발에 민감하라

교사가 수업을 할 때, 정말 인상에 남을 만큼 특이하게 잘 가르친 경우가 아니라면 그 교사의 수업에 대한 기억은 오래가지 않는다. 반면 아무리 세월이 지나도 '이 선생은 공부 잘하는 애들만 좋아했어, 저 선생은 예쁜 애들만 챙겼어, 그 선생은 맨날 때리기만 했어' 하는 기억들은 오래간다. 즉, 세월이 지나 아이들 마음속에 남는 교사의 이미지는 그가 무엇으로 아이들을 평가 혹은 인정했느냐, 아이들에게 전하려고 했던 메시지가 무엇이었느냐 하는 것이다.

지금 머릿속에 떠오르는 예전 선생님들을 생각해보더라도 왜 기억에 남아 있는지 무언가 기준이 있을 것이다. '미술 선생님은 내가 그림을 잘 그린다고 엄청 예뻐했고, 영어 선생님은 맨날 숙제 안 해온 애들 때리느라 수업을 제대로 못해서 애들이 다 싫어했는데…' 이런 게 바로 그 선생님들이 전하는 메시지이자, 인정 시스템이었던 셈이다.

아이들은 교사에게 인정받기 위해서 날마다 투쟁한다. 그래서 인정받지 못하고 관심을 받지 못하는 그룹으로 밀려났을 때 무기력증에 빠지고 의욕을 상실하기도 한다. 심한 경우에는 교사의 인정 시스템을 깨려고 행동을 하기도 한다. 이러한 행위의 극단적 경향에는 '적대적 반항 장애'라고 하는 것이 있을 수 있다. 담임이나 특정한 교사의 가치관과 성향을 아주 싫어하거나 미워해서 권위를 깨뜨리고 상처 입히는 행동을 하는 것이다. 등교를 거부하거나 해당 교사의 수업을 보이콧하는 것도 이에 해당한다.

나도 중학교 3학년 때 적대적 반항 장애 증상을 보인 적이 있다. 수업을 성실하게 하지 않는 영어 선생님이 장난처럼 자로 학생들 손바닥을 때리는 걸 견디지 못하고 '우리 수준에 맞는 수업을 해주세요'라고 한마디 했다. 결국 교실 밖으로 나가 손들고 서 있으라는 벌을 받았고, 그다음 날부터 남은 학기 내내 영어 시간이면 도서관에 가서 혼자 공부했다.

아무리 교사가 마음에 안 들어도 학생이 그렇게까지 행동하는 게 일반적인 것은 아니다. 심각한 상태까지는 아니었어도 반항 장애였던 건 분명하다. 반항 장애를 일으키는 아이들이 유연하지 않은 것은 맞지만, 싫어하는 가치를 강조하는 상대에게 할 수 있는 행동이 고작 그 사람을 미워하는 것밖에 없다는 사실은 불행하다. 이런 것 말고도 아이들이 교사의 인정 시스템에 적대적으로 화답하는 경우는 얼마든지 있다.

교사의 인정 시스템은 담임을 맡아서 한 반을 운영할 때나 각 교실에 들어가 담당 과목을 수업할 때 교사가 직접 말이나 행동을 통해 강조함으로써 드러나기도 하고, 교사의 의도와 다르게 아이늘이 자기늘만의 감각으로 느끼기도 한다.

교사는 그 누구보다 강력한 인정 시스템의 전달자이므로 자신이 중심을 두는 가치와 아이들이 받아들이는 가치를 정확히 알고 간극을 줄여 나가야 한다. 아이들은 교사가 생각하는 것 이상으로 교사의 인정 시스템에 신경을 쓴다는 사실을 인지하고, 아이들이 교사의 기준을 잘 받아들이고 있는지를 점검할 필요가 있다.

아마 주위에서 학창 시절에 좋은 선생님을 만나서 자신의 인생에 큰 영향을 받았다고 말하는 사람들을 본 적이 있을 것이다. 반대로 담임 잘못 만나서 인생이 꼬였다는 사람도 보았을 것이다.

학부모들을 상담할 때도 '아이가 담임을 잘못 만나서 지금 이렇게 됐다, 담임이 우리 아이한테서 자신감을 빼앗아갔다, 선생이 자꾸 뭐라고 해서 아이가 의기소침해지더니 학교 가기 싫어한다'고 말하는 분들이 많다.

교사가 강력한 인정 시스템의 전달자인 것과 마찬가지로 학급의 또래 집단도 매우 중요한 인정 시스템의 전달자이다. 교사의 인정 시스템과 또래 집단의 인정 시스템은 서로 조화를 이룰 때도 있지만 그렇지 못할 때도 있다. 교사가 성적이 가장 중요하다는 메시지를 전하면 일부 아이들은 좋은 성적을 얻어 칭찬을 받으려고 열심히 공부하지만, 일부 아이들은 교사의 메시지를 무시하고 자신들의 기준을 강조할 수도 있다. 그럴 때 교실은 분열하게 된다.

인정 투쟁을 넘어 공동의 가치를 찾아가자

인정을 받는다는 것은 결국 인기가 높아지는 것, 존재감이 높아지는 것, 누군가의 사랑을 받는 것이기 때문에, 담임이나 과목 교사가 정한 인정 시스템에 불만을 가지면 아이들은 어쩔 수 없이 담임이나 수업에 저항하게 되어 있다.

특히 노골적으로 성적만 강조하는 교사들이 있는데, 이런 교사들은 성적이 좋은 아이들조차 싫어하는 경향이 있다. 선생님이 싫어지면 수업을 듣기가 싫어지고, 수업이 듣기 싫어지면 성적이 떨어진다. 악순환의 연속이다.

교사가 마음에 안 든다는 말은 자신을 인정해주지 않는다는 뜻이다. 교사가 다양하고 올바른 인정 시스템을 작동시키지 않으면 아이들은 분열할 수밖에 없다.

가장 이상적인 경우는 아이들이 학급 회의에서 '우리 반은 이런 가치를 중요시하는 학급이 되게 하자'고 정한 항목과, 담임이 중요하게 여기는 가치가 맞아떨어졌을 경우다. 단순히 교사에게 인정받으려고 애쓰는 것이 아니라 반 전체가 서로를 인정하는 가치를 향해 함께 노력한다는 의식을 갖는 것이 중요하다. 내가 담임이니까 내가 강조하는 가치를 따라오라고 일방적으로 강요하는 것은 아이들에게 반항을 불러일으킬 수 있고, 교실에서 교사의 영향력이 너무 커져서 오히려 부담이 될 수도 있다.

또한 인정 시스템의 틀 안에서 서로에게 자발성을 발휘하면서 작용할 수 있는 방법을 찾아야 한다. 인정 시스템이 잘못 작동되었을 때 일어나는 현상을 '인성 투쟁'이라고 하는데, 집안에서 부모에게 인정받으려고 형제들끼리 싸우는 것도 같은 맥락이다. 인정 투쟁은 긍정적인 면도 있고 부정적인 면도 있어서 한쪽이 절대적인 힘을 갖고 그 기준을 밀어붙이면 극대화될 수밖에 없다. 인정 시스템이 자발성을 갖게 하려면 담임과 아이들이 함께 기준을 만들어 '우리의 공동 가치'라는 것을 내세워야 한다. 우리는 공동 가치를 중심으로 서로를 인정하게 될 것이라는 뜻을 공유하는 것이다.

교사가 무엇을 가르치려고 했는지가 중요한 만큼, 아이들이 무엇을 받아들이는지도 중요하다. 교사는 자유를 가르치려고 했는데 아이들이 배운 것은 억압이라면 정반대의 결과를 낳은 셈이다. 말이 안 되는 것 같지만 뜻밖에도 현실에서 매우 비일비재하게 일어나는 현상이다. 흔히 부모는 사랑이라고 여기며 아이한테 해준 것들이 아이에겐 강요인 경우가 많고, 주는 사람은 사랑이라고 하는데 받는 사람이 그게 무슨 사랑이냐고 한다면 의미가 없는 것과 마찬가지다. 교사는 많이 가르쳐주려고 애썼는데, 아이들은 배운 게 없다고 하면 허무하기 이를 데 없는 일 아닌가.

고기를 잡아주는 교사와 고기 잡는 방법을 가르쳐주는 교사 가운데 누가 더 아이들에게 도움이 될까? 고기를 잡아준 교사는 나중에 고기 먹은 기억밖에 남지 않지만, 고기 잡는 법을 가르쳐준 교사는 두고두고 고맙게 기억한다. 제한된 학습 시간 동안 일정한 배움이 스며들게 한다는 것은 하나의 탁월한 기술이다. 그리고 어떤 상황에서든 교사가 가르치고자 했던 것과 아이가 배웠다고 느끼는 것 사이에는 간극이 생기기 마련이다. 다만 그 차이를 줄일 수 있도록 인정 시스템을 바르게 작동시키는 것이 중요하다. 인정 시스템은 교사와 학생 집단에 팽팽하게 견주어진 보이지 않는 교과 과정의 하나이기도 하다.

더 많은 대화가 필요하다

이러한 인정 시스템에 대한 이해를 바탕으로 앞서 나왔던 교사의 고민을 다시 보면, 교사는 공부를 잘하는 아이보다 못하는 아이에게 더 관심을 갖겠다는 메시지를 전하고 있다고 볼 수 있다. 다수의 아이들은 교사의 이런 태도를 신선하게 받아들일 수 있지만 공부를 잘하는 몇몇 아이들은 불만을 가질 수도 있다. 특히 지영이처럼 선생님의 관심을 받고 싶어 하는 아이는 보이지 않게, 때로는 눈에 띄게 저항하게 될 것이다.

교사는 자신이 중요하게 여기는 가치를 한번 정리해보고, 그것이 학생들에게 어떤 영향을 미칠 것인지도 생각해야 한다. 또 관찰을 통해서 학생들 사이의 영향력도 확인해보고, 직접 아이들한테 물어보기도 해야 한다. 집단 상담에서 많이 하는 활동 가운데 하나로 각자가 중요하게 여기는 가치관을 내놓고 거래하는 '가치관 경매 프로그램'이라는 것이 있는데, 이런 것도 해보면 도움이 될 것이다.

학생과 교사의 가치관이 충돌할 때는 충분히 설명을 해주어야 하고, 수용되면 교사는 그것을 적용하기 위해 더 많은 활동을 해야 한다. 중요한 것은 차이가 아니라 차이를 다루는 교사의 태도이다.

지영이와는 대화가 필요하다. 아이가 관심을 받고 싶어 하는 욕구를 잘 이해해주고, 교사가 중요하게 여기는 가치에 대해서도 충분히 설명해주면, 자신이 인정 시스템에서 배제되지 않았다는 사실을 받아들이게 될 것이다. 아이가 중요한 인정 시스템에서 배제되었다는 소외감은 반항의 원천이다. 교사의 진심을 알면 지영이는 분명 협력하는 아이가 될 것이다.

또래 관계

교사의
고민 여학생의 꼬여버린 또래 관계, 어떻게 풀지?

학기 초에는 여학생들 사이에서 인기가 좋았던 민지가 최근 친구 관계가 힘들어 학교에 오기 싫어한다고 한다. 요즘 들어 조금 시들해진 느낌이 들기는 했지만, 친하게 지내던 아이들과 관계가 나빠졌다는 이유로 등교 거부까지 할 줄이야. 도대체 무슨 일이 있었던 걸까? 남학생들은 티격태격 싸우고도 다시 잘 지내던데, 여학생들은 왜 이렇게 골이 깊어지는 건지. 그리고 보니 요즘 민지가 혼자 다니는 모습을 자주 본 것 같기도 하다. 그동안 따돌림을 당하고 있었던 건가. 조금 더 관심을 가지고 지켜볼 걸 그랬다. 어떻게 하면 민지와 친구들의 관계가 다시 원만해질 수 있을까?

성장 과정에 따른 또래 관계의 변화

발달 단계와 성별에 따라 달라지는 또래 관계를 알면 교실에서 발생하는 아이들 간의 트러블에도 대처할 수 있다. 교실 내 서브 그룹의 역동은 초등학교와 중학교, 고등학교가 각기 다르다. 또한 남학생이 다르고, 여학생이 다르다.

어릴 때는 누구나 혼자서 논다. 그러다가 조금 자라서 소꿉장난을 할 때쯤 되면 둘이나 셋이서 놀고, 초등학교 저학년 때까지도 두셋이 지속된다. 그러다 초등학교 고학년이 되면서 그룹이 커지는데, 중학교 2~3학년 때 절정을 이룬다. 고등학교에 들어가면 그룹 규모가 다시 줄어들기 시작해서 2~3학년쯤 되면 많이 깨진다. 친하게 어울려 지내는 친구들의 숫자가 3명에서 5명 정도로 압축된다.

어릴 때에는 소꿉장난을 대개 이성 친구와 많이 한다. 그 정도로 어린 아이들은 동성 친구 둘이 놀거나 이성 친구 둘이 놀아도 놀리는 사람이 없기 때문이다. 그런데 일고여덟 살 때부터는 이성 친구와 놀면 주위에서 놀리기 시작한다. 초등학교 저학년 아이들이 동성 소수 그룹으로 어울리는 것은 이런 이유 때문이다.

초등학교 저학년 때까지는 '너는 내 친구'라는 개념이 명확히 서지 않아도 느슨한 형태의 동성 친구 다수가 몰려다닌다. 아이들에게 '너는 내 친구'라는 개념이 생기기 시작하는 것은 초등학교 고학년 무렵부터이다. 이렇게 형성된 그룹이 고등학교 1~2학년 때까지 이어지기도 하고, 평생을 가는 경우도 있다. 고등학교에 올라가면서 이 관계가 다시 느슨해진 동성 소수 그룹으로 바뀌었다가 대학생이 되거나 사회에 나가면서 이성 교제를 통해 혼성 다수로 바뀌게 된다.

　외국의 경우는 이른 나이에 이성 교제를 하는 아이들이 많아서 동성 그룹이 우리나라보다 빨리 깨지는 편이다. 한국의 아이들은 예전에 비해 이성 교제가 자유로워졌다고는 해도 입시 때문인지 혼성 다수 그룹을 형성하는 게 쉽지 않아 보인다. 요즘 청소년들은 이성 교제를 해도 오래 가지 않는 편이다. 청소년 상담을 할 때 이성 친구가 있는지, 얼마나 사귀었는지 물어보면 보통 몇 달에서 1년을 넘지 않는다. 교제 기간이 길수록 대인 관계가 안정적이라는 의미인데, 그렇지 못한 아이들이 많은 것이다.

　중학교 1학년은 초등학교 6학년의 연장이라고 보면 된다. 중학교 1~2학년 때까지는 말보다 놀이나 활동이 구조적으로 더 잘 맞고, 특히 남자 아이들은 2학년 때가 사춘기의 절정이자 2차 성징이 거의 다 이루어지는 시기라서 체육을 포함한 신체 활동이 매우 중요하다. 우리나라 아이들의 연애는 조금 더 빠르고 적극적인 방향으로 바뀌어가고 있다. 중학교 때 교제를 경험하고, 친구의 전 애인을 자신의 애인으로 삼기도 한다. 여전히 다수는 아니지만 소수의 대범한 연애는 그 속도가 더 빨라지고 있다. 잠자리를 갖는 나이도 빨라졌고, 미국 수준은 아니지만 전보다 십대의 임신이 늘었다고 한다.

　사춘기는 몸의 반란이 극도에 달하는 때이다. 남자아이들은 중학교 1,2학년 사이에 자위나 몽정을 처음 하는 경우가 많다. 야한 동영상을 보기 시작하는 것도 이 무렵이다. 흔히 말하는 영웅적 행위에 관한 강박도 이때 절정을 이룬다. 고등학생 정도만 돼도 스스로 생각하고 판단하는 게 가능하지만, 중학교 때는 서로가 서로를 부추겨서 정의를 위해서니 우정을 위해서니 하며 무모한 행위를 할 수도 있다. 예전에 소년 교도소에서 일한 적이 있는데 사건을 일으키고 들어오는 연령대가 대체로 열여섯, 열일곱 살 아이들이었다. 물불을 안 가리고 나서며, 훈장을 달고 싶어 안달하는 아이들은 대체로 10대 중후반이다. 중학교 2학년 2학기 때쯤 공부가 안 맞는다며 포기하는 아이들이 속출하는 것도 비슷한 이유에서다. 중학교 3학년쯤 되면 이른바 추상적 사고가 시작되면서 자신만의 철학이라는 것도 생기고, 개성적인 행동도 가능해진다. 고등학생이 되면 또래 관계가 개별화되고 질도 높아진다. 그룹 형태가 깨지면서 대화가 통한다든지, 관심사가 같다든지, 생각하는 바가 비슷한 아이들과 어울려 지내게 된다.

발달 단계의 특성은 교실의 서브 그룹에도 영향을 미친다. 교실에서 그 아이가 속하는 그룹에 따라 영향력이 달라지기 때문이다. 중학교 때는 그룹화가 훨씬 많이 이루어져 있으므로 교실 역동을 생각할 때 교사도 작업할 게 더 많다. 고등학교 때는 그룹이 깨지고 움직임도 느슨해지지만, 그래도 교실에 막대한 영향을 미치는 그룹은 항상 있기 마련이다. 교사에게 영향을 미치는 그룹이 있고, 아이들에게 영향을 미치는 그룹이 있으며, 그게 같을 수도, 다를 수도 있다.

최근에는 예전보다 교실 역동의 영향력이 커졌다. 어찌 보면 예전보다 아이들의 관계나 성격이 더 폐쇄적이고, 텃세도 심하고, 그룹 간 경계도 높아졌다고 볼 수 있다. 다른 그룹은 절대 안 끼워주려는 성향이 강해져 자리를 잡지 못한 아이들이 외톨이가 될 가능성도 있다.

특히 부모의 욕심으로 전학을 한 아이의 경우 상처받기 쉽다. 지방 학교와 도시 학교는 분위기가 많이 다르고, 서울에서도 각 구역마다 학교의 분위기가 많이 다르다. 부모는 아이가 잘되기 바라는 마음에서 전학을 시키지만, 이미 형성된 아이들 집단에 뒤늦게 끼어드는 것은 생각보다 훨씬 힘든 일이다.

아버지의 직장 문제로 경남 소도시에서 서울로 전학을 온 아이가, 학기가 끝나면 혼자 자취를 하더라도 다시 내려가겠다고 하는 걸 본 적이 있다. 또래 관계에서 가장 중요한 것은 친구인데, 요즘은 전학이 친구를 만들어주는 방향으로는 전혀 작동하지 않는다. 저쪽 친구 잃고, 이쪽에서는 못 사귀고, 외톨이가 되는 경우가 꽤 많다. 또래 관계를 진취적으로 맺지 못하는 아이라면 전학과 이사는 신중히 고려해야 한다.

겉보기에는 풍요로워도 요즘 아이들이 옛날보다 외로움을 더 많이 타고, 자신을 지지해주고 격려해주는 친구가 없으면 외로워한다. 심하면 등교 자체를 거부하는 일까지 생긴다.

성별에 따른 또래 관계의 차이

남학생과 여학생의 또래 관계에서도 차이가 나타난다. 남자아이들은 또래 관계가 느슨하고 관용적인데 반해, 여자아이들은 '친구하자'는 말도 조심스럽게 꺼내고, 문제가 생겨서 그룹에서 빠져나올 때도 쉽지 않지만, 그런 만큼 결속력이 강한 편이다.

잘못한 아이가 있을 때도 용서를 쉽게 해주는 쪽은 남자아이들이다. 남자아이들 그룹은 들고나는 게 용이하며, '친구할래?'라고 물어서 '좋아' 하면 그걸로 그만이다. 모임에 나오면 좋고, 안 나와도 그런가 보다 하고 넘어간다. 남자아이들이 관계를 맺을 때 강조하는 것은 활동이다. 같이 축구나 농구를 한다든지, 영화를 본다든지, 야동을 본다든지, 게임을 하는 식이다.

반면, 여자아이들의 관계에서는 성격과 취향이 중요하다. 네다섯 명정도가 붙어 다니면서 일기나 편지를 돌려본다든지, 자기들끼리 은밀한 이야기를 나누면서 비밀을 공유한다. 그룹에서 빠져나가는 아이가 있을 경우 문제가 생기는 것도 이 때문이다. 자신들끼리 공유하던 비밀을 그 아이가 다른 사람한테 발설할지 모른다는 걱정은 그 아이를 경계하며 따돌리는 현상으로 표출된다. 게다가 자신들뿐만 아니라 반 전체 아이들을 선동해서 탈퇴한 아이를 고립시킨다. 여학생들 사이의 왕따는 친한 관계에서 일어나는 경우가 많은데, 이것이 전형적인 여학생들의 따돌림 수순이기도 하다. 왕따를 당한 아이가 너무 힘들어서 엄마한테 이야기하면, 다른 엄마들이 개입하면서 문제는 더 꼬인다. 관계가 회복되는 것이 아니라 반대로 피해 아이가 더욱 고립되는 현상을 만든다.

전형적인 여학생 왕따는 다루기가 매우 어렵다. 차라리 때리거나 돈을 빼앗거나 하면서 눈에 보이게 괴롭히면 발견하기 쉬운데, 한 아이를 집중해서 무시하거나 그 아이한테만 말을 안 거는 식으로 단체 행동을 하면 처벌하거나 개입하기가 쉽지 않다.

남자아이들 그룹은 문이 열려 있는 편이며, 내부가 아닌 외부와 싸운다. 우리 반 아이를 건드린 다른 반 아이, 혹은 다른 학교 아이들과 싸운다. 남자아이들은 적이 내부에 있는 걸 싫어하며, 패거리로 몰려가서 공격하는 것을 좋아한다.

'사커 맘(soccer mom : 자녀를 스포츠, 음악 교습 같은 활동에 데리고 다니느라 여념이 없는 전형적인 중산층 엄마를 가리킴)'이라는 말처럼, 남자아이들의 사회성을 대변하는 것 가운데 하나가 스포츠클럽이다. 공부 잘하고, 운동 잘하고, 키 크고, 외모 준수하고, 집도 잘사는, 이른바 '엄친아'는 아이들 사이에서도 인기가 있다. 남자아이들은 활동성을 1순위로 치기 때문에 어떤 아이가 축구를 잘하면 그 아이를 데려다가 같이 축구한다.

반면 여자아이들은 폐쇄적이고, 적이 내부에 있다고 생각하는 경향이 강해서 서로를 관찰한다. 배드민턴을 유난히 잘 치는 아이가 있으면 같이 치고 싶어 하는 게 아니라 잘난 척한다고 배척한다. 아이돌 그룹이나 패션, 액세서리, 문구 등에 열정을 쏟는 것도 여자아이들 그룹의 특징이다. 또 비밀을 많이 나누기 때문에 신뢰가 가장 중요한 덕목으로 작용한다.

교실이 수업만 받는 곳이라고 생각하면 교실을 제대로 이해하지 못한 것이다. 교실에서는 수업 말고도 또래 관계를 중심으로 많은 일이 일어난다. 그 속에서 아이들은 사회성도 배우고, 민주주의도 배우고, 독재도 목격하고, 강한 자에 의한 부당함도 경험한다. 어떻게 보면 아이들은 교사나 교과서보다 또래 관계를 통해 배우는 것이 더 많을 수도 있고, 그것이 더 중요할 수도 있다.

여학생 또래 관계의 특수한 민감성

남학생과 달리 여학생의 또래 관계는 조금 더 폐쇄적이고 긴밀하고 예민한 특징을 지닌다. 여학생들은 쉽게 사귀지 않을 뿐더러, 한번 사귀면 깊이 관계를 맺는다. 보통 4~5명이 '절친' 그룹을 이루며 그룹에서 벗어나는 아이가 생기면, 흔히 '뒷말'이라는 방식을 통해 제외된 아이를 따돌린다.

따돌림 문제가 생겼을 경우, 교사는 그 아이가 친구들이 있는 자리에서 그룹의 다른 아이를 어떻게 이야기했는지를 알아보아야 하고, 또 그런 이야기가 어떤 오해를 거쳐 아이들 사이에 잘못 퍼졌는지를 확인해야 한다. 여학생들 사이의 따돌림은 남학생과 달리 오해가 풀리지 않으면 다루기 어려워진다. 외면하기, 급식 같이 먹지 않기 등 매우 훈육하기 어려운 방식으로 괴롭히면서 아이를 고립시킨다. 마치 없는 사람(투명인간) 취급을 하는데, 이런 방식은 딱히 꼬집어서 잘못을 지적하기 힘들기 때문에 여학생들의 따돌림에 개입하기가 좀처럼 쉽지 않다. 교사의 신중하지 못한 개입은 피해 학생에게 더 큰 부담을 줄 수도 있다. 폭력이나 금품 갈취 같은 명백한 괴롭힘과 달리, 행위 자체가 보이지 않아서 피해 정도를 주변에서 공감하기도 어렵다.

오해를 풀고 관계를 회복시킬 기회를 마련하려면 절친 그룹 모두에게 아주 신중하고 조심스럽게 개입할 필요가 있다. 교사가 피해 학생을 보호하는 과정에서 잘 돕는 것이 중요하고, 부정적인 평판을 받게 된 피해 학생의 오해가 풀리도록 기회를 만들어주는 방식으로 도와야 한다. 관계와 신뢰를 중요하게 여기는 여학생들 사이에서 일어난 일부 괴롭힘은 남학생들과 달리 해결하는 데 시간이 꽤 많이 걸린다.

PART 2

아이들
이해하기

사랑 자체가 지식이다.

더 많이 사랑할수록 더 많이 알게 된다.

싱 그레끄리

결핍 사회의
아이들

아이들의 메마른 정서가 걱정이 된다

요즘 아이들은 산만하고 정서적으로도 불안정해 보인다. 공부에 관심도 없는 아이들을 붙들어놓고 야간 자습을 하라 하니, 틈날 때마다 딴짓이다. 날마다 이게 뭐하는 건지. 하기야 우리 애도 아침 일찍 학교에 간다고 나가서 공부는 제대로 하는지, 밤늦게 집에 들어와서는 그때부터 또 인터넷 하고 자정이 넘어야 자는 일상을 반복한다. 내가 어렸을 때는 할아버지, 할머니와 같이 살아서 집에 와서도 친구들 얘기, 학교 얘기를 많이 했는데. 여름밤에는 평상에 누워 밤하늘 별을 바라보고, 로맨스 소설을 읽으며 낭만적인 공상도 자주 했는데. 요즘 아이들은 부산스럽고, 진지하지도 않고, 꿈도 없는 것 같다. 경제적으로는 훨씬 풍요로워졌지만, 아이들의 마음은 더 비어있는 것 같다. 아이들이 정서적으로도 풍요롭게 성장할 수 있도록 도울 방법이 없을까?

　　나한테 왜 이러는 걸까?

경력이 쌓이면 좀 나아질 줄 알았는데, 해가 갈수록 교사 노릇하기가 힘들다. 결국 복도에서 한 녀석을 혼내고 말았다. 요즘 교실은 왜 이렇게 난장판일까. 떠드는 아이, 자는 아이, 질문하면 엉뚱한 대답을 하는 아이, 야유와 조소, 욕설까지. 이런 환경에서 수업하다 보면 매를 들고 싶어질 때가 한두 번이 아니다. 아이들이 떠들고, 말귀 못 알아듣는 것이 교사인 나에 대한 반항인지, 아니면 내가 하는 수업에 대한 불만의 표시인지. 나만 이렇게 느끼는 것일까, 다른 선생님들도 마찬가지일까. 어떤 선생님들은 어느 시대나 아이들은 다 똑같다고 하고, 어떤 선생님들은 세상이 많이 달라졌다고 한다. 아이들은 도대체 왜 이럴까?

가치관의 충돌이 일어나다

예전에 비해 요즘 아이들은 무엇이 달라졌고, 또 교실에서 아이들은 어떻게 달라졌을까? 청소년 상담을 하다 보면 이런 것을 꼭 병원까지 와서 해결해야 하나 싶은 경우가 있는데, 대부분이 부모 세대와 자녀 세대의 가치관이 충돌하는 데서 생기는 문제들이다. 기성세대는 지금 청소년 세대의 가치관을 병이나 심각한 문제로 보는 경우가 많다.

기성세대의 가치관, 지금의 오륙십대인 부모 세대의 가치관을 표현할 때 가장 쉽게 떠올릴 수 있는 것이 '새마을 운동'이다. 초등학교 시절의 급훈만 보더라고 '근면, 자조, 협동' 이나 '성실', '상부상조' 같은 것들이었다. 지금 저개발 국가인 아프리카나 동남아시아 국가들에 유행한다는 새마을 운동 정신이 그때는 대한민국 방방곡곡을 물들였다. 일하지 않는 자 먹지도 말라, 공부하지 않는 자 먹지도 말라는 분위기가 지배적이었다. 지금도 아이들을 혼낼 때 이 말을 인용하는 분들이 있을 것이다. 지금의 오륙십대가 성장하던 시절엔 너 나 할 것 없이 가난하고 힘들어서 부지런하지 않으면 안 되었다. 아무도 도와주는 사람이 없었기에 출세하고 싶으면 자력갱생, 자수성가해야 했고, 가족 중심의 가치관과 사회에 순응하는 걸 당연시 여겼다. 그런 만큼 지금처럼 치열한 경쟁에 내몰리는 일도 없었다.

우스갯소리로 요즘 세대는 디지털 유전자를 갖고 태어난다고들 한다. 이 말을 뒷받침하는 증거로 돌잔치에 등장하는 돌잡이 물건이 마우스에 골프채요, 태어나서 가장 먼저 손에 쥐는 게 스마트폰이란다. 예전에는 아이를 낳으면 입에 풀칠이나 제대로 할까를 걱정했지만 요즘 밥 굶을 걱정을 하는 청소년은 거의 없다.

요즘 아이들의 관심사는 오직 하나, '재미'다. 오늘 하루가 재미있을까, 없을까. 자기들끼리 교사를 평가할 때도 유머 감각이 없는 선생님, 수업하면서 한 시간에 한 번도 못 웃기는 선생님은 점수를 낮게 매긴다.

히딩크 감독이 한국 축구 대표 감독을 하면서 히트시킨 말이 '즐기면서 하라'는 것인데 요즘 아이들이 그렇다. 열심히 해라, 최선을 다해라, 이런 말은 듣기 싫어하고 짜증스러워한다.

또 부모 세대는 공부만 잘하면 출세할 수 있다고 믿었지만 요즘 아이들이 집착하는 것은 공부보다 인기다. 내가 인기 있는 아이인가, 없는 아이인가. 외모도 그렇고, 키도 그렇고, 친구들을 웃기는 재주도 그렇고, 인기가 없다는 것을 불행한 일로 여긴다.

부모 세대 가운데는 십대 때 상경해 공장에 다니면서 돈 벌고 야간 학교에 다닌 분도 많겠지만, 부모에게 얹혀살면서 최대한 버티는 게 요즘 세대의 특징이다. 서른 살이 넘도록 부모와 같이 사는 경우도 흔하고, 그렇다고 부모에게 순응하며 성실하게 사는 것도 아니다.

청소년기에 들어서 아이의 정신과 신체가 커지면 부모나 어른 세대가 만들어 놓은 규칙, 학교가 만들어 놓은 규칙과 아이들의 기준이 부딪히면서 투쟁을 겪기 마련이다. 부모들이 자녀와 가장 많이 싸우는 문제가 귀가 시간, 게임 시간, 학원 시간 등 시간에 대한 규칙들인 경우가 많다.

과거에는 성실하고 순응적이고 가정을 중요시하는 가치가 인정받았다면, 지금은 자기가 하고 싶은 대로 하는 것이 중요한 시대가 되었다.

물론 요즘에도 끼니 걱정에 시달리는 빈곤 계층은 있다. 그러나 대부분의 아이들은 절대적 박탈감이 아닌 상대적 박탈감에 시달린다. 예를 들어 아이들이 시험을 잘 치면 부모에게 사달라고 하는 물건 리스트가 태블릿 PC, 스마트폰, 게임기, 브랜드 바람막이나 점퍼라고 한다. 이것들을 사줄 수 있는 부모인가 아닌가가 좋은 부모, 나쁜 부모의 기준이 되기도 하는 것이다. 요즘 아이들은 브랜드에 집착하는 풍조가 과거보다 훨씬 심하고, 어떤 옷을 입는가가 자신의 존재감을 반영한다고 여긴다. 유명 브랜드 운동화가 한 켤레씩 있어야 하고, 이런 걸 다 사주지 못하면 부모 노릇을 제대로 못한다고 여긴다.

집안 형편이 어려워 방학 내내 아르바이트하는 아이를 본 적 있는데, 학비에 보태기 위해서가 아니라 스마트폰을 사기 위해서였다. 어른들 입장에서는 한심하기 짝이 없어 보일 수도 있겠지만, 요즘 아이들의 이러한 특성을 알아야 교실에 앉아 있는 아이들이 어떤 방식으로 움직일지 예측할 수 있다.

목표가 없어 보이는 요즘 아이들

요즘 아이들은 물질적으로 풍요로운 대신 마음이 결핍되어 있다. 그리고 결핍으로 나타나는 문제가 목표가 없다는 것이다. 학교에서 장래희망이 뭐냐고 물으면 심사숙고하지 않고 대답하는 아이들이 대부분이다. 아예 없다는 아이들도 많다.

그런데 어찌 보면 요즘 아이들에게 목표가 없는 것은 당연해 보이기도 한다. 힘들게 노력해서 성취하는 일에 별로 높은 점수를 주지 않기 때문이다. 쉽게 잘되는 것을 좋아하고, 이게 꼭 하고 싶다거나, 곡 이렇게 되고 싶다거나 하는 간절함이 없다.

부모 세대는 성공하기 위해서는 고생하는 게 당연하다고 여겼다면, 요즘 아이들은 쉬운 방법이 있으면 그걸 택한다. 게임을 하는 아이들에 빗대어본다면, 쉽게 레벨을 올리는 방법은 처음부터 높은 레벨의 계정을 사는 것이다. 부잣집 아이들은 레벨이 높은 데서 시작하고, 가난한 아이들은 처음 단계부터 열심히 뛰어서 올라간다는 이야기도 있다.

아이들의 심리 검사를 하면 거의 동일하게 나타나는 특징이 인내심이나 좌절을 견디고 만족을 지연시키는 능력이 부족하다는 것이다. 예전과 달리 가족 구성원이 부모와 자녀 한둘이다 보니 위아래나 차례에 대한 개념이 없고, 부모들도 힘들게 일해서 번 돈을 하나밖에 없는 자식에게 투자하는 것을 당연시 여긴다. 내 아이가 고생하지 않게, 남부럽지 않게 키우고 싶어서 해달라는 것은 다 해준다. 자립심을 기르지 못한 아이들은 힘든, 고생스러운 일은 하기 싫어하고, 노력하기는 싫어도 인생은 폼 나게 살고 싶어서 점점 더 부모에게 의존한다.

요즘 아이들은 쾌락을 추구하기 위해 인터넷, 스마트폰, 오토바이, 담배, 술, 성에 과거보다 더 매달린다. 이들에겐 미래가 중요하지 않다. 나중 일은 그때 가서 생각하면 된다는 풍토가 지배적이다.

풍요 속의 결핍

우리나라 아이들의 특징을 한마디로 표현하면 '결핍 사회의 아이들'이라고 할 수 있다. 이렇게 풍요로운 세상에 무엇이 결핍되어 있을까? 물질적으로 풍요롭고 제도적으로도 다 갖추어져 있는데 무엇이 부족한 것일까?

관심, 보살핌, 목표 의식, 충만감, 동기, 죽음에 대한 의식, 삶의 소중함에 대한 성찰, 시간의 소중함, 자연의 고마움, 마음의 평화. 이런 것들이 아이들에게 결핍되어 있는 중요한 정서들이다. 그렇다면 이런 정서들이 왜 결핍돼 있을까?

첫째, 가정의 변화가 가장 큰 원인이다. 가정에서의 '돌봄'이 예전보다 심하게 결핍되어 있다. 전 세계에서 돌봄이 가장 심하게 결핍된 나라가 대한민국일 것이다. 돌봄은 곧 관심과 만남에서 나오는데, OECD 국가 가운데 엄마, 아빠가 가장 많이 일하는 나라가 우리나라다. 그렇게 열심히 많이 일해서 남들보다 일찍 잘살게 되었지만, 맞벌이 가정이 늘면서 고령 임신, 저출산으로 가족 규모 자체가 급격히 줄어들었다. 서울의 한 가구에는 평균 3~4명이 산다. 집 한 채에 엄마, 아빠, 아이 하나나 둘. 강아지나 고양이 같은 애완동물이 가족 역할을 하는 가정도 많다. 산업화가 이루어지고 도시 규모는 커졌지만, 한 가구당 거주 인구는 서너 명 수준으로 낮아졌다. 가정의 규모가 작아지면서 아이들이 어른을 접할 기회도 사라졌다. 또 가족이 함께 살아도 일찍 나가고 늦게 들어오는 생활로 인해 집에 함께 있는 시간이 적어졌다. 집에서 잠만 자고 나가는 사람이 많아 '여인숙 가정'이라는 말도 생겼다. 집에서 한 끼 식사도 안 하는 사람도 많고, 한 가정에 몇 되지도 않는 가족이 각자의 생활 패턴에 맞춰 개인적으로 생활한다. 이른바 '극핵 가족'이다.

미국에서는 매일 15분씩 가족과 대화하자는 운동이 있다. 우리 가정에서도 가족이 모여 15분 이상 대화하는 경우는 흔치 않을 것이다. 사실 엄마와 말하는 게 귀찮다는 아이들도 많다. 집에 들어가 봐야 대화는커녕 엄마의 일방적인 잔소리 '숙제했니, 안 했니? 왜 안 했니? 언제 할래? 안 하면 혼난다' 혹은 '조용히 해, 똑바로 앉아, 저리 가, 피곤해, 네 일은 네가 좀 알아서 해' 같은 말만 계속된다는 것이다. 즉, 교사가 학교에서 만나는 30명의 아이들은 가정에서 자기 부모와 정서적 대화를 하루에 10분도 안 하는 아이들이다. 예전에는 부모가 바쁘면 형제들이 그 역할을 대신해주었지만, 형제자매가 거의 없는 요즘 아이들은 고작 학교나 학원에서 만나는 친구, 인터넷상에서 접하는 사람들과 대화하는 게 전부다. 대부분 외동이라서 집에서는 왕자, 공주 대접을 받고 자란 아이들, 집에서 10분도 정서적 대화를 나누지 못하는 이 아이들에게 정신적 결핍이 생기는 것은 당연하다. 결국 결핍의 문제를 해결하는 것은 돌봄이다.

상담을 하다 보면 엄마를 아줌마라고 부르는 아이도 있고, 매니저라고 부르는 아이도 있다. 학원비 내주고, 각종 입시 정보 찾아주고, 학교나 학원에 데려다주고 데려오는 매니저. 생물학적으로만 부모라고 느끼는 아이들도 많다. 마음으로 돌봐주는 것이 더 필요한 나이에 부모들은 돌봄을 다른 것으로 대체하려고 한다. 아이가 부모조차 그렇게 느끼는데 학교에 가서 교사를 가깝게 느끼기는 쉽지 않다. 아이들은 어른들이 생각하는 것보다 훨씬 결핍되어 있다.

둘째로 교육 환경의 변화를 들 수 있다. 진보교육감들의 등장과 함께 일부에서는 학교에서 지내는 시간이 줄어들고 있고 특히 중학교에서의 자유학기제 운영은 아이들을 학교로부터 조금이나마 해방시켜준 측면도 있다. 하지만 여전히 입시 중심의 학교 운영을 하는 학교 일부는 여전히 아침부터 저녁까지 아이들을 교실에 가두고 있으며, 그곳에서 만날 수 있는 어른은 교사가 유일하다. 아이들이 다른 사람의 정서에 공감하지 못하는 것은 어쩌면 당연한 일인지도 모른다. 그 울타리 안에서 교사들이 애정과 사랑을 담아 사회적 부모로서 역할을 다할 수 있는가 하면, 현실적으로 그렇지 못하다.

미국의 대안 교육학자 존 테일러 개토(John Taylor Gatto)도 "학교 제도의 가장 큰 잘못은 아이들을 교실에 가둬놓는 것"이라고 말했다. 아이들을 학교에 가둬놓기로는 우리나라가 단연 최고로, 아이들은 하루 종일 교실에 갇혀서 30여 명의 또래를 빼놓고는 타인을 만날 수 없다. 수업이 끝나고 학원에 가면 거기서도 또 선생님을 만난다. 아이들이 바라보는 세상이라는 무대에 등장하는 배우는 오직 교사뿐이요, 아이들은 그들만 보면서 자란다.

중학교에 들어가서 고등학교를 졸업할 때까지 이렇게 살면 어떻게 될까? 그래도 잘살 거라고 말할 수 있을까? 이것이 바로 아이들에게는 결핍의 시작인 셈이다. 자연과의 만남도 사람과의 만남도 없고, 진정한 돌봄도 결여된 상태에서 아이들은 다른 사람의 정서에 공감하지 못하게 된다. 가정에서의 돌봄의 부재, 학교 제도 안에서의 속박, 경쟁과 입시로 인한 줄 세우기, 이 모두가 결핍을 촉발하는 요소들이다.

최근 많은 나라가 이런 결핍을 보완할 수 있는 유일한 희망 집단으로 학교를 주목했다. 가정이 너무 많이 무너지고—가령, 미국은 이혼율이 50%에 이른다—가정의 형태가 매우 다양해진 지금 상황에서 이를 통합할 수 있는 곳은 학교밖에 없다는 결론을 내린 것이다. '풀 서비스 스쿨(full service school)'이라는 개념이 등장한 것도 같은 맥락에서다.

물론 교사가 다 감당해야 한다는 것은 아니다. 학교 안에 여러 가지 추가적인 시스템을 구축해서—부모 교육 센터나 건강 센터, 급식 센터, 소규모 공동체 집단 등—운영하자는 움직임이다. 어쨌든 학교라는 공간에는 아이들이 있으니까 말이다.

정서나 감정, 사회적 관계를 외면하고 아이들을 학벌 경쟁 안으로만 밀어 넣으면 사고와 철학도 결핍된다. 청소년 시기에 가장 중요한 것은 정체성 형성이고, 이때 필요한 것이 독서나 사람들과의 만남, 대화이다.

그런데 우리나라 아이들에게 최고의 베스트셀러가 참고서라는 사실은 많은 것을 시사한다. 만남은 학교 선생님과 학원 선생님이 전부, 책은 참고서와 문제집이 전부인 상황. 명작이나 고전도 논술 교재로만 읽는 시대, 철학적 독서와 교양적 독서조차 입시로 전환되는 시대에 우리 아이들이 살고 있다.

집에서도 학교에서도 결핍된 아이들은 늘 인터넷과 휴대폰을 만지작거리면서 시간을 보낸다. 빈 시간에도 침묵하거나 사색할 줄 모른다. 혼자 있는 시간을 견디지 못하고, 쉬면서 반성하고 성찰할 마음의 여유가 없다. 거룩한 독서도 사라지고, 진정한 만남도 없고, 사유할 시공간도 존재하지 않는 요즘 아이들. 심하게 말해서 아이들은 점수 기계가 되었고, 동시에 엔터테인먼트의 향유자로만 남으려 한다. 심각하고 진지한 것을 피하려다 더 많은 것을 잃어가고 있다.

결핍 사회의 아이들을 이해하자

결핍된 가치관은 문제 행동을 불러일으킬 수도 있다. 문제 행동을 하는 아이들을 단순한 문제아로 볼 것인지, 아니면 어려움을 겪는 아이로 볼 것인지에 따라 대응도 달라진다. 결국 기성세대의 삶의 방식, 사회 분위기, 가족 및 학교 구조가 아이들을 그렇게 만든 것이나 다름없는데, 아이들만의 문제로 바라보는 시각은 옳지 않다.

부모나 교사가 이런 아이들을 문제아로 간주하면 아이의 행동을 뜯어고쳐야 한다고 생각하기 마련이다. 그런데 청소년들이 가장 강렬하게 저항하는 부분이 자신의 행동을 수정하려는 것이다. 무언가 어려움이 있어 문제 행동을 하는 사람을 돕고 싶다고 말하는 것과, 너는 문제아니까 고쳐주겠다고 말하는 것은 당사자의 협력을 끌어내는 데도 상당한 차이가 있다.

인터넷 중독에 빠진 아이를 상담을 할 때 '너는 지금 게임에 중독되어 있으니 치료를 받아야 한다'라고 말하면 자신은 그렇지 않다며 치료를 거부한다. 그런데 '게임 시간을 조절하는 게 힘들지 않니?'라고 하면 순순히 인정한다. '네가 지금 힘든 상황에 놓여 있는 것 같은데, 도와줄게'라고 하면 거절하는 아이는 의외로 별로 없다.

어른들이 보기에는 요즘 아이들이 힘들 게 뭐가 있나, 복에 겨워서 어리광 부린다고 생각할지 모르지만 현실은 그렇지 않다. 마음이 아픈 아이들이 예전보다 훨씬 늘었으며, 본인들조차 자신이 아프다는 것을 인지하지 못하는 경우가 대부분이다.

영국이나 오스트레일리아처럼 아동, 청소년 정신 건강에 대한 연구가 비교적 잘되어 있는 국가에서도 전체 아동, 청소년의 30% 정도가 심리, 정서적으로 어려움을 겪는 것으로 보고 있다. 30%라는 것은 어마어마한 수치다. 10명 가운데 3명이 상담이나 약물 치료 등 특별한 도움을 필요로 한다는 뜻이다. 외국에서는 이런 그룹의 아이들을 특별한 명칭으로 부르며 법률을 정해 지원하기도 한다.

미국의 경우는 'SED(seriously emotionally disturbed)', 간단히 '새드 그룹'이라고 부르며, 영국에서는 'EBD(emotional and behavior disorder)'라고 한다. 진단이 확정돼 병으로 인정한 경우 외에도 학교생활 적응에 어려움을 겪는 아이들, 정서적 행동적 측면에서 어려움을 겪는 아이들이 있다는 것을 인정하고, 집단 교육 시스템 안에서 이들을 돕는 여러 가지 지원책을 마련해준다.

서울시 조사 자료에 따르면 35%, 교육과학부 조사 자료에 따르면 17%의 청소년들이 심리, 정서적, 행동적 어려움을 겪는 것으로 보고되었다. 학교에서 학업 외에도 특별한 도움을 받아야 하는 아이가 100명 가운데 20~30명에 이른다는 의미이다. 그 가운데서도 특히 자주 거론되는 그룹이 ADHD다. '주의력 결핍 과잉 행동 장애'를 나타나는 아이들인데, 전체의 5~8% 가량을 차지한다. 100명 가운데 5~8명이 시끄럽게 떠들고, 뛰어다니고, 줄 못 서고, 수업 방해하고, 어디 가서 부딪히고, 한 자리에 오래 있지 못한다는 뜻이다.

요즘은 전체 조회를 잘 안 하지만, 조회를 한다고 머릿속에 그려보자. 100명 가운데 5~8명의 아이가 ADHD로 부산스럽다. 게다가 우울증을 앓는 아이가 4~5명으로, 고개를 푹 숙이고 있거나 어깨가 축 처져 있다. 정신 분열증 같은 심각한 정신 질환을 가진 아이도 1명, 지적 장애를 겪는 아이가 1~2명, 자폐증을 앓는 아이가 1~2명, 강박증을 가진 아이도 1~2명 정도 있다. 그렇게 20명 정도의 아이가 여러 가지 심리, 정서적 어려움을 안은 채 자리에 서 있다. 여기에 더해 비행이나 품행 장애를 보이는 아이들, 우울한 아이들, 학교 폭력이나 따돌림으로 인해 학교 오기 싫은데 억지로 와 있는 아이들, 외상 후 스트레스 장애를 겪는 아이도 있을 수 있고, 잠이 부족해 꾸벅꾸벅 조는 인터넷 중독 아이들도 있다. 이런 아이들이 다 같이 줄을 서 있다가 각자 반으로 흩어진다.

교사가 30명의 학생들을 교실에 앉혀 놓고 수업할 때, 적으면 5명에서 많게는 10명 가량의 아이들이 아픈 셈이다. 아픈 아이들을 곳곳에 앉혀 놓고 수업을 하면 잘될까? 이런 아이들이 교사의 수업을 잘 따라올 수 있을까?

그럴 리가 없다. 군데군데 앉아서 교사를 신경 쓰이게 하고 불편하게 한다. 예전에 우리가 이런 아이들의 심리적, 정서적 상태를 이해하지 못하던 시절에는 무조건 혼내고 때렸다. 떠든다고 혼내고, 잔다고 혼내고, 멍청히 앉아 있다고 혼내고, 건방지다고 혼내고….

우리가 아이들의 심리나 정서적 어려움을 잘 모르고 혼낸 아이들은 결국 아픈 아이들이었다. 아이는 아픈데 위로는커녕 혼나기까지 한 것이다. 집에서는 귀여움과 사랑을 독차지하고 자라는데, 학교에 와서는 전혀 인정받지 못하는 아이의 심리적 간극은 심각한 문제를 야기한다.

아이들은 심리적 특성상 인정 욕구, 애정 욕구, 의지하고 싶은 욕구가 강한데, 어려움을 겪는 아이들은 이런 욕구가 제대로 해소되지 못해서 결핍된 상태이다. 학교에 와도 선생님이 이름 한번 안 불러주고 인정받지 못한다고 생각하면, 교사와의 관계에도 흥미를 느끼지 못하게 된다.

한 학급에 5명, 많으면 10명이 심리적, 정서적 문제를 가진 아이들이라고 생각하면 교사 입장에서도 버티기 힘들고 고달파진다. 심각한 경우 자신이 불행하다는 생각에 교사 생활 자체를 지속하기 힘들어질 수도 있다. 여기 신경 쓰면 저기서 터지고, 이거 해결하면 저기서 또 다른 문제가 생긴다. 그런 점에서 우리나라뿐 아니라 전 세계적으로도 교실은 병실이라 할 만큼 위기에 처해 있다. 이런 상황에서 교사가 수업의 질을 높은 상태로 유지하면서 아이들이 집중하도록 만드는 것은 몹시 어려운 일이다. 따라서 교사는 상처받은 아이들을 같이 이끌고 갈 것인지 무시하고 갈 것인지 갈등에 처할 수밖에 없다.

외국에서는 이 문제에 대한 대안으로 일반 교사의 상담 능력을 대폭 강화하자는 의견을 내놓는 학교가 많다. 특수 교사 제도를 변화시켜 모든 교사를 특수 교사화해야 한다는 정책도 나온다. 교원 연수 과정에서 상담 분야를 대폭 강화하는 안을 내놓는 나라도 많다. 우리나라도 과거에 비하면 상담 연수에 참여하는 교사가 많이 늘었다. 교사로 살아가기 위해, 수업을 잘 이끌기 위해서는 당연히 받아들여야 하는 현실이 된 것이다.

아이들의 결핍을 누가 채워줄까

청소년기 아이들에게 평온한 성정과 따뜻한 만남, 배움에 대한 결핍을 채워줄 수 있는 유일한 십난은 교사군이나. 아이들이 노래 이치에 가장 많은 시간을 함께 보내는 사람이 교사이기 때문이다. 그런데 그 어른들이 아이들을 성적으로 평가하고, 친구들과 놀지 말라 하고, 독서도 논술을 위해서 하라고 한다. 가정에서도, 학교에서도, 사회에서도 결핍의 연속이고 그 빈자리에 들어찬 것은 점수, 게임, 외모, 인기, 연예인, 재산뿐인 삭막한 현실.

흔히 아이들한테 목표 의식 없다고 하는데, 부모의 여건이나 가정 환경이 아이들로 하여금 굳이 목표 의식을 가질 필요가 없게 만드는 경우가 더 많은 게 지금의 현실이기도 하다.

거듭 강조하지만 교사는 이런 아이들을 '못된 아이들'로 전제하고 무관심할 것이 아니라 '결핍된 아이들'로 보고 돌보아야 한다. 잘못됐다고 생각하면 화가 나고 밉고 고쳐주고 싶지만, 결핍된 아이들로 보면 관심과 돌봄으로 채워주고 싶어진다.

고쳐주는 사람으로 살아가는 것보다 부족한 부분을 채워주는 사람으로 살아가는 쪽이 교사 입장에서도 더 행복할 것이다. 결핍으로 아파하는 아이들이 있는 교실에서, 결핍을 채워주는 일을 시작하자. 완벽하지는 못하더라도 아이들의 마음이 평온함으로, 만남으로, 배움으로 채워진다는 것을 서서히 느낄 수 있도록 해주자.

그러기 위해서는 먼저 교사 자신이 가득 차 있어야 하는데, 사실 교사들 가운데도 결핍되어 있는 분들이 많다. 성정이 나쁘고 게을러서가 아니라 아이들을 사랑하기에 아직 부족한 게 많고, 아이들이 힘들게 해서 마음이 아픈 교사가 많다. 그래도 한국 사회에서 미래에 대한 희망은 교사가 교실에서 돌봄을 통해 만들어낼 수밖에 없다. 아울러 학교 역시 아이들을 돌보고 결핍을 채워줄 강력한 기구로서, 사회적 요구와 제안을 진지하게 고민하면서 기능상 변화를 추구해나가야 한다.

교실에서 채움을 시작하자

정신적, 사회적으로 결핍된 아이들에게 성적과 학업만 중요시 여기게 하면서 자신의 인생에 대해 진지하게 고민하고 성찰하라는 것은 모순이다. 부모, 교사, 사회 너 나 할 것 없이 무조건 앞으로 나갈 것만 강요하기 때문에 아이들은 자기 자신을 돌아볼 여유가 없다.

교사는 돌봄과 성찰의 결핍을 보완하기 위해서 교실에서 할 수 있는 작은 일들을 찾아보아야 한다. 부모와 대화하도록 유도하거나 가족을 대상으로 인터뷰하는 과제를 낼 수도 있으며, 자신을 되돌아보는 글쓰기를 시킬 수도 있다. 인터넷이나 미디어 사용 시간을 줄이는 작은 캠페인을 벌여볼 수도 있다.

무엇보다 중요한 것은 교사의 진정한 관심이 아이들에게 스며들게 하는 것이다. 과제, 성적, 평가에 집착하지 말고 아이들이 어떻게 지내는지 걱정해주고, 언제든지 대화할 의향이 있다는 분위기가 교실에 퍼지면 아이들은 마음을 열고 한 걸음씩 다가설 것이다. 가정에서 부모의 사랑을 받지 못하는 아이가 건강해질 수 없듯이, 교실에서 선생님의 관심을 받지 못하는 아이가 훌륭하게 성장할 수는 없다. 또 요즘처럼 많은 아이들이 어려움을 겪는 상황에서는 교실에서 보이는 비순응적인 학생들의 모습이 교사 자신을 향한 것이 아니라는 사실을 정확하게 인식할 필요가 있다.

한 교실에 적게는 10%, 많게는 30%에 해당하는 어려운 아이들을 잘 지도하기 위해서는 아이들의 상태에 대해 교사가 더 많이 알고 이해해야 한다. 물론 수업도 해야 하고 생활 지도도 해야 하는 교사들에게 결핍된 아이들을 다 돌보라고 하면 부담이 될 것이다. 이럴 때는 심리적, 정서적 어려움에 처한 아이들을 상담하고 치료해주는 전문 지원 기관을 활용하는 것도 한 방법이다. 아울러 결핍된 아이들을 지도할 수 있는 다양한 수업 방안을 모색하는 것도 빠뜨려서는 안 될 일이다.

화내는 아이

평소 얌전한 정훈이에게 수업 시간에 책을 읽으라고 시켰더니 인상을 쓰면서 거친 말로 화를 냈다. 그 모습에 나도 화가 나고, 어찌나 당황스럽던지. 교무실에 가 있으라 하고 상황을 모면했지만, 반 아이들이 나를 우습게 보진 않았을지 신경이 쓰였다. 아침부터 언짢아져서 나머지 수업도 제대로 했는지 모르겠고, 하루 종일 마음이 편치 않았다. 수업을 마치고 정훈이를 학생부로 데려가 그렇게 행동한 이유를 물었다. 그런데 정훈이가 눈물을 뚝뚝 흘리며 부모님이 밤새 싸우시는 바람에 어젯밤 한숨도 못 잤다며 죄송하다고 사과하는 게 아닌가. 아, 이럴 땐 어떻게 해야 하지? 정훈이의 행동을 어떻게 이해하고, 내 감정은 또 어떻게 정리해야 할까?

아이들이 화내는 이유를 파악하자

학교에서 아이들이 화내는 이유가 선생님인 경우는 생각보다 그리 많지 않다. 이미 화가 난 상태에서 등교하여 어떤 계기가 생겼을 때 폭발하는 것일 뿐이다.

화가 난 아이의 행동으로부터 교실을 지키려면 어떻게 해야 할까? 상대방의 분노를 잘 다루는 사람들이 갖는 특징이 바로 유머다. 정색하고 따지지 말고 유연하게 대처하는 자세가 교사에게도 필요하다. 교실에서 싸움이 일어났을 때 낭패를 보는 건 결국 교사이다. 당장은 교사의 권위로 아이를 혼내고 그럭저럭 넘어갈 수 있지만, 나중에는 그 아이뿐만 아니라 화를 낸 교사와 다른 아이들까지 불편해지기 때문이다.

화내는 아이들에 대처하는 기술은 '타임아웃'을 외칠 것, 유머를 발휘할 것, 다른 사람에게 도움을 청할 것, 화난 상태의 아이들을 빨리 감지할 것, 교실 안에서 절대 '검투사의 법칙*'에 휘말리지 말 것 등이다. 교사가 화를 낸다는 것은 곧 자신의 약점을 드러내는 일이므로, 교실에서 화를 낼 때는 반드시 계획적이어야만 한다.

화내는 아이 문제를 다룰 때 특히 교사들에게 강조하는 것이 있다.

---

* 검투사의 법칙 : 미국 애리조나 대학의 오스카 크리스텐센(Oscar Christensen) 박사는 힘의 상호 작용에 대하여 다음과 같은 이야기를 인용하기 좋아한다.
"두 명의 키 큰 검투사가 도시락방 밖에 모여 있는 많은 학생 무리 앞에서 대결을 하고 있었다. 나는 다가가서 당장 그만두라고 말했지만 완전히 무시당했다. 그래서 나는 1분 뒤에도 이 홀에 서 있는 학생은 누구든지 근신에 처할 것이라고 말했다. 학생들은 즉각 사라졌다. 1분 후 그 검투사들은 관중이 자신들을 버리고 갔다는 것을 알아챘고, 즉각 싸움을 멈추었다. 그 순간 나는 더 평화적인 방식으로 그들 사이의 문제를 마무리 짓기 위해 그 검투사들을 내 방으로 데리고 올 수 있었다."
– 린다 알버트의 〈협동 전략〉 중에서

'아이들이 선생님 개인을 향해서 화내는 것이라고 생각하지 말라'는 것이다. 아이들이 화를 낼 때는 교사가 원인인 경우보다 이미 집에서 화가 난 상태로 학교에 왔거나 쉬는 시간에 열받는 일이 있었거나 하는 경우가 많다. 또 아이들도 나름대로 받아줄 만한 교사를 향해 폭발하기 마련이므로, 때마침 그 교실에 있는 교사가 화풀이 대상이 된 것뿐이다. 물론 집에서 부모에게 대들거나 친구한테 시비를 걸어서 싸움이 벌어지는 일도 비일비재하다.

아이가 욕까지 하면서 대든다면 명백한 잘못이지만, 어쩌면 선생님한테 위로받고 싶은 심정인지도 모른다. '한강에서 뺨 맞고 종로에서 화풀이 한다'는 말처럼 아이들에게 화풀이 장소로 가장 만만한 곳이 교실이고 교사이기도 하다. 교사들은 '왜 우리만 참고 이해해야 하나' 싶기도 할 것이다. 그것은 교사가 사회적 부모이자 가르치는 사람, 즉 교사이기 때문이다.

화내는 '아이'가 아니라 아이의 '화'를 다룬다

아이 입에서 돌발적으로 간단한 욕설이 나오는 것을 교사가 '자신의 권위에 대한 도전'이라고 받아들이면 싸움이 커진다. 욱해서 욕하는 대부분 아이들은 우울 등의 상태, 부정적인 감정으로 가득 차 있는 경우가 많다. 부부 싸움도 그렇고, 학교 폭력도 그렇고, 어떤 폭력이든 벌어진 다음에는 다 같이 비참해지기 마련이다. 따라서 싸움이 일어나기 전에 예방하는 게 최우선이다.

폭발의 분위기가 감지되어 걱정스러울 경우에는 '오늘은 나를 절대 건들지 말아 주세요' 하는 '신호등 대화법'을 활용하는 것이 좋다. 초등학교에서는 감정을 색깔로 구분해서 만든 카드를 쓰고, 중고등학교에서는 말로 하는 게 무난하다. 이런 방법을 쓴다고 해서 한 반에 절반 이상이 옐로 혹은 레드카드를 내미는 경우는 거의 없다. 자신이 화가 나 있다는 것을 알리는 게 그다지 자랑할 만한 일은 아니므로 아이들도 창피하게 여긴다. 카드 남발에 대해서는 걱정하지 않아도 될 것이다.

'타임아웃'은 화내는 아이를 잠시 밖에 나가 있게 하는 방법이다. 이때 '내가 왜 나가요? 선생님이 나가세요' 하면서 아이가 안 나가면 문제가 커지는데, 이런 경우에는 도움을 요청해야 한다(don't be a hero : 상대방을 제압하고 승리의 개가를 부르려 하지 말고 다른 사람의 도움을 요청하라). 아이는 교사가 자신의 수업 시간에 떠들거나 말 안 듣는 아이를 혼자 해결하지 못하면 창피해한다는 것을 안다. 그래서 아무리 난처한 상황에 놓여도 다른 교사를 부르지 않을 거라고 생각한다. 그러니 교사가 당황해서 '너, 안 나가? 이게 어디서?'라며 아이와 싸우면 결국 손해 보는 쪽은 교사다. 아이들 앞에서 교사한테 대드는 아이를 제압했다는 영웅신화를 남기려고 불필요한 에너지를 낭비할 필요는 없다.

실제로 아이가 말을 듣지 않아서 교장 선생님께 도움을 요청했다가 수업을 제대로 못한다고 오히려 꾸중만 들었다는 교사도 있는데, 그래도 그편이 낫다. 그 아이에게 더 큰 창피나 봉변을 당하는 것보다 교장 선생님한테 혼나는 편이 훨씬 바람직한 해결책이기 때문이다.

교사들에게는 조금 미안한 이야기지만 사실 아이들은 지루한 수업 시간에 화를 내는 경우가 많다. 아이가 화를 내거나 분노를 표출한다는 것은 그 수업에 그럴 만한 틈이 있다는 뜻이다. 대다수의 아이들이 수업에 몰입해 있다면 한 개인이 화를 내기는 힘들다. 아이들이 치고받고 싸우거나 교사에게 대드는 것은 자율 학습 시간이나 보충 수업 때다. 지루하고 심심해서 견디기 힘드니까 계기가 마련된 것뿐이다.

예를 들어 등교하기 전에 어제 학원에 안 갔다고 엄마한테 꾸중을 들었다고 치자. 화가 난 상태로 교실에 앉아 있는데 옆에 앉은 친구가 놀려서 더 짜증이 나 있다. 그래도 수업이 재미있으면 화도 좀 가라앉는다. 반대로 선생님이 문제 풀라고 시켜놓고서 못 푼다고 구박하거나, 수업이 느슨하고 침묵하는 시간이 길어지면 아이들은 자신의 화에 더 예민해진다.

상대방의 분노를 가장 잘 다루는 사람들이 가진 특징, 학생들의 화를 가라앉히는 교사들이 가진 가장 탁월한 기술은 '유머'다. 유머와 위트로 그 아이의 분노 표출을 전환시켜줘야 한다. 교실에서 화내는 아이가 화났다는 사인 ─ 똑바로 앉아 있지 않다든지, 다른 아이를 툭툭 친다든지, 이상한 소리를 낸다든지 ─ 을 보내면, 그것을 비꼰다고 받아들이지 말고 유연하게 넘어가 주는 관용이 필요하다. 또 아이의 행동을 도저히 지적하지 않을 수 없을 때는 그 행동에 대해 긍정적으로 이야기해 주는 것이 좋다. 그러면 아이는 이내 동작을 멈춘다.

어떤 사례집에서는 학생이 의자에 기대 앉아 앞뒤로 흔들며 소리를 내는 것은 수업이 지루하고 화가 나 있다는 표시이므로 그럴 때는 '너는 허리가 참 유연하고 의자를 다양한 용도로 활용하는구나'라고 말해 주라고 조언한다.

풍선을 터뜨릴 것인지, 풍선에서 바람을 뺄 것인지 어느 쪽을 선택해야 할까. 아이가 화를 낼 때 대결 구도로 나가면 풍선은 터진다. 교사가 학생의 행동을 자신을 무시하는 것으로 받아들이면 대결 구도로 나가게 되어 있다. 그럴 때는 '저 아이는 스스로 불편해서 저러는 것이지 나에게 도전하는 것이 아니야'라고 여유 있게 생각하면서 바람을 빼주어야 한다. 아이의 행동이 나를 무시하거나 방해하거나 미워해서 그러는 것이라고 생각하면 싸우고 싶어진다. 그리고 교사가 힘으로 누르거나 벌로 제압하려고 하면, 몸이 근질거리던 아이는 오히려 환영한다.

중요한 것은 아이들이 수업에 몰입하도록 만드는 것이다. '오늘 짜증 났는데 그 선생님 수업을 들었더니 나도 모르게 마음이 풀리더라'고 한다면 최상의 수업일 것이다. 아이는 화가 났을 때 교사가 자신의 화를 긍정적으로 받아주면 김이 빠져버린다. 싸우고 싶어서 대들려고 했는데 도전을 안 받아주니까 싸움이 성립되지 않는다. 아이가 교사를 '나보다 한 수 위'라고 인정하게 하는 내공이 필요한 것이다.

분노 조절 수업

분노의 유형을 알고 그 유형에 따라 대처하는 방법을 가르치는 것이 '분노 조절 수업'이다. 분노 조절 수업의 패러다임은 첫째, '인지 행동적 접근'이라고 해서 어떤 때 화가 나는지, 화가 났을 때 어떻게 화를 가라앉히는지를 알게 하는 것이다.

둘째, 화를 내는 것이 항상 나쁜 일은 아니라는 사실을 인지시키는 것이다. 화는 일상적인 감정 가운데 하나이므로 화를 숨기거나 잘못 표현하는 것이 문제일 뿐, 화 자체는 인간에게 친숙한 감정이라는 사실을 받아들이게 해야 한다. '너 자주 화나니?' 하고 물어보면 상당수의 아이들이 자신은 화를 잘 안 내는 편이라고 말한다. 아이들에게는 먼저 화가 일상적으로 일어나는 감정임을 알려줘야 한다.

분노의 유형에는 돌발형과 울분형이 있는데, 욱하는 아이들은 돌발형, 꾹 참았다가 크게 한 번 터뜨리는 아이들은 울분형에 속한다. 큰 사고로 이어지는 쪽은 돌발형보다 울분형 쪽에 많다. 아이에게 자신이 어떤 유형으로 분노를 표출하는지, 자신이 화내는 상황과 스타일을 알게 하고 유형에 따라 해결책을 찾아나가는 것이 좋다.

돌발형은 분노의 수준을 낮추는 게 중요하고, 울분형은 계속 쌓아두다가 한꺼번에 넘치지 않도록 그때그때 표현하게 하는 것이 좋다. 수치심을 잘 느끼고, 무관심에 민감한 아이들도 잘 살펴볼 필요가 있다.

유형을 파악하는 방법으로는 첫째, '핫 시트(hot seat)'라고 해서 한 사람을 가운데 앉히고 주변에서 화가 나게 만든 다음, 화 온도계의 분노 게이지가 어디까지 올라가는지 확인하는 방법이 있다.

둘째 '신호등 대화'로 자신의 지금 상태를 색깔로 표현하게 해서 '지금 내게 기분 나쁜 이야기를 해도 되는지, 안 되는지'를 상대방에게 알리는 방법이 있다.

셋째 '타임아웃'은 상대가 화가 났을 때 자리를 피하는 방법으로, 가장 효과적이고 단순한 대처법이다.

교사가 화를 내면 '이 선생님은 이럴 때 흥분하고 흔들린다'라는 것을 드러내서 아이들에게 즐거운 뒷담화거리를 제공하는 동시에 약점을 알리는 결과를 초래한다. 누구나 그렇지만 돌발적으로 화를 내는 것은 약점을 드러내는 지름길이다. 따라서 교사가 교실에서 화를 내는 것은 계획적인 경우를 제외하고는 참아야 한다. 교사도 인간이기에 너무 건드리면 참기 힘들겠지만, 교실에서는 그 어떤 싸움도 교사에게 불리하고 이길 수 없다는 사실을 명심해야 한다. 교실 밖에서 '내가 너의 이런 부분 때문에 화가 났단다' 하고 전하는 것은 그 자체로 하나의 교육 효과를 발휘하기 때문에 오히려 바람직하다.

물론 교사가 절대 화를 내면 안 된다는 것은 아니다. 다만 화를 내는 데도 약간의 요령이 필요하다. 화를 내면 아무도 못 말리는 아이들이 있고, 화낸 뒤 금세 미안하다며 수그러드는 아이도 있다. 우울증에 빠진 아이들은 순간적으로 화낸 데 대해 나중에 미안해하는 편이다. 그런데도 아이가 화를 내는 순간 못 참고 같이 화를 내는 것은 전적으로 교사의 실수다.

가령 부모와 아이가 싸운다고 치자. 어쩌다 보니 부모가 아이를 때리게 되었고, 아이가 잘못했냐고 물었나. 누가 너 잘못한 것처럼 보일까? 마찬가지다. 또 아이가 피해 의식이 워낙 강한 상태에서 억울한 감정에 빠져 있다면, 게다가 ADHD라면, 그런 아이의 화에 응수했다가는 교실에서 해결이 안 된다. 작정하고 누워서 떼쓰는 아이를 말릴 수 없는 것과 같다.

특히 여교사가 많은 중학교에서는 반드시 다른 사람에게 도움을 요청해야 한다. 남교사가 등장해서 상황이 가라앉을 때, 여교사 입장에서는 기분이 나쁠 수도 있다. 하지만 이런 경우는 아이의 상태를 컨트롤할 수 없는 상황이라서 그런 것일 뿐, 교사가 능력이 없어서 해결 못한 게 아니다. 그런 아이들은 부모나 의사도 해결하기 쉽지 않다. 교실에서 아이들의 화를 다루는 문제는 기본적으로 이런 틀 안에서 이루어져야 한다.

힘을 힘으로 맞받아치지 말자

정훈이는 집에서 힘든 일이 있었고, 아침에 그 기분이 풀리지 않은 채 학교에 왔다. 많은 아이들이 교실에서 혹은 수업 시간에 화를 내는 것은 사실 자기 기분을 조절하기 어렵기 때문이다. 교사를 무시해서 화를 내는 경우는 매우 드물며, 보통 우울한 아이들이 그럴 때가 많다. 그렇다 하더라도 욕설하는 행위까지 다 관용해야 한다는 뜻은 아니다. 다만, 교사가 낙담하거나 자신에 대한 도전으로 받아들여 더 큰 일이 벌어지지 않도록 하라는 것이다.

아이들이 교사에게 도전하여 교실에서 말다툼이 벌어지면 불리하고 체면이 깎이는 쪽은 늘 교사이다. 따라서 정훈이의 행동에 대해서는 훈육하는 쪽으로 접근하되, 그 심정을 이해해준다면 정훈이에게도 훨씬 도움이 될 것이다. 또 학생부보다는 상담 교사에게 인계해서 감정 조절을 잘 할 수 있도록 카운슬링을 받도록 하는 것이 바람직하다.

요즘 아이들은 정훈이처럼 여러 가지 원인으로 쉽게 분노를 느끼고, 자신의 감정을 잘 조절하지 못한다. 분노 조절은 현재 많은 교실에서 제기되는 테마로서, 실제 교실에서 활용할 수 있는 '분노 조절을 위한 감성적 훈련'을 실시함으로써 어느 정도 도움을 받을 수 있을 것이다.

산만한 아이
(ADHD)

산만한 아이 격려하기가 쉽지 않다

새민이는 왜 이렇게 산만할까? 자꾸 반 분위기가 흐트러져서 큰일이다. 수업 시간에 떠들거나 잠을 자는 재민이. 친구들과 무슨 이야기를 재미있게 하나 싶어서 들어보면, 대개 게임이나 텔레비전 본 이야기들뿐이다. 아이들이 소란을 피워서 달려가서 살펴보면 역시 재민이가 문제다. 어쩌면 재민이가 ADHD일지도 모른다는 생각이 들었다. 그렇게 재민이를 다시 보니, 학교생활을 하는 데 어려움이 많을 수밖에 없을 것 같다. 그런데 오늘, 그동안 실내화를 가지고 오지 않던 재민이가 실내화를 가지고 왔기에 칭찬을 해주었더니 그걸 본 민호가 '저는 매일 실내화를 가지고 오는데 왜 칭찬해주지 않아요?'라고 하는 게 아닌가. 이럴 땐 어떻게 해야 하지? 재민이의 행동을 인정해주고 지속적으로 칭찬해주면 다

른 아이들이 재민이만 특별 취급한다고 생각할 텐데. 재민이가 ADHD
라는 것을 다른 아이들에게 인지시키는 것이 좋을까? ADHD 아이를 교
실에서 지도하려면 어떤 요령이 필요할까?

ADHD의 일반적 특징

ADHD에는 크게 세 가지 카테고리가 있다.

① 과잉 행동 ② 집중력 부족 ③ 충동성

과잉 행동과 충동성은 보이는데 집중력은 높은 경우도 있고, 나머지
는 없는데 집중력만 떨어지는 경우도 있다. 남학생은 세 가지 모두 보이
는 혼합형인 경우가 대부분인 반면, 여학생들에게는 과잉행동은 없지
만 집중하기 힘들어하거나 곧잘 다른 생각에 빠지게 되는 집중력 결핍
형이 많이 보인다. 부모로부터 물려받은 지능이 꽤 높아도 학년이 올라
가면서 성적이 떨어지는 경향을 보이며, 주의력과 집중력이 부족하고,
집중하는 시간이 짧다. 집중력이 떨어지고 유지 시간이 짧은 것도 역시
생래적인 현상이다.

ADHD를 넓은 의미로는 '전두엽 장애'라고 하는데, 전두엽은 다른
동물과 비교했을 때 인간이 가장 압도적으로 발달한 곳으로 생각, 통
제, 판단 기능을 관장한다. ADHD 아이들은 이 세 가지에 다 문제가
있다. 사고의 재료, 즉 어휘의 저장이 잘 이루어지지 않아서 집중하는
시간이 짧고 5분 정도 집중하면 다른 곳으로 집중력 전환이 일어난다.
ADHD 아이를 둔 부모들이 늘 하는 말이 '길게 잔소리해봤자 나만 힘

들다'는 것인데, 이런 이유 때문이다. 아이는 엄마가 잔소리를 하는 동안 이미 딴짓을 한다. 교사가 자신의 행동을 지적하는데 정작 당사자는 '선생님, 쟤 좀 봐요'라든가 '선생님, 옷에 밥풀 묻었어요'라고 딴소리하는 상황이 발생하는 것도 이 때문이다.

ADHD 아이들을 혼내거나 행동을 교정하려고 할 때는 세 마디 이상 길어지면 안 된다. 현장에 직접 데리고 가서 짧지만 집중된 분위기 속에서, 자신의 눈을 똑바로 쳐다보게 하고, 딱 세 마디로 훈계하는 게 바람직하다. 부모나 교사가 줄줄이 설명한 다음에 '자, 명심해'라고 말하면, ADHD 아이들은 '무엇을' 명심해야 하는지는 기억하지 못하고 '명심하라'는 말만 기억한다.

단체 생활에서는 질서가 중요하고, 질서를 유지하기 위해 지켜야 할 것은 순서와 규칙인데, ADHD 아이들이 잘 못하는 것이 바로 이 순서 지키기이다. 긴 순서를 따라가지 못하고 다른 쪽으로 전환되어 버리는 것이다.

ADHD 아이들에게는 정리 정돈을 하라고 시키는 것 자체가 어불성설인데, 이 아이들에게는 정리를 위한 판단력 자체가 결여되어 있기 때문이다. 어떤 판단을 하려면 심사숙고해야 하는데, 심사숙고한다는 것 자체가 불가능하고 거의 충동적으로 행동한다. 초등학교 저학년 때부터 생각하는 훈련과 글쓰기 훈련이 필요한 이유이다.

미국에서는 정해진 칸 안에 글씨를 쓰지 못하는 ADHD 아이들을 위해 줄이 없는 노트를 쓰게 해서 스트레스를 줄여주기도 하고, 시험을 따로 치르게 하기도 한다. ADHD 아이들은 시험지를 받으면 앞 문제를 풀다가 뒤 문제를 풀기도 하고, 딴생각이나 엉뚱한 짓을 하기도 한다.

요즘은 초등학교 수학 문제도 질문이 긴 경우가 많아 문제를 읽다가 앞의 내용을 까먹기도 한다. 또 호기심이 많고 지루한 것을 못 참는다. 가끔 부모들이 우리 아이는 뭔가에 빠지면 다른 건 다 잊어버린다고 하는데, 이 정도로 중독 성향이 강한 아이들은 ADHD일 가능성이 높다.

ADHD 증상을 어렸을 때 제대로 치유하지 못하고 성장하면 더 악화되지만, 좋은 선생님을 만나 배려받으면서 자라면 얼마든지 나아질 수 있다.

ADHD, 왜 문제가 될까

ADHD 가운데는 인터넷 중독에 빠진 아이들이 압도적으로 많다. 게임이나 광고를 만드는 매체들이 ADHD 아이들이 열광하기 좋은 것들—장면이 초 단위로 바뀌거나 충동성과 순발력을 자극하는 장면—을 자꾸 만들어내기 때문이다. 어렸을 때부터 인터넷 동영상을 보면서 게임을 실컷 하던 아이들이 초등학교에 들어가 선생님이 작은 소리로 수업하는 교실에 앉아 있기란 쉬운 일이 아니다.

수업은 이런 아이들에게 집중할 만한 자극을 주지 못한다. 또 게임은 하면 할수록 느는데, 공부는 그렇지 않으니까 자기와 맞지 않는다고 생각하면서 서서히 포기하게 되는 것이다. 이런 아이들은 게임을 통해서만 '자기 효능'을 확인한다.

사람은 누구나 자기가 잘하고 칭찬받는 것을 하고 싶지, 못하는 것을 억지로 하고 싶어 하지 않는다. 그런데 부모는 끊임없이 공부하라 윽박

지른다. 공부를 잘할 수 없다는 걸 느낀 아이는 심리적으로 학교를 벗어나게 된다. 즉 '잠재적 탈락자'의 길로 접어드는 것이다.

　ADHD 아이들이 친구 관계가 나쁜 것도 과잉 행동의 발현으로 다른 아이들을 툭툭 치고 다니기 때문이다. 예를 들면 농구를 하다가 갑자기 축구하는 아이들한테 가서 공 한번 차고, 다시 농구하러 오는 식이다. 늘 충동적으로 움직이며, 잦은 주의력 전환으로 다른 아이들의 놀이를 방해한다. 당연히 친구들은 놀이에 그 아이를 끼워주지 않게 된다.

　초등학교 고학년이 되면 학습 부진을 껴안은 채 친구조차 제대로 못 사귀는 문제가 겹쳐 위기를 맞이한다. 이런 과정을 통해 ADHD 아이들은 초등학생 때 학교 폭력의 피해자였다가 중학생이 되면서 가해자로 바뀌는 사례를 만든다. ADHD의 증상 가운데 하나가 무엇 하나를 끝까지 밀고 나가지 못한다는 것인데, 친구 관계도 겉으로는 수가 많아 보여도 우정을 오래 유지시키지 못하는 편이다.

　ADHD 아이들은 노력을 통해 학습이나 사회성을 자연스럽게 향상시킬 수도 있고, 상담이나 약물 치료를 반드시 필요로 하는 경우도 있다. 특히 어렸을 때 일찍 발견해서 꾸준히 치료를 받으면 심하지 않은 아이들은 학년이 올라가면서 극복할 수 있다.

　그러나 청소년이 될 때까지 제대로 치료를 받지 못한 아이들은 충동성의 문제가 더 심각하게 나타난다. 충동성은 성장함에 따라 더욱 커지는데, 학교 가는 길에 다른 길로 빠진다든가, 앉아 있다가 갑자기 튀어나간다든가, 욱하는 습관 때문에 주위 사람들을 힘들게 한다거나 하는 식이다. 교사에게 욕을 하거나, 치밀어 오르는 감정을 통제하지 못해서 대드는 것도 마찬가지다.

이런 증상들을 치료하지 못한 채 성인이 되면 규칙이나 규범을 어기는 사람이 되기 쉽다. 교통사고를 자주 일으키는 사람 가운데 성인 ADHD 증후군인 경우가 많은 것이 좋은 예시다. 충동성을 치료받지 못했을 때 나타나는 더 큰 문제는 가족, 선생님, 친구 등 주변 사람들에게 인정받지 못하고 혼나고 따돌림당하면서 반사회적 성향을 갖게 된다는 것이다.

사실 ADHD 아이들은 자신이 왜 혼나는지도 모르면서 혼나는 경우가 대부분이다. 이유도 모르고 계속 질타만 받다 보면 반사회적 성향이 생기기 쉽다.

ADHD 치료, 조기 개입이 중요하다

OECD 국가 가운데 아이들의 정신 건강에 관심이 있는 나라는 ADHD 문제를 국가 차원에서 정책적으로 배려하는 나라가 많다. 어렸을 때 도와주지 않으면 학습 부진에 빠져 중도 탈락할 가능성이 높아지고, 자극적인 것을 추구하는 아이들은 나중에 약물 중독에 빠지기 쉬우며, 주위의 미움을 받아서 비행 청소년이 됐다가 규범과 규칙을 지키지 않는 반사회적 성인이 될 확률이 높기 때문이다.

중요한 것은 일찍 발견해서 치료하면 대부분 좋아질 수 있다는 사실이다. 조기 개입으로 사회적으로 가장 많은 성과를 볼 수 있는 증상이 ADHD이기도 하다. 유치원과 초등학교 1~2학년 때 발견해서 적극적으로 도움을 주면 별 문제없이 생활할 수 있다. 따라서 유치원 교사와 초등학교 저학년 교사를 집중적으로 훈련시켜 ADHD의 조기 발견과 교실 내 훈련 프로그램을 진행할 수 있도록 해야 한다.

중학교나 고등학교로 올라가면 이미 미움은 받을 대로 받았고, 나쁜 습관도 몸에 밸 대로 배어서 손쓰기 힘들어진다. 이미 자기 성격화가 이루어진 상태에서는 인내심을 갖고 달래면서 지도하는 데 한계가 있다. 우리나라도 서서히 국가적인 정책으로 ADHD에 개입하려는 단계에 와 있다.

ADHD 아이를 현명하게 돕는 법

무엇보다 중요한 것은 훈련을 통해 뇌의 집중력 유지 시간을 늘리는 것이다. 4~5세 어린아이의 집중력을 체크할 때는 흔히 '미로 찾기'를 하는데, ADHD 아이들은 미로를 찾나가 복잡해지면 출발점에서 곧장 도착점으로 가려는 경향을 보인다.

초등학교 저학년 때는 좀 더 다양한 훈련을 할 수 있다. 생각하는 바를 그대로 입 밖에 내게 하는 'think aloud'라는 프로그램도 많이 하지만, 행동주의 심리학자들이 강조하는 것은 '스톱(stop) 훈련'이다. 일반적으로 ADHD 아이들을 '모터가 달린 아이' 혹은 '고장 난 모터가 달린 아이'라고 표현하는데, 산만하고 충동적이며 집중하지 못하는 이 아이들에게 '스톱'할 타이밍을 제시하는 방법이다.

어떤 행동을 하려고 할 때 'stop → listen → (think → observe) → act' = '잠깐 → 엄마(선생님) 말 듣고 → 생각하고 → 살펴보고 → 행동해'로 진행되는 일련의 과정을 알려줌으로써 단계를 밟아 나가는 것이다. 여기서 '생각하고 살피는 단계'는 생략해도 좋다. ADHD 아이들에게는 다섯 단계가 버거울 수 있으므로 세 단계만 적용하는 것도 괜찮다. '스톱 훈련'은 ADHD를 다루는 가장 일차적이고 효과적인 방법이다. 교실에 들어오자마자 한 바퀴 돌면서 헤집어놓고, 자기 자리가 어디인지도 모르고, 다른 아이들을 툭툭 치고 다니는 아이에게 우선 '스톱'을 외친다. 그 다음엔 길게 말하지 말고 짧게, 행동지향적으로 접근한다.

또 하나 명심할 것은 한꺼번에 여러 개의 목표를 세우지 말라는 것이다. 3개월에 하나 정도로 목표를 정해서 집중적으로 반복하는 것이 효과적이다. ADHD를 약물에 의존하지 않고 프로그램을 통해 개선하려는 부모들은 이런 과정을 잘 이해하고 실천하는 분들이다. 아이의 행동을 수정하기 위해 여러 가지 목표를 갖지 말고 짧고 간결하게, 하나에 집중하라는 것은 불문율에 가깝다. 여러 가지 행동을 한꺼번에 고치려고 했다가는 오히려 실패하기 십상이다. 3개월에 한 가지만 성공해도 대단한 성과이다. 뇌세포의 연결 고리가 바뀌고, 그것이 몸에 배어 습관으로 정착되도록 하려면 그만큼 시간이 필요하다.

현실적으로는 매우 힘든 일이기는 하지만 ADHD 아이들을 혼내지 말라고도 한다. 혼내는 것이 별 효과도 없을뿐더러 혼만 난 아이들은 개선시키기가 더 힘들기 때문이다. 날마다 혼만 나면서 자란 아이는 어떤 선을 넘어버리면 마음에 미움만 남기게 된다. 부모도 밉고, 선생님도 밉고, 주위 모든 사람이 미워지고, 공부도 자신과 맞지 않아서 싫다. 그렇게 되기 전에 스톱을 배우고 몸에 배게 해서 행동 장애를 바로잡아야 한다. 그러려면 부모와 교사는 끊임없이 참고 또 참는, 끈질긴 인내심을 길러야 한다.

ADHD 아이가 있는 집에서는 아침에 일어나 학교에 가기까지의 과정이 아주 복잡하다. 일어나기 싫어하는 아이를 깨워서 씻기고, 가방 챙기고, 먹이고, 보내는 데 전쟁터가 따로 없다. 따라서 ADHD 아이들의 행동을 잘 분석하여 그 과정에서 정말 안 되는 부분은 아예 빼거나 미리 준비해놓는 것이 좋다. 하나의 과정마다 단계를 정해서 실행하는 것도 좋다. '밥 먹기 4단계', '학교 가기 5단계' 이런 식으로 아이와 함께 각각의 과정에 대해 예행연습을 해야 한다. 단계가 너무 많으면 반드시 줄여야 한다.

ADHD 가운데는 은근히 까다로워서 입이 짧고 편식하는 아이가 많다. 우리나라는 전체주의적이고 획일적인 문화가 지배하는 편이라 편식하는 아이에게 골고루 먹게 하려는 경향이 강하다. 그러나 그것은 어른들의 욕심일 뿐 아이에게는 고문이나 다름없다. 적절한 시기가 되면 누가 시키지 않아도 골고루 먹게 돼 있으므로, 믿음을 가지고 느긋하게 기다려주는 자세가 필요하다. 어른들이 조바심을 내다가 지쳐서 지도를 포기하면 아이에게는 더 큰 상처만 남을 뿐이다.

'물건 잃어버리지 않게 하기', '떠들지 않게 하기' 등 학교에서는 한 학기에 한 가지 목표만 정하고, 그것을 달성하는 데 집중하도록 매뉴얼을 짠다. 집에서는 3개월에 하나를 정해서 달성하고, 이때도 물론 매뉴얼을 만들어 단계별로 나눠서 실천한다. 그러려면 아이의 행동을 잘 관찰하고, 어떤 부분에서 특히 어려움을 겪는지 파악해야 한다.

또 운동을 하거나 몸의 움직임을 왕성하게 하는 것도 좋다. 가장 다루기 힘든 아이들이 ADHD 중학생인데, 초등학교 때까지는 교사의 무력

앞에서 순응하지만 중학교에 올라가면 사춘기의 흥분까지 겹쳐서 다루기가 어렵다. 신체는 어른 같은데 정신은 아직 미숙한 수준이라서, 말을 해도 잘 알아듣지 못하고 유치한 행동을 한다. 정신과 신체의 균형이 안 맞고, 여러 가지 성장 호르몬이 복잡하게 섞여 있으므로 운동을 통해서 긴장과 흥분을 방출시키고, 몸에 쌓인 것들을 적절하게 빼주어야 한다. 중학교에서 체육 수업이 줄어들면 학교 폭력이나 성폭력이 증가할 수도 있는 것은 이런 이유 때문이기도 하다. 학교 폭력 예방 대책 가운데 하나가 몸으로 하는 활동을 늘리는 것인데, 이는 교사 개인이 할 수 있는 일이 아니므로 체육 수업을 늘리자는 건의가 필요하다.

중학생들에게도 물론 스톱 훈련이 유효하다. 앞서 나온 단계별 매뉴얼을 곳곳에 붙여놓고 자기 행동을 통제하는 큰 원칙을 몸에 익히도록 해야 한다.

스톱 훈련을 반복하는 방법, 몸의 에너지를 발산시키는 방법, 통제를 가르치는 방법, 약을 먹는 방법, 자리에 앉히는 방법. 이런 방법들을 복합적으로 활용해서 적어도 수업 시간만큼은 ADHD 아이들이 차분하게 앉아 있을 수 있도록 도와야 한다. 또 쉬는 시간이나 점심시간에 밖에 나가서 노는 것을 막으면 수업 시간에 더 힘들어진다는 것도 명심할 필요가 있다.

다시 강조하지만 구체적인 계획(매뉴얼)을 세우되, 아이를 변화시키는 부분에 있어서는 높은 기대를 갖지 말자. 욕심을 부리면 실패한다는 것을 명심하자.

ADHD 아이와 수업하려면

ADHD 아이들에게는 긴 강의 시간이 아무 의미가 없다. 외국에서는 모둠별 수업을 하는 경우가 많은데, 20분 강의하고 15분 연습하게 하는 식이다. 우리에게는 적용하기 힘든 수업 방식이지만 45분 수업이 무리인 것만은 틀림없다.

또한 ADHD 아이들에게는 협동 학습이 효율적이다. 먼저 교사가 10~15분 정도 전체적인 개요를 설명하고, 모둠이 진행되면 아이들끼리 의견을 나누게 한다. 이런 식으로 진행하면 한곳에만 오래 집중하지 않아도 되고, 앉아서 그냥 듣기만 하는 것보다 효과적이다.

아이들 가운데는 시각적 주의력이 좋은 아이가 있고, 청각적 주의력이 더 좋은 아이가 있다. '프레네 교육 이론'에서는 학기 초에 아이의 학습 스타일을 파악하여 이에 맞춰 프로그램을 배치하는 방식을 적용하기도 한다. 청각 스타일은 보는 것에 집중이 안 되므로 스토리로 설명한 다음 기억했다가 얘기하도록 하고, 반대로 시각 스타일은 먼저 보여주고 이야기하도록 한다. 모두 배려하기는 어렵지만 배려할 수 있는 범위 안에서는 해주는 것이 좋다.

협동 학습에서 모둠을 구성할 때는 청각 주의력이 좋은 아이들과 시각 주의력이 좋은 아이들을 따로 배치한다. 특성에 따라 교실을 따로 구분해서 수업을 할 수 있다면 그만큼 이상적인 일은 없겠지만, 어느 것이든 현재 우리의 교육 환경에서는 적용하기 쉬운 방법들이 아니다.

약물 치료는 꼭 필요한가?

약은 꼭 먹어야 될까? 안 먹어도 될까? 정신과 의사 입장에서 말하자면 '이 약을 안 먹으면 절대 안 돼' 하는 경우는 없다. 다만 더 효과적인지 아닌지의 문제일 뿐이다. 초등학교 저학년 담당에 사회적 배려가 깊고 ADHD를 잘 도와줄 수 있는 교사가 많다면 프로그램을 통해서 얼마든지 치료가 가능하므로, 약을 적게 쓸 수도 있다.

그러나 프로그램을 진행할 만한 교사가 없다면 상대적으로 약을 많이 써야 한다. 약을 쓰는 이유는 학교에서 배운 것을 머리에 저장시키기 위해서, 즉 인지를 돕기 위한 경우가 대부분이다. ADHD 아이들 중에서는 약을 먹으면 집중력이 높아져서 성적이 오르는 경우도 있다. 아이에 따라서는 비약적으로 오르기도 한다.

인지 능력을 심어주기 위해서 약을 먹기도 하지만, 낙인을 방지하기 위해서도 먹는다. 아이가 산만해서 교실을 헤집고 다니고, 행동이 과격해서 교사나 친구들에게 좋지 않은 평판을 받으면 나중에 씻을 수 없는 상처를 떠안는다. 그러므로 증상이 심한 아이는 꼭 약을 먹도록 해서 '사람들이 꺼리고 피하는 아이'라는 낙인이 찍히지 않도록 해주어야 한다. 증상이 가벼운 아이는 지원 프로그램의 경과를 보면서 약을 먹도록 하는 것이 좋다.

ADHD를 국가적 차원에서 지원하는 나라에서는 초등학생 때 학년별로 나누어서 아이를 선별하고, 부모가 동의만 하면 상담사나 정신과 의사가 학교로 오거나 아이가 병원에 가서 치료를 받게 한다. 수업을 따라가지 못하면 학교에 다닐 의미를 못 느끼게 되어 중도 탈락률이 높아지는데, 이는 국가 차원에서도 무척 중요한 문제이기 때문에 제도적 장치가 잘 마련되어 있다.

지원 프로그램이 다양하면 약물 치료는 좀 더 소극적으로, 늦춰서 할 수 있으나, 프로그램이 없으면 약물 치료부터 하는 수밖에 없다. 약을 쓰면 식욕 부진, 불면증, 무기력증 같은 부작용이 나타나기도 한다. 물론 아이들마다 차이가 있어서 전혀 부작용이 없는 경우도 있다. 약을 먹으면 마음이 차분해지고 좋아진다는 것을 스스로 느끼기 때문에 알아서 먹는 아이도 있다. 약의 명칭도 '착하게 만드는 약, 공부 잘되는 약, 집중력 영양제' 등 저마다 다르다.

자극적인 것을 좋아하는 성향의 아이들은 약을 먹으면 차분해지는 것이 싫어서 거부하기도 한다. 활기가 넘칠 때 자신의 힘이 세지는 것을 느끼는데, 약을 먹으면 가라앉기 때문에 자신이 위축된다고 생각하는 것이다. 이런 아이들은 치료하기가 힘든 편이다.

인내심을 갖고 꾸준히, ADHD는 바뀔 수 있다!

그렇다면 ADHD 아이들은 재능이 전혀 없을까? 그렇지 않다.

ADHD 아이들의 특성은 얼마든지 재능으로 바꿀 수 있다. 충동성을 어떻게 순발력으로 바꿀 것인가, 잦은 주의력 전환을 어떻게 멀티태스킹 능력으로 승화시킬 것인가.

부정적인 말을 많이 듣고 자란 아이들은 스스로 '나는 나쁜 놈'이라는 인식이 뇌리에 박혀서 호전시키기 쉽지 않지만, 긍정적인 말을 듣고 자란 아이들은 좋아지는 속도가 빠르다.

어머니가 상담하러 와서 아이의 단점을 늘어놓는 경우가 있다. 글씨도 삐뚤게 쓰지, 수업 시간에 제대로 앉아 있지도 못하지, 팔다리 떨지, 손톱 깨물지, 손가락 빨지, 알림장 안 챙기지, 책가방 놓고 다니지, 애들 툭툭 치고 다니지… 이렇게 아이의 나쁜 점을 단박에 줄줄 늘어놓는다. 좋은 점도 얘기해달라고 하면 고개를 갸우뚱거린다. 이런 대우를 받고 자란 아이는 자신의 부정적인 부분은 잘 알아도 긍정적인 면은 알지 못한다.

ADHD 치료의 전체적인 주제는 '외적 통제에서 내적 통제로 가는 것'이다. 약물 치료도 외적 통제의 일종이다. 산만하니까 항상 잔소리를 들으며 외적 통제를 받고 자란 아이가 스스로 통제하는 법을 배우기란 쉽지 않다. 계속해서 외적 통제에 의존하며 살아가는 사람이 되어버린다. 외적 통제를 내적으로 침투시키는 것은 습관이므로, ADHD 아이들을 개선하는 데 성공하느냐 실패하느냐 하는 문제는 좋은 습관을 형성하느냐, 그렇지 못하느냐에 달렸다고 해도 과언이 아니다.

좋은 습관을 들이기 위해서는 어른들의 지극한 인내심이 필요하다. 어떤 행동을 강압적으로 못 하게 하는 것은 그 순간에는 효과가 있지만 장기적으로는 도움이 되지 않는다. 자신을 한번 돌아보자. 오래 몸에 밴 습관이 나쁘다고 해서 바꿔본 경험이 있는가? 아니면 주변에 습관을 잘 바꾸는 사람을 본 적이 있는가? 아마 찾기 힘들 것이다. 습관을 바꾸는 일은 어른에게도 결코 쉽지 않다.

ADHD를 잘 돕는 사람은 인내심이 강한 사람이다. 교사도 부모도 회초리를 들어서 강압적으로 고치려 하지 말고, 인내심을 갖고 꾸준히 아이의 행동을 분석하고 배려해야 한다. 수정할 것들을 분류하고 단계별 매뉴얼에 따라 아이들의 습관을 한 가지씩 꾸준히 고쳐나가다 보면, 아이는 자기에게 좋은 느낌을 가지며 서서히 바뀌게 될 것이다.

ADHD 변화 전략

ADHD는 단지 학습에만 영향을 미치는 것이 아니라 생활 영역 전반에 영향을 미친다. 주의력 결핍으로 인한 부주의한 행동, 충동성, 수다와 부산스러움이 심하고, 사고를 일으키는 행동을 많이 한다. 게임 중독에 빠지기 쉬운 것도 특징이다. 교사가 ADHD에 대해 자세히 알게 되면 이런 행동들이 나타날 수밖에 없는 배경을 이해하게 될 것이다.

아이의 변화를 지속적으로 칭찬해주고 인정해주며 좋은 평판을 받게 하려면 '일취월장'의 관점에서 봐주어야 한다. 즉, '이것은 재민이에게 특별한 변화란다'라고 말해주는 것이다. 그 아이가 실내화를 신고 온 날은 박수를 쳐주고, '네가 매일 실내화를 가지고 와서 신으면 우리는 너의 발 냄새를 맡지 않아도 돼'라는 식으로 분위기를 띄워준다. 긍정적인 변화에 주목하는 것은 반 전체의 분위기도 좋아지게 한다. 이때 칭찬을 너무 과장해서 할 필요는 없고, 긍정적인 변화에 대해 '나는 좋은데, 그렇게 하면 너도 좋을 거야'라고 이야기한다.

조금 더 상세한 전략으로는 '평판 만들기'가 있다. 교사가 칭찬을 통해 아이의 평판을 바꾸어 주고 싶을 때, 그 아이를 불러다가 '너의 긍정적인 면을 칭찬해주고 싶으니, 반 전체에서 너의 평판을 바꾸는 작업을 해보자'고 하는 것이다. 교사의 칭찬은 보상이자 강화 요인인데, 정서적으로 맞지 않는다면 다른 아이들이 야유를 보낼 수도 있다. 따라서 이런 메시지를 학기 초부터 교사가 중요하게 여기는 학급 내 인정 시스템으로 정착시켜서 반 전체에 인정시키는 사전 작업이 필요하다.

'성장학교 별'에서는 학기 초에 '일취월장이 최고'라는 인식을 심어주고 많이 변하는 아이를 칭찬해줄 것이라는 분위기를 조성한다. 이처럼 학기 초부터 자연스럽게 아이가 자신의 평판을 좋게 만들어 나가도록 돕는 것이 중요하다.

우울한 아이

교사의
고민 1   아이가 갑자기 까칠해진 이유를 모르겠다

모범적이던 영호가 자꾸 문제를 일으킨다. 동료 선생님들은 버릇이 없다며 비행 청소년이 아니냐고 한다. 1학기 초 학부모님 면담 때는 어머니, 아버지가 함께 오셔서 영호에 대한 관심과 기대를 느끼게 했는데, 처음엔 의사 부모님 밑에서 부족한 것 없이 자라 친구들을 무시하는 게 아닐까 걱정했지만 어려운 친구들을 잘 도와주는 바른 아이였다. 성적도 줄곧 중상위권을 유지했다. 그런데 2학기 들어서고부터 무슨 말만 하면 안 한다, 왜 자기만 시키느냐면서 까칠하게 굴고, 가끔 다른 선생님들께 대들다 벌을 서기도 했다. 우울해 보이는 것 같다가도 친구들과 깔깔대며 밥도 잘 먹는 걸 보면 큰 문제는 아닌 것 같기도 하고, 아무리 생각해도 비행은 아닌 것 같은데, 혹시 다른 문제가 있는 건 아닐까?

교사의
고민 2   우울증이 심해 보이는 아이를 어떻게 도울까

수진이가 우울하다고 해서 특별히 주의 깊게 지켜보며 대화도 자주 나
누려고 하는데, 증세가 점점 심해지는 것 같아 걱정이다. 지각하는 횟수
도 늘고 몸도 자꾸 마르는 것 같다. 자주 울기도 하고 심지어 죽고 싶다
는 말까지 한다. 수진이에게 관심을 갖고 부모님과 연락하면서 지내는 것
만으로 충분할까. 증세가 가벼운 것 같지는 않은데, 병원에 가서 전문가
에게 상담을 받아보라고 권하는 게 좋지 않을까. 하지만 아무리 아이를
위해서라고 해도 불편한 오해만 사는 게 아닐까 싶어 부담스럽다. 수진
이 부모님께 어떻게 말씀드리면 좋을까?

아이들의 슬픔과 분노를 이해하자

우울증은 크게 '전형적 우울증'과 '비전형적 우울증'으로 나누는데,
청소년기에 나타나는 문제 행동의 원인은 비전형적 우울증에서 기인한
경우가 많다. 마음이 우울해지면 느끼는 주된 감정이 슬픔인데, 흔히
'멜랑콜리'라고 하는 전형적인 우울증은 그야말로 슬픔에 빠지는 것으
로 대개 어른에게서 많이 발견된다.

반면에 비전형적 우울증은 증상이 사뭇 다르고, 그 차이로 인해 발
견하기도 쉽지 않다. 비행, 학습 부진, 인터넷 중독, 산만함, 부모나 교사
에게 반항하거나 대드는 현상들이 나타난다.

특히 청소년기 비전형적인 우울증의 특징은 짜증 내고 귀찮아하는

것이다. 얼굴에서 웃음이 사라지고, 불만이 많으며, 늘 틱틱거리며 반항한다. 이런 감정들이 사춘기적 특성 때문에 그러는 것인지, 우울증 때문에 그러는 것인지 구분하기도 힘들다.

아이들 우울증은 '짱귀몰'이 신호

가벼운 우울증이든 심각한 우울증이든 우울한 청소년들 입에서 가장 많이 나오는 말 베스트 3는 '짜증나, 귀찮아, 몰라'이다. 뭐 좀 하라고 시키면 짜증나, 주말에 외식하러 나가자고 하면 귀찮아, 학교에서 무슨 일 있었냐고 물으면 몰라. 이 세 단어를 기본적으로 입에 달고 산다. 이런 아이들은 자신이 우울증임을 드러내는 언어적 신호를 보내는 것이므로 주의를 기울여 지켜볼 필요가 있다.

성인의 경우에는 우울증에 걸리면 일반적으로 식욕이 떨어지고 잠이 줄거나 아침에 일찍 깬다. 자살하는 사람이 가장 많은 시간대도 새벽부터 아침 사이다. 불면에 시달리다 겨우 잠이 들었는데 깊은 잠도 못 자고 새벽에 다시 깼을 때, 사람은 가장 비관적인 마음이 들 수 있다. 오늘도 해가 뜨고 또 하루를 살아야 한다는 현실이 견딜 수 없어져서 그전에 죽어버려야겠다는 심정이 되는 것이다.

그런데 비전형적 우울증을 보이는 청소년들은 성인과 달리 우울하면 식욕이 더 왕성해지고 잠이 늘어 늦게까지 자다가 학교에 지각하는 일이 잦다. 시간만 나면 잠자고 밥도 잘 먹으니까 어른들이 보기에는 우울해서 그렇다는 생각을 못한다. 우울증은커녕 게으른 것으로 오해하기 십상이다.

성인과 청소년의 우울증은 생물학적 증상이나 반응성에서도 차이가 있다. 어른들은 우울하면 아무리 다른 사람이 웃겨도 반응을 보이지 않으며, 눈은 텔레비전을 보고 있어도 정신은 멍한 상태로 방송 내용이 머리에 들어오지 않는다. 이에 비해 비전형적 우울증은 반응성(전역성)이 있다. 아무리 귀찮아하고 짜증을 내다가도 재미있는 텔레비전 프로그램을 보면 낄낄거리며 웃는다. 웃기에 기분이 좀 나아졌나 싶어서 말을 걸면 다시 부정적인 반응이 돌아온다. 게임을 하는 아이들도 마찬가지다. 게임 하는 순간에는 기분이 좋아 보이다가도 끝나면 다시 처지면서 감정에 심한 기복을 보인다.

충동 유발 주의

어른들은 우울해지면 사람 만나는 것 자체가 귀찮고, 다른 사람들이 자신을 어떻게 생각하는지에 신경을 쓸 여유가 없다. 그러나 청소년 우울증은 상대의 거부에 민감한 반응을 보이면서 대인관계에 충돌을 많이 일으킨다. 걱정이 돼서 물어보아도 자신을 의심하는 것처럼 여겨 사사건건 시비를 거는 일이 많다.

먹을 거 다 먹고, 잘 거 다 자고, 볼 거 다 보면서 낄낄거리고, 말을 걸면 또 짜증내는 모습이 우울한 청소년들의 밑그림이다. 청소년의 비전형적 우울증은 어른들이 보기에 우울증인지, 사춘기여서 그러는 건지, 화가 난 건지, 무슨 문제가 있는 건지, 성격이 안 좋은 건지, 단순히 게을러서 그런 건지 도무지 종잡을 수가 없다. 그러는 동안에도 우울증은 점점 더 진행된다.

결과적으로 비전형적 우울증을 방치하면 학교생활이 어려워진다. 집중력과 학습 능력이 떨어지고, 예민해져서 친구와 자주 싸우므로 관계가 불편해진다. 이런 현상들이 오래가면 등교를 거부하기 시작하고, 심각해지면 자살에 이를 수도 있다. 청소년 우울증이 모두 이런 양상을 보이는 것은 아니지만, 다른 시기에는 없고 청소년기에만 두드러지는 특징이 학교생활을 어렵게 한다는 것이다. 우울한 기분 상태에 있는 아이의 마음을 교사가 알아주지 못하고 건드리면 반항하게 되고, 그러면 교사는 그 아이를 비행 청소년으로 낙인찍는다. 설령 아이가 우울증이라는 진단을 받더라도 교사나 부모는 청소년의 우울증을 이해하지 못해 방치하기 쉽고, 그로 인해 더 격렬하게 충돌하게 된다. 어른들의 잘못된 해석이 아이를 더 우울하게 만들 수도 있는 것이다.

청소년기의 자살은 다른 연령대에 비해 충동적인 경우가 훨씬 많은데, 예민하고 마음이 불편한 상태에 있는 아이에게 부모나 교사가 참다 못해 던지는 한마디가 아이를 위험한 지경으로 내몰 수도 있기 때문이다. '너, 나가' '어디로 없어져 버려' 같은 부정적인 말을 들으면 있는 그대로 받아들여서 실전할 수도 있는 것이 바로 청소년 우울증이다.

지금은 우리나라가 청소년 자살률 1위다. 청소년 자살의 밑바탕에는 대부분 청소년 우울증이 있다는 사실을 명심할 필요가 있다.

청소년 우울증의 종류

우울증의 종류는 다양하다. 미국의 우울증 분류를 보면 주요 우울 장애, 기분 부전증, 단기 우울증, 재발 우울증, 조울증의 우울 삽화 등이 있고, 경계선 인격 장애 때도 우울 양상이 나타난다. 청소년기의 우울증은 정신 역동적으로 초자아 우울증, 의존 우울증으로 나누기도 한다. 우울증은 인간의 감정 상태를 보여 주는 현상이므로 그것이 하나의 병으로 나타날 때도 다양한 진단을 내릴 수 있다. 이 가운데 특히 청소년기에 많이 나타나는 기분 부전증, 초자아 우울증, 의존 우울증에 대해 알아보자.

기분 부전증

주요 우울 장애처럼 증상이 심각해서 학교에도 못 나오고 밥도 못 먹을 정도는 아니지만, 적어도 2년 이상 재미를 느끼지 못하고 사는 상태를 말한다. 공부에 대한 의욕이나 교사와 관계를 맺고 싶은 마음이 없고, 그저 별 생각 없이 학교를 왔다 갔다 한다. 집에 오면 텔레비전만 보고, 숙제도 안 해가고, 선생님이 때리면 그냥 맞고, 의미 없는 일상을 되풀이한다. 상태가 심각하지는 않지만 무기력하고 동기가 저하된 아이들이라서 동기를 부여하고 참여도를 높이기가 무척 힘들다. 공부에 대해서는 이미 깊은 좌절을 맛보았기 때문에 관심 밖으로 밀쳐놓은 상태다. 주로 교실 뒤쪽에 앉으며 책은 사물함에 넣어둔 채로 다니고, 실내화를 신고 등하교하며, 수업 시간에 자고, 점심시간에 깨서 열심히 밥 먹고, 아이들과 떠들고, 쉬는 시간에 놀고, 혼날 때는 빨리 때려달라는 듯 쳐다본다.

어떻게 보면 교육 제도로 인해 양산된 아이들이라고도 할 수 있다. 이 아이들이 상담할 때 하는 말이 '한 사람 한 사람이 다 소중하다는 어른들의 말은 거짓말'이라는 것이다. 공부 잘하는 몇몇 아이들만 관심과 사랑을 받는 데서 표출된 불만이다.

우리나라 청소년들은 특히 우울증에 빠질 심리적 취약성이 높은데, 평가의 획일성으로 인해 공부를 잘하지 못하는 아이들은 기본적으로 우울한 기분을 밑바탕에 깔고 살아야 한다. 이런 증상이 오래가면 자신의 가치를 비하하는 형태로 확장되어 교사가 불러도 자기가 뭘 잘못해서 혼내려는 것으로만 생각하게 된다. 나중에 대학에 진학하고 사회에 나가도 '대충 살자'는 가치관의 지배를 받으며, 계획성 없이 그때그때 살아가는 사람이 많다.

초자아 우울증

행동이나 적응상의 문제가 초등학교 때는 나타나지 않다가 사춘기를 지나면서 발견되는 우울증이다. 부모의 기대를 만족시키지 못하는 아이들에게 많이 보이며 '기대 미달→포기→비행'으로 이어진다. 비행을 저지르는 아이들 가운데는 부모의 기대를 채워주지 못하는 부담감을 나쁜 행동으로 해결하려는 경우가 많다. 이런 아이들의 행동 역시 우울증의 한 증상이므로 간과해서는 안 된다. 즉, 자신을 학대하고 처벌하는 수단으로 비행을 저지르는 것이다. 문제 행동을 자주 하는 아이는 심리 검사에서 우울증 진단을 받는 경우가 종종 있다. 부모는 비행을 저지르는 아이가 무슨 우울증이냐고 반문하겠지만 비행 역시 우울증의 한 증상이다. 이러한 유형은 좋은 담임이나 카운슬러를 만나면 치료가 잘되는 편에 속한다.

의존 우울증

청소년기는 누구나 부모로부터 독립을 준비하는 시기인데, 독립하는

데 두려움을 갖는 아이들이 많이 걸리는 우울증이다. 내가 다 잘하면 부모가 날 떠나보낼 거라고 생각하는 아이들, 부모가 과잉보호해서 키운 아이들이다. 상실감을 견디지 못하고, 가족과 분리되는 것을 두려워해서 퇴행 행동을 하는데, 모든 면에서 뛰어나게 잘하면 더 이상 부모가 보살펴주지 않을 거라는 데서 나오는 행동이다. 자신을 봐주고 관심을 가져달라는 메시지로 응석을 부리기도 한다. 흔히 말하는 '마마보이'들이 성장 과정에서 적응력이 떨어지면서 겪는 우울증이기도 하다.

원인을 파악하고 관심을 쏟자

청소년기 우울증은 매우 다양한 방식으로 표출되어 발견하지 못하고 그냥 지나치기 쉽다. 형태와 원인에 따라 조금 다르지만 상대적으로 여자아이가 걸리는 비율이 높으며, 자발적으로 상담하러 오는 쪽도 여학생이 많다. 남학생은 비전형적 우울증의 비율이 높기 때문에 제때 발견하지 못하고 넘어가는 경우가 여학생보다 많다. 교사 입장에서는 아이가 생물학적 증상이 있는 경우 의료적인 권고를 해야 하며, 그 정도가 아니라면 상담으로 도움을 주는 것이 바람직하다.

학생들이 상담을 신청하는 가장 큰 이유는 마음이 불안하거나 우울해서인데, 부모나 주위의 기대에 부응하지 못해서 우울해하는 아이도 있고, 성장 과정이 힘들어서 우울해하는 아이도 있다. 우리나라 아이들의 우울증에 영향을 미치는 원인은 '성적, 가족 불화, 또래 관계'가 대표적이다.

가족 문제는 청소년의 감정 변화에 가장 큰 영향을 미친다. 이혼 가정이 늘고 있지만, 여전히 편견이 심해서 이혼 가정의 아이들은 견디기 힘든 고통을 겪는다. 특히 중고등학교에 다니는 아이가 있는 가정은 부모의 나이나 결혼 기간으로 볼 때 가정불화가 생기기 쉬운 시기이다. 배우자의 외도, 사업 실패, 해고 등이 거의 이 시기와 맞물리기 때문이다.

　　가정의 불화를 보고 자란 아이들은 공포심과 함께 우울함을 느낀다. 초등학교 때는 부모가 싸운다고 해서 집을 나가고 싶다는 생각을 하지 않지만, 청소년기에는 날마다 싸우는 부모님을 보면서 싸움의 원인이 자기에게 있는 것처럼 생각하게 된다. 사는 즐거움과 행복을 느끼지 못하는 아이는 우울해질 수밖에 없다.

　　아이들이 쉽게 마음을 터놓지 않으므로 발견하기 어렵기는 하지만, 교사는 우울해 보이는 아이가 있으면 집안에 무슨 문제가 있는지부터 파악하는 것이 좋다. 남들이 나한테 관심을 가지지 않을 거라고 생각하는 아이보나 인기가 있거나 사기 기내지가 높은 아이들이 우울증에 더 잘 걸리는 편이다. 그런 아이들은 존재감을 상실하는 순간 우울증에 빠지기 때문에 눈에 띈다. 가족 관계나 성적의 영향은 남학생, 여학생이 관계 없이 받고, 또래 관계는 상대적으로 여학생이 많이 받는다.

　　우리나라 아이들이 자살을 생각할 때 가장 큰 영향을 미치는 것은 역시 성적에 대한 부담이다. 입시 체제는 한국 청소년들의 정신 건강에 막대한 시련을 주고 있다. 대학에 가는 과정이 지금보다 자유로울 수 있다면, 청소년들에게 나타나는 우울증도 꽤 줄어들 것이라고 본다.

　　한국 사회에서는 성적이 단순히 공부를 하고 안 하고의 문제가 아니라, 아이의 존재 가치를 대변하는 의미로 받아들여지기 때문에 공부를 못하면 쓸모없는 사람이라는 느낌을 준다. 따라서 공부를 못하면 자신을 주목받지 못하는 존재, 존재감을 알리지 못하는 존재라고 생각하게 되어 늘 우울한 기분에 빠져 살게 된다.

이런 힘든 아이들이 우울한 기분을 푸는 유일한 방법은 게임이나 오락이다. 우울증에 빠지면 학습에 집중하기 어렵고, 집중이 안 되면 기억력이 떨어져서 공부가 잘 안 된다. 공부를 하는 척은 하지만 실제로 머릿속에 들어오지 않고 잡념만 많아진다. 잡념이 많아지는 것도 우울증의 한 증상이다. 밤에 잠이 잘 오지 않고, 이런저런 생각이 많고, 아침에 일어나기 힘들고, 꿈을 많이 꾸고, 물건을 자주 잃어버리고, 모든 일에 생산성이 떨어지고, 금방 싫증을 느끼고, 어디론가 떠나고 싶고…. 아이들에게 나타나는 이러한 작은 증상들을 놓치지 말고 조기에 발견할 수 있게 힘써야 한다.

우울한 아이에게 다가가는 법

그렇다면 마음의 문을 쉽게 열지 않는 우울한 아이들을 어떻게 도와야 할까? 우울증에 걸린 사람들은 자신이 안고 있는 문제들을 털어놓고 말할 사람이 없을 때 증상이 더 심해진다. 속을 터놓을 친구가 있는 아이, 말할 사람이 있는 아이는 가벼운 우울증에 빠지기는 해도 심각한 증상으로 이어지지는 않는다. 깊은 우울증에 빠지는 아이들은 말을 잘 하지 않고, 마음을 열지 않는 경우다.

우울증을 치료하는 가장 쉽고 효과적인 방법은 이처럼 이야기를 하는 것이다. 많은 주부들의 우울증이 수다로 풀리는 것처럼 말이다. 사람들을 만나서 세상 돌아가는 이야기를 나누다 보면 저절로 마음이 풀리므로, 누구든 말할 사람이 있으면 우울증은 경감된다.

우울증에 걸린 사람을 위로할 때 지켜야 할 중요한 원칙이 있는데, '난 네 기분 알아'라는 표현을 가급적 하지 말라는 것이다. 우울증에 걸린 사람이 이런 말을 들으면 '네가 내 기분을 어떻게 알아?' 하고, 반발심이 생기기 쉽다. 우리는 흔히 우울한 사람들, 슬픈 사람들, 상실을 경험한 사람들에게 위로가 큰 도움이 될 거라고 생각하지만, 사실 그렇지 않다. 정말 힘들어 하는 사람에게는 위로의 말 자체가 때로는 더 큰 상처가 되기도 하고, 부정적인 반응을 불러일으킬 수도 있다. '걱정하지 마, 다 잘될 거야.' 이런 말을 하는 사람은 자신의 심각성과 마음을 잘 이해하지 못한다고 여기기 때문이다.

잘 모르면서 '이런 거 다 지나가는 거야'라고 말하면, 상대가 자신의 마음에 공감하지 않는 것처럼 들린다. 우울증 상담 치료의 원칙도 '힘부로 위로하지 말라'는 것이다. 잘못된 위로는 위로하는 사람의 진실성을 파괴함으로써 서로의 마음을 상하게 할 수도 있다.

상대의 부정적인 사고방식을 고칠 수 있도록 돕는 것도 우울증 치료의 한 방법이다. 약물을 쓰지 않는 우울증 치료에서는 상담과 함께 '인지 치료'를 많이 한다. 인지 치료는 부정적이고 비관적인 사고방식을 고치도록 돕는 것이다. '생각을 바꾸는 치료'라고도 할 수 있다. 증상이 심각한 상태에서는 적용하기 힘들고, 가벼운 우울증 혹은 일부 증상의 호전 단계에서 적용하면 효과적이다.

우울증에 걸린 사람들은 불행을 일반화한다. 이분법적으로 사고하고,

자신과 관련된 것을 무엇이든지 나쁘게 받아들이며, 부정적으로 인격화하는 경향이 짙다. 인지 치료는 생각이 어떻게 왜곡되는지를 보여주고, 부정적이고 비관적인 생각은 스스로가 만들어낸 것이라는 사실을 증명해 보여주는 방식이다. 병원에서 약물 치료와 함께 인지 치료를 권하는 이유도 부정적인 사고방식을 치유해야 우울증 재발률을 낮출 수 있기 때문이다.

생물학적 증상이 있을 경우에는 반드시 약물 치료를 해야 한다. 생물학적 증상이란 잠을 못 자고, 식욕이 없으며, 집중력이 떨어지는 것을 말한다. 이 세 가지에 이상이 있을 경우 혹은 세 가지 증상 가운데 하나만 나타나도 약물 치료를 하는 것이 좋다. 약물 치료를 제때 하지 않으면 나중에 입원과 같은 심각한 치료가 필요하게 될 수도 있다. 위와 같은 증상이 나타난다는 것은 이미 상당 기간 우울한 기분에 빠져서 지냈다는 의미로, 기분을 좋게 하는 신경 전달 물질이 없어서 나타나는 현상이다.

습관적으로 틱틱거리고, 의기소침해 있고, 잘 웃지 않는 아이가 잠을 잘 못 잔다거나 체중이 5% 이상 변했다고 하면, 상담만으로는 해결하기 어려운 상태이다. 생리적인 변화가 생긴 것이므로 부모에게 병원 치료를 권하는 게 좋다. 잠, 식욕, 집중력 세 가지 가운데 하나라도 변화가 있을 때는 혹시 극단적인 생각을 하고 있지 않은지, 죽고 싶다는 생각을 하고 있지 않은지에 대해서도 반드시 확인해봐야 한다.

'잠 잘 자니? 밥은 잘 먹니? 집중은 잘되니? 혹시 가끔은 죽고 싶다는 생각 안 하니? 유서 써본 적 있니? 자살 계획을 짜본 적 있니?' 하는 식으로 말이다.

의외로 유서까지 써봤다는 아이들이 많다. 죽음에 대한 생각을 하는 아이들에게는 이 질문이 마음을 편하게 해주기도 한다.

교사 혼자서 우울한 아이들을 다 감당하기에는 한계가 있다. 다만, 청소년 우울증은 사회적 적응의 어려움도 문제이지만 청소년 자살과도 직결되므로 주의 깊게 관찰할 필요가 있다는 것이다. 우울한 아이를 발견하면 전문가의 상담과 치료를 적극적으로 권하는 것이 바람직하다. 만약 아이가 최근에 심각한 상실, 죽음, 부모의 이혼과 같은 상황을 겪어서 우울해한다면, 따뜻한 시선으로 격려해주되 너무 다 안다는 듯이 위로하지 말아야 하고, 자살에 관해서도 주의깊게 살펴보는 것이 필요하다.

우울증 Q&A

Q 아이가 무단결석을 자주하고, 몹시 마르고, 말이 없다. 조용히 학교만 왔나 갔나 하는 느낌이나. 상담 선생님께 인성 검사 결과를 여쭤보았더니 과감하고 모범적인 면도 있는 걸로 나왔다. 우울증 아이에게 그런 면도 있을 수 있을까?

A 과감하다는 말은 나쁘게 표현하면 충동적이고 뒤를 생각하지 않는다는 뜻이기도 하다. 요즘은 선별 검사를 많이 하는 편인데, 이는 말 그대로 선별만 할 뿐이다. 검사 결과에서는 위험도 정도만 파악하고, 항목 하나하나를 깊이 받아들일 필요는 없다. 인성 검사는 객관적 관찰이 아니라 스스로 응답한 것이기 때문에 정확하지 않다. MMPI(다면적 인성 검사) 566은 엉터리로 하면 엉터리로 했다는 것을 가려내는 장치가 있지만, 어떤 설문지들은 그런 장치가

없으므로 진실하게 응답한 아이에게만 의미가 있다. 따라서 검사 결과보다 교사가 보는 눈이 더 정확할 수 있다.

Q 고등학교 1학년 교사인데, 우울증으로 보이는 아이가 있다. 한 부모 가정에서 자라는데 담배도 피우고 본드도 했던 아이다. 상담을 하다 보면 말귀를 못 알아듣고 자꾸 '왜요?'라고 묻는다. '안 걸렸으면 됐잖아요, 그게 왜요?' 하는 식으로. 말은 잘하는데 도덕성이 떨어지는 것처럼 보인다.

A 우울증이라기보다는 비행 장애인 것 같다. 청소년 때 비행 장애, 품행 장애를 보이는 아이는 성장하면서 반사회적 성격 장애가 될 가능성도 있다. 비행을 저지르고 나서 반성하는 아이들은 치료가 잘되는데, 비행을 저지르고도 재미있게 지내는 아이들은 치료가 잘 안 된다. 고등학교 1학년이면 우울증이라기보다 품행 장애일 가능성이 높다. '왜요?'라고 묻는 것은 선생님이 지적하는 사항에 직면하고 싶지 않아서이다. 우울증이 아닌 다른 패러다임으로 이해하고 도움을 주는 것이 좋다.

Q 고등학교 1학년 여학생반 담임이다. 한 아이가 우울증 때문에 정신과에 입원하고 약물 치료를 받은 적도 있다고 한다. 어머님 말씀으로는 항상 반듯하고 모범적이었는데, 그것이 억압이 되었는지 중학교 때 아예 음식을 못 먹는 지경에까지 이르렀다고 한다. 그동안 아이가 알리길 원하지 않아서 숨겼다는데 병원에 가는 문제로 알게 되었다. 현재는 80%쯤 좋아졌고, 20% 정도 치료가 더 필요

한 상태라고 한다. 학교에서는 모범적이고 밝은 편이다. 병력을 안 이상 어떻게 격려하고 지도해야 할지 고민이다. 어머니는 아이에게 공부 스트레스를 주지 않는다고 말은 하면서도 명문대 진학을 원한다. 몰랐을 때는 평범하게 대했는데, 알고 나니 어떻게 대해야 할지 모르겠다.

A 관심을 갖되 너무 적극적으로 다가서는 것에 대해서는 생각해볼 필요가 있다. 공부는 잘하는데 자기 존중감이 낮은 아이들은 쉽게 우울증에 빠진다. 성적이 떨어지면 인정받지 못할 거라는 생각에 억지로 공부하기 때문이다. 다른 사람이 자신의 내면을 볼까 두려워하기 때문에 본인은 친한 친구가 많다고 생각해도 실상 가까운 친구가 별로 없을 가능성이 높다. 교사가 너무 가까이서 속속들이 알면 상당한 책임을 져야 하는 부분이 생기고, 오히려 우울증에 기여할 수도 있다. 아이의 이야기를 중심으로 조심스럽게 접근하는 것이 좋다. 너무 신경을 쓰면서 적극성을 보이면 아이에게는 엄마처럼 부담스러운 존재로 느껴질 수도 있다. 교사는 엄마에게 받는 부담을 덜어주는 존재로 자리매김하는 것이 바람직할 것이다.

Q 몇몇 아이들에게 우울증 치료를 권하려고 했더니 선배 교사들이 말린다. 우울증 치료를 받으면 아이가 커서 보험에 가입도 못하고, 취직할 때도 기록이 남아서 불리하다고 한다. 알아보았더니 병원에서는 10년 정도 보관한다고 하고, 청소년 클리닉에서는 20년 동안 보관하는데, 실제로 기록을 보여달라고 한 적은 없었다고 한다. 어느 얘기가 맞는 것일까?

A 진료 기록부의 법적 보존 연한, 즉 법적으로 의사가 차트를 잃어버려서는 안 되는 연한이 10년이다. 현재 우울증 병력이 있다고 해서 원칙적으로 보험에 가입할 수 없는 것은 아니다. 다만 보험 회사들이 가입을 꺼리는 것이 문제일 뿐이고, 이것은 인권 차별에 해당한다. 하지만 이런 제도적 개선이 불충분하여 때때로 진단명을 조정하는 경우가 생기는 것은 사실이다. 우울증은 마음의 감기 같은 것이고, 우울한 기분을 안 느껴본 사람이 없을 정도로 우리나라에는 우울증을 앓는 사람이 많다. 특히 청소년 자살률이 높아지고, 그 가운데 75%이상이 사전에 우울증을 앓은 경우다. 우울증에 걸렸다고 해서 보험 가입이 안 된다는 것은 불합리한 일이므로 머지 않아 더 많은 부분이 개선될 것으로 보인다.

Q 학습 성취도가 매우 낮은 학생들이 모인 비평준화 지역 학교의 교사다. 등하교에도 매일 1시간 30분씩 걸리고, 학생의 80% 이상이 비행을 보이거나 우울하다. 교사로서 무엇을 어떻게 해야 할지 몰라 고민하다가 얼마 전부터 아침저녁으로 '나는 행복하다' '나는 즐겁다' '나는 소중하다'는 구호를 외치는 캠페인을 벌였다. 그런데 저항하는 아이들이 많다. 앞으로 어떻게 해야 할지 막막하다.

A 실업계, 전문계 학교 선생님들의 공통적인 고민이기도 하다. 전문계 학교 같은 경우는 대안 학교 형태로 바꾸자는 이야기도 나오고, 실제로 그렇게 바꾼 학교도 있다. 위와 같은 학교의 아이들은 중도 탈락률도 높고, 비행을 일으키는 비율도 높다. 긍정적인 프로그램을 도입해서 학생들에게 역할을 주고 존재감을 높이는 활동이

필요한데, 학교 전체가 변화해야 하는 일이라서 간단치는 않다. 너무 많은 목표를 세우지 말고 '최소한 이것 하나는' 이라는 측면에서 접근하는 것이 바람직하다. 교사의 철학에 기초해서 1년 동안 담임을 하면서 이것만은 꼭 해야겠다, 바꿔야겠다는 것 딱 한 가지만 실천하는 것이다. 너무 많은 것을 하려고 하면 오히려 안 되는 경우가 많다. 한 가지라도 확실하게 바꾸자고 정해놓은 다음 실천해야 한다.

Q 비행도 우울증의 일환일 수 있다는데, 변화시킬 수 있는 방법은 무엇이 있는지?

A 일본 오사카 거리에서 '괜찮아 운동'을 펼친 교사의 이야기도 잘 알려져 있고, 대안학교 교사들이 만든 프로그램도 다양하다. 물론 일반 중고등학교에서 실행하기에는 난관이 있다.

비행 청소년들은 몸은 어른인데 머리는 미숙한 경우가 많고, 뜻밖에 외로움을 느끼는 아이들이 많다. 다른 아이들이 접근하려고 하지 않아서 고립되다 보니 학교생활에 재미도 못 느낀다. 이런 아이들에게는 긍정적인 역할을 맡기거나 체육 활동을 유도하는 것이 좋다. 상담이나 수준에 맞는 학습 증진 프로그램을 짜서 적용하는 것도 한 방법이다. 교사 자신의 경험치에 따라서 강조점이 달라지기 때문에 교사가 접근하기에 가장 편하고 잘할 수 있는 방식을 택하는 것이 좋다.

우울 증상을 보이는 아이, 혼내지 말아야

거부하고, 짜증내고, 신경질을 부리다가도 쉬는 시간에는 또 깔깔대는 것이 청소년 우울증의 특징이다. 성인들의 우울증에서 나타나는 슬픔과 불안이 청소년기에는 다른 형태로 표출되는 것이다. 물론 아이는 자신이 우울하다는 것을 받아들이지 않을 수도 있고, 까칠한 아이들이 우울한 이유를 털어놓기도 쉽지 않다. 그런 점에서 청소년 우울증은 접근하기 어렵고, 교사나 상담자를 힘들게 한다. 그렇다고 같이 짜증을 내거나 혼내는 방식으로 접근하면 증세도 더 깊어지고 효과를 거두기도 힘들다. 짜증을 받아주면서 요인을 찾는 것만이 아이들이 자신의 상태를 이해하고 상담이나 치료를 받아들이게 하는 방법이다.

교사가 알아야 할 학생 의뢰의 원칙

부모에게 학생에 대한 치료 이야기를 할 때는 지켜야 할 원칙이 있다. 첫째, 문제가 있다고 하지 말고 어려움이 있다고 말할 것. '○○이가 학교에서 수업을 듣는 데 어려움이 있는 것 같다'처럼 학업에 어려움이 있다고 말하는 것이 가장 안전하다. 그리고 진단명을 피해야 한다. 진단명을 교사가 말하는 것은 위험한 일이다. 의사가 아니니까 말이다.

둘째, 교사의 생각을 말하는 것보다 '○○이가 수업 시간에 엎드려 있거나 눈물을 짓는 일이 자주 발견되네요'라는 식으로 아이의 행동 가운데 관찰을 통해 알게 된 사실을 말하는 것이 좋다. 물론 이것이 한 사람의 교사가 아니라 여러 명의 교사라면 더 좋다.

셋째, '저도 아이 엄마로서 ○○이가 걱정이 많이 되고, 또 부모님께서도 걱정을 하실 거라는 생각이 들어서요'라고 부모와 같은 입장이라는 것을 강조한다.

넷째, 치료를 받는 게 좋겠다는 표현보다 '○○이가 전문가의 도움이나 조언을 받는 것에 대해 어떻게 생각하시는지 모르겠어요'라고 말하는 것이 훨씬 부드럽고 상처도 덜 준다.

다섯째, 만일 부모가 어떻게 해야 할지를 또 묻는다면, 국가가 운영하는 기관들 위센터, 정신보건센터, 청소년지원센터 등을 소개해주는 것이 병원을 먼저 소개하는 것보다 낫다. 비용 문제까지 고려하면 그런 국가 기관이 더 도움이 될 수 있다. 다만 알려지는 것을 꺼려하는 부모라면 부모가 알아서 하는 경우가 더 많다는 것도 알아둘 필요가 있다.

조용하고
예민한 아이

평소 조용하던 아이가 과잉 행동을 보인다

오늘 조별 수업을 하려고 조를 짜는데, 평소 얌전하고 말이 없던 경희가 싫다며 강력하게 반발했다. 자기 조에 마음에 들지 않는 아이가 있었던 것 같은데, 수업 시간에 책 읽기를 시켜도 대답조차 하지 않던 아이가 너무 강하게 자기주장을 해서 나뿐 아니라 반 아이들도 놀랐다. 다행히 다른 아이들이 조를 바꿔줘서 별 문제 없이 넘어갔지만, 평상시에 자기표현을 전혀 안 하던 아이가 과하게 싫다고 하니 당황스러웠다. 이번 일로 경희가 어떤 아이인지 새삼 돌아보게 되었다. 교실에서 있는 듯 없는 듯 조용히 지내는 아이의 심리는 어떤지, 오늘처럼 과잉 반응하는 경우는 언제인지, 또 그럴 때는 어떻게 대처해야 하는지 궁금해졌다.

단지 표현하지 않을 뿐이다

아이들의 문제는 외현화 문제와 내재화 문제로 나눌 수 있다. ADHD, 비행과 같은 외현화 문제, 즉 겉으로 드러나는 문제 행동은 직접적인 방해가 되기 때문에 교사의 손길이 빨리 미친다. 그러나 내성적이고 소심한 아이들의 문제는 행동으로 나타나지 않기 때문에 교사의 개입이 늦다. 이런 아이들 중에는 가끔 다루기 힘들고 학교에서 예측하지 못한 큰 문제를 일으키는 아이가 있다. 불안이나 우울, 공포, 울분 등의 감정을 속으로 꾹 참다가 폭발하는 것이다.

내재화 문제를 가진 아이들의 특징 중 하나는 주변 시선을 심하게 의식한다는 점이다. 이런 아이들은 겉으로 표현하지 않을 뿐 매우 예민하다. 주변의 시선이나 반응, 평가에 민감하며 다른 사람들이 나를 어떻게 볼까 무척 신경 쓴다.

워낙 자신을 드러내지 않기 때문에 좋아하고 싫어하는 차이가 없다고 생각하기 쉬우나, 사실 이런 아이들은 호불호가 분명하다. 하기 싫은 것은 절대 하려 들지 않는다. 하고 싶지 않은 일 대부분은 남에게 자신의 행동을 평가받는 것이다. 선생님이 책을 읽으라고 했을 때 주변에서 뭐라고 말이 나오는 것보다 안 읽는 것이 평가받지 않아 더 낫다고 여긴다. 같은 이유로 직설적인 사람, 파고들어 흔드는 사람, 자신을 자극하는 사람을 싫어한다. 말이 거칠거나, 자신을 비평하면서 예민한 부분을 헤집어놓을 것 같으면 거칠게 싫다는 표현을 하기도 한다.

이렇게 예민한 아이에게는 신중하게 다가가야 한다. 교사들이 보기에는 얌전한 아이가 순응적이고 둔감할 것 같지만, 조용하고 위축되고 내

성적이고 소심한 아이들은 내적으로 매우 예민하며 환경이 주는 자극을 감당하기 힘들어한다.

이런 아이들은 관계가 호전되기 전에 너무 많은 자극을 주면 큰 거부감을 보일 수 있다. 교사가 잘해주고 싶은 마음에 자꾸 이름을 부르고 관심을 가지면 더 싫어할 수 있기 때문이다. 아이가 자기를 그냥 가만히 놔두라고 강하게 거부하는 이유는 그 과정에서 생기는 여러 가지 자극을 처리하기 힘들기 때문이다. 감당할 수 없는 자극을 주거나 행동을 요구하면 강하게 반발하기도 한다.

교사가 도우려는 마음으로 어떤 일을 시켰는데 다른 아이들이 있는 자리에서 아이가 심하게 거부하면 당황할 수 있다. 이때 '나는 도와주려고 했는데 왜 그러느냐?' 하면서 교사가 그 아이를 혼내면 관계는 돌이키기 힘들어진다. 교사 역시 자신을 괴롭히는 사람이라고 여기며 피한다.

이런 유형의 아이들에게 접근할 때는 신중하게, 천천히, 아이들이 보지 않는 곳에서 부드럽게 접근해야 한다. 아이가 평가받는다는 느낌이 들지 않도록 아주 조심스럽게 다가가도, 자신을 드러내지 않고 학급생활을 하겠다고 결심한 아이는 쉽게 마음을 주지 않기 때문에 관계를 맺는 데 시간이 많이 걸린다.

부모-교사-아이로 이어진 삼각관계

아이에 대해 좀 더 알고 싶어 부모 상담을 하다 보면, 부모와 아이가 교사에게 바라는 것이 달라 입장이 난처한 경우가 종종 생긴다. 특히 아이가 내성적이고 조용한데 비해, 부모가 아이의 학업이나 활동에 지나치게 기대치가 높으면 교사가 중간에서 난감해질 수 있다. 조용하고 예민한 아이의 경우뿐 아니라, 모든 상담에 앞서 교사가 반드시 알아야 할 부모-교사-아이의 삼각관계에 대해 좀 더 이해할 필요가 있다.

자녀가 한두 명밖에 안 되는 요즘 부모들은 자식을 자기애적 부산물로 여겨, 자녀를 통해 자신의 못다 이룬 꿈을 이루고 싶어 한다. 그러다 보니 아이가 부모의 기대에 부응해야만 부모와 좋은 관계가 유지되는 경우가 있다. 이것을 양육적인 측면에서 과잉보호라고 한다. 자신의 꿈을 이루고 싶어 아이를 지나치게 통제하고 부모의 욕구를 주입시키며 지배하는 모든 행위가 과잉보호이다.

부모는 교사에게 '내 아이를 특별하게 봐달라'고 압력을 준다. 부모를 만족시키지 못하는 아이는 교사에게 '우리 엄마 좀 막아주세요' 하며 또 다른 압력을 넣는다. 이때 아이는 교사가 내 편인가 어머니 편인가를 유심히 살핀다. 부모와 아이의 욕구를 다 들어주어야 하는 교사는 어떻게 균형을 잡아야 할지, 어떻게 행동하는 것이 현명한지 고민하게 된다. 아이가 부모의 욕구를 만족시킬 때는 상관없지만 그러지 못하고 반항할 때는 난감하다. 아이 편을 들면 부모가 돌아서고, 부모 편을 들면 아이가 '선생님도 한편이야'라고 생각하면서 비뚤어진 행동을 할 수 있다.

교사든 상담가든 아동, 청소년과 생활하는 사람은 부모와 아이의 압력을 동시에 받을 수밖에 없다. 만약 부모가 자기애가 강하고 학교에서 큰 역할을 맡은 사람이라면 교사 입장에서 부모 뜻을 거스르면서까지 아이 편에 서기가 쉽지 않다. 네가 좀 더 잘하면 좋지 않겠느냐고 하면서 넌지시 부모 편을 들거나, 아이에게 자신의 뜻을 돌리도록 권유하기도 한다.

그러나 교사가 부모 편을 들면 아이의 마음을 열 수 없다. 부모와 선생님은 동맹 관계라고 여겨 부모에게 반항하듯 교사에게도 마음을 닫고 반항한다. 청소년 상담이 특히 어려운 이유는 아동기만 해도 부모에 대한 저항이 약해 부모와 협력하기 쉽지만, 청소년은 부모와 협력했을 경우 오히려 저항이 크기 때문이다.

학교에서의 상담은 앞서 말한 삼각관계 아래 이루어진다는 것을 교사가 알고, 아이를 위해 삼각관계를 어떻게 조정할지 잘 판단해야 한다. 아이가 부모에게 반항하고 교사에게 기대는 경우 그 기대감이 때로는 더 큰 배신감으로 바뀔 수 있으므로, 자신이 누구 편을 들고 있는지 교사 스스로를 수시로 점검하면서 아이를 대해야 한다.

교실에서는 삼각관계 외에도 또 하나의 압력이 작용하는데, 바로 다른 아이들의 시선이다. 교사가 아이에게 개입할 때 다른 아이들의 평판 때문에 교실에서 잘해줄 수 없을 때도 있다. 또 교사가 한 아이에게 특별하게 대하는 것을 다른 아이들이 알면, 돌봄을 받아야 할 아이가 오히려 곤란해질 수 있다. 남의 시선을 민감하게 의식하는 조용한 아이들은 선생님 때문에 아이들의 관심이 자신에게 향하면 힘들어할 수 있으므로 특히 주의해야 한다.

이런 압력 속에서 균형 잡힌 태도를 취하는 일은 어렵지만 중요하다. 한쪽 입장을 옹호해야 할 때 어떤 것이 아이를 위하는 것인지 교사가 잘 판단해야 한다. 사실 아이들의 시선까지 포함된 사각관계에서 중도를 걸고 모두에게 합리적으로 대했다는 평가를 듣기는 어렵다. 어떻게 학생을 도울 수 있을까를 기준으로 판단하여 행동하고, 부모와 다른 학생들을 잘 설득하는 것이 해답이다. 또 어떤 아이들에게는 교사의 관심이 오히려 버거울 수 있다는 것도 반드시 기억해야 한다.

민감한 아이는 기다려주자

만약 아이가 조 편성에 명확한 거부 의사를 보였다면 바꿔주어야 한다. 그러나 그 조만 바꾸면 한 아이만 편의를 봐줬다고 생각하여 다른 아이들이 반발할 수 있기 때문에 다른 방식을 적용해 조를 모두 바꿔준다. 한 아이를 배려할 때는 그 상황을 지켜보는 다른 시선이 교실 안에 존재한다는 것을 항상 고려해야 한다.

아이가 싫다고 했는데도 처음에 정한 조를 강압적으로 유지하면 아이가 격렬하게 반항하며 수업에 참여하지 않을 가능성이 높다. 모든 아이들이 지켜보는 가운데 이런 일이 벌어지면 수습하기가 더 힘들어지므로 그 자리에서는 아이의 의사를 받아주고, 장기적인 계획을 세워 관계를 풀어간다. 이런 아이들은 평가에 민감하기 때문에, 억지로 발표를 시키거나 주목받을 자리에 세우면 아예 학교에 나오지 않을 수 있으므로 주의해야 한다.

학습에
어려움을 겪는
아이

교사의
고민 1 **성실한데 성적이 부진한 이유가 뭘까?**

나름 열심히 공부하는 경수가 이번에도 시험을 망쳤다. 문제가 도대체 뭘까? 경수는 수업 시간에 자지도 않고, 노트 필기도 잘한다. 숙제나 수행 평가를 안 해오는 것도 아니다. 혹시나 해서 부모님을 만나 보았는데, 자신들도 이해가 안 된다며 혹시 학교에서 혼나고 딴짓만 일삼는 건 아니냐고 의심까지 하셨다. 나 역시 뚜렷한 이유를 찾지 못하겠다. 경수같이 특별히 수업 태도에 문제가 없는데도 성적이 오르지 않는 아이들을 어떻게 도울 수 있을까?

교사의
고민 2   공부의 의미를 어떻게 말할까?

"공부가 재미있어요?"

평소 지호가 열심히 공부하는 것처럼 보이는 것에 비해 시험 성적이
엉망이라고 야단치는데, 지호가 갑작스럽게 질문을 던졌다. 통명스럽게
날아든 물음에 나는 속으로 적잖이 당황했다. 곰곰이 생각해보니 지호
처럼 공부를 열심히 해도 성적이 잘 나오지 않는 아이의 입장에선 내
꾸중이 납득이 안 될 것 같기도 하다. 어제는 대강 얼버무렸지만, 공부
는 원래 재미로 하는 것이 아니라고 해야 할까, 아니면 공부는 원래 재미
있고 인생을 살아가는 데 반드시 필요하니 꼭 해야 한다고 말해줘야 할
까? 공부한 만큼 성적이 나오지 않아 회의를 느끼는 아이들에게 공부의
의미가 무엇이라고 말해주면 좋을까?

격차가 큰 아이들이 한 교실에 있다

오늘날 대한민국 교실에는 같은 시대, 같은 공간에서 살아간다는 것
이 의심스러울 만큼 많은 차이가 나는 아이들이 공존한다. 사교육의 혜
택을 받지 못하고 이제야 막 영어 철자를 외운 아이와 아버지를 따라
얼마 전까지 뉴욕에서 살다 온 아이가 한 교실에 앉아 있는 것이다. 이
것이 현재 우리들의 교실 풍경이다.

지역에 따라 교실 내 학습 격차가 큰 곳도 있고, 적은 곳도 있다. 전
반적으로 학습 격차가 적은 교실일수록 공부 잘하는 아이들 층이 두

터운 반면, 사교육이 만연하고 격차가 큰 지역에서는 학교 수업이 무력해진다. 학원에 다니면서 선행 학습을 하는 애들은 학교 수업에 흥미를 못 느껴 수업 시간에 자거나 딴 공부를 하고, 뒤처지는 그룹은 교사의 수업 내용을 몰라서 딴짓을 한다. 이런 분위기 속에서 교사가 열정적으로 수업하기란 쉽지 않다. 교사들의 수업 의욕을 꺾는 요인에는 여러 가지가 있다. 그 가운데서도 앞서 말한 사회 양극화로 인해 아이들의 수준이 크게 벌어지는 것이 가장 큰 이유다. 그뿐인가, 일부 교육 관료들은 '정보화 시대에 이렇게 많은 교사가 필요하지 않다' '유명 강사들의 동영상 강의로 대체하라'며 의욕을 꺾는 정책들을 제시하기도 한다. 이러저러한 이유로 오늘날 교사 노릇하기가 과거보다 훨씬 힘들어진 것은 틀림없다.

학습자인 아이들은 어떨까? 아이들도 수업 시간이 힘들다. 선생님이 쉽게 가르쳐주지 않는다는 불만이 있는 반면, 너무 쉬운 것만 가르쳐준다고 투덜대기도 한다. 그렇다면 간신히 단어를 외우는 아이에게 수업 내용을 맞춰야 할까, 아니면 회화가 유창한 아이 수준에 맞춰야 할까? 그 중간쯤에 맞춰 열심히 수업을 준비해도, 불만의 소리를 피할 수는 없을 것이다.

한 교실에 30명의 아이들이 앉아 있지만, 그들은 예전과 같은 균질한 집단이라고 볼 수 없다. 그 속에서 교사도 아이들도 어려움을 겪는다. 이것이 아이의 문제인가, 교사의 문제인가? 사실 누구의 문제도 아니다. 교사가 힘든 것도 아이들이 버거워하는 것도 근본적으로 한국 사회의 문제로, 이것은 당장 고쳐질 기미가 보이지 않는다. 그러므로 아이도, 교사도, 부모도 고군분투할 수밖에 없다.

그렇다고 해도 다양한 아이들이 앉아 있는 교실에서 좀 더 효율적인 수업을 할 수 있는 방법은 없을까? 수업에 참여한 모든 아이들에게 새로운 배움이 일어나도록 하기 위해서는 교육학의 주요 키워드인 '다중 지능' '협동 학습' '개별 학습' 세 가지를 충분히 익혀야 한다.

개별 학습이 필요하다

과거에 개별 학습은 장애 학생을 대상으로 하는 수업을 일컬었다. 그러나 여기에서 말하는 개별 학습은 교실이 하나의 집단이 아니라 여러 집단으로 이루어졌다고 보고 수업 준비를 하는 것을 뜻한다. 교실 내의 수준 격차가 현저하게 나는 상황에서 아이들을 하나의 집단으로 보고 교안을 준비한다면 실패할 수밖에 없다.

톰린슨(Tomlinson)*은 개별 학습을 위해 아이들을 '속진 학습자' '노력형 학습자' '배움에 어려움을 겪는 학습자'로 분류하였다. 학자에 따라 수재, 평균적인 학습자, 배움에 어려움을 겪는 학습자로 나누기도 한다. 여기서 우리가 초점을 맞추는 아이들은 노력형 학습자(struggling learner)로, 배우려고 하는데 그 결과가 기대에 못 미치는 아이들이다.

노력형 학습자들을 어떻게 도울까 고민하기에 앞서, 교사들이 알아두어야 할 것이 있다. 흔히 공부 잘하는 아이로 불리는 속진 학습자도 위

---

* 톰린슨 : 〈수준 차가 다양한 교실에서의 효율적인 개별화 수업〉(교육과학사, 황윤한 외 역)의 저자로, 이 책을 통해 효율적 개별화 수업에 대해 상세히 소개하였다.

험할 수 있다는 사실이다. 알아서 공부할 것이라고 생각하여 돌봐주지 않으면 그들도 또 다른 위기에 처한다. 평균적인 아이들을 중심으로 수업을 준비하고 가르쳤을 때, 속진형 학습자들은 수준에 맞지 않는 수업에 좌절을 겪는다. 또한 학습 능력이 뛰어난 아이들은 비교적 쉽게 성공을 경험하기 때문에, 과제가 어려워지면 극복하지 못하고 도태될 수도 있다. 영어, 수학만 잘하고 다른 과목은 못하거나, 공부는 잘하지만 인성이나 사회성이 균형 있게 발달하지 못한 경우도 있다. 지나친 학습으로 인생을 즐기지 못하는 완벽주의 성향을 띠거나, 공부 이외에 어려움을 극복해본 경험이 적어 인생의 중요한 시기에 실패할 위험도 있다. 그래서 속진 학습자들이 항상 인생을 성공적으로 사는 것은 아니다.

그런 점에서 노력형 학습자, 당장 성적은 안 나오지만 열심히 하는 아이들을 긍정적으로 봐야 할 측면이 있다. 현재 못하는 것을 잘하게 하려고 노력형 학습자들을 지나치게 붙들고 있을 필요는 없다. 노력형 학습자에게 효율적인 학습 방법을 파악하고, 적절한 수준의 도움을 주어야 한다. 너무 수준이 낮으면 노력형 학습자가 실망하게 되는 경우도 있으므로 교사는 아이와 함께 적절한 수준의 목표를 찾고 여기에 애정 어린 지원을 더하여 아이들이 자신의 잠재력을 발현할 수 있도록 도와야 한다.

학습 부진과 학습 장애는 다르다

학습에 어려움을 겪는 아이들을 분류할 때 흔히 '학습 장애'라는 말을 쓰며 ADHD를 그 증상으로 떠올리지만, 정신 의학에서 말하는 학습 장애는 읽기 장애, 쓰기 장애, 산수 장애를 가진 경우를 뜻한다. 최근 자주 언급되는 ADHD는 여러 이유로 주의력, 집중력, 판단력, 계획력, 사고력이 떨어지는 증상으로, 학습에 어려움을 겪는다는 점에서는 비슷하지만 학습 장애와는 또 다르다.

읽기 장애는 아예 글을 읽지 못하는 것이 아니라, 특정 발음을 못하는 경우를 포함해 읽기의 전반적 수행에 문제가 있는 것을 말한다. 'ㅅ'이나 'ㅍ'을 발음하지 못하거나 조사를 건너뛴다든지 하여 종종 다른 아이들에게 웃음거리가 되기도 한다. 초등학교 저학년 때 학교에서 읽기를 많이 시키는데, 이때 수치심을 자주 경험한 아이들은 학습에서 일찍 도태되고 심할 경우 비행 청소년으로 자랄 위험이 있다.

산수 장애는 타고난 뇌 장애 때문에 부호가 포함된 논리를 이해하지 못하는 것으로, 사칙 연산부터 힘들어한다. 쓰기 장애는 철자를 자주 틀리고, 문법이나 구두점 사용 등에 어려움을 갖는 증상을 보인다.

학습 장애 중에서 읽기 장애가 가장 많고, 빨리 발견되며 그다음 산수 장애, 쓰기 장애 순으로 이어진다. 학습 장애는 주로 초등학교 1~3학년 때 알아낼 수 있으며, 지능이 정상 범위에 속하기 때문에 간혹 예외적인 경우가 있기는 하나 특수 교육에 의해 호전된다. 실제 학습 장애를 겪는 아이들은 생각보다 많지 않다.

비슷한 증상을 보여도 지능이 정상이 아니라면 학습 장애가 아니라 지적 장애에 속한다. 지능이 낮은 아이들을 육안으로 구별하기는 어렵다. 요즘은 선천적 장애가 현저히 줄어 미처 발견하지 못하는 경우가 있으나, 교실에 지능이 낮은 아이들이 의외로 많다.

IQ 70~79 사이를 '경계선 지능'이라고 하며, 50~69 사이를 '경도 지적 장애'라고 한다. 경도 지적 장애아들의 평균적인 지적 수준은 초등학교 6학년 정도에 머문다. 거기에도 도달하지 못하는 아이들이 있는가 하면 간혹 중학교 2~3학년 정도의 지적 능력과 사회성을 발휘하는 아이도 있다.

성적이 오르지 않는 다양한 이유

교사들이 새로운 배움을 끌어내야 할 주요 대상은 학습 부진 그룹 즉, 학습 능력이 있는데 성적이 안 나오는 노력형 학습자로, 심리적, 정서적인 어려움이나 우울증을 갖고 있는 아이들이 대표적인 예시이다. 학습 부진 그룹의 유형을 연구한 만델과 마커스(Mandel & Marcus)는 그들을 무사태평형, 불안형, 정체성 추구형, 사기꾼형, 우울형, 반항형으로 나누어 특징을 살폈다.

무사태평형(coasting type)은 학교에서 공부할 이유, 동기를 찾지 못한 아이들이다. 의욕이 없는 이런 아이들은 겉으로 아무 걱정 없이 태평해 보인다. 교사나 친구들 앞에서 무언가를 하는 것이 두려워 위축된 불안형(anxious type)은 불안 자체가 학습을 진척시키지 못하는 경우이며, 정체성 추구형(identity-search type)은 생각은 많으나 실제 구체적인 학습을 하지 않는 아이들을 말한다. 반사회적인 사기꾼형(wheeler-dealer type)은 남의 것을 훔쳐보거나 족보를 구해서 의외로 성적이 잘 나오기도 한다. 사기꾼형은 성적이 오르락내리락해서 실제 능력이 어떤지 파악하기 어려운데, 이 유형의 아이들은 학습에 대한 동기 부여와 상담이 중요하다. 우울형(sad-depressed type)은 특히 상담과 약물 치료가 반드시 필요한 유형이다. 잠을 이루지 못하거나 식욕을 느끼지 못하는 상태에서 학습이 진척되기는 힘들기 때문이다. 반항형(defiant type)은 부모나 교사가 미워서 공부를 하지 않거나 사회적 권위에 대한 불만과 반항으로 학습하지 않는 아이들로, 사기꾼형과는 다르다.

그렇다면 학습 부진의 원인은 무엇일까? 인지적으로 평가하여 기초 학습의 부재, 학습 동기의 부재, 학습 양식의 부적합성, 학습 전략의 부재, 학습 성취에 대한 보상의 부재, 학습 재능의 미발견 등을 문제로 꼽을 수 있다.

최근에는 가난한 가정의 아이들이 기초 학습 능력이 부족한 경우가 많다. 어릴 때부터 가정에서 여러 가지 경험을 하고 책을 가까이 접하며 자신만의 공부 방법을 터득해야 하는데, 자칫 방임되기 쉬운 빈곤한 가정의 아이들은 이러한 배움의 기회가 상대적으로 적다. 초등학교에 입학했을 때 아이들이 서 있는 출발점부터가 이미 다른 셈이다. 게다가 기초 학습을 가르쳐야 할 초등학교에서는 한글 정도는 떼고 왔다고 전제하고 교육한다. 이런 현실 속에서 빈곤층 아이들에게 기초 학습의 부재는 특히 문제가 된다.

나름 열심히 공부하는데도 아이들의 성적이 오르지 않는다면 학습 양식이 적절한지 살펴볼 필요가 있다. 구성주의 교육학자들은 학습 양식을 특히 중요하게 다루는데, 학습 양식에 따라 시각적 학습자, 청각적 학습자로 나누기도 한다. 주의력 검사를 해보면 어떤 아이는 말로 얘기해준 것을, 어떤 아이는 눈으로 본 것을 더 잘 기억한다. 요즘은 수업 시간에 동영상을 많이 활용하는데, 시각적 학습이 잘 안 되는 아이들은 인터넷 강의 같은 동영상 수업을 힘들어한다. 인터넷을 보면서 공부하는 아이도 있고, 카세트에 테이프를 꽂고 들어야 공부가 잘 된다는 아이들도 있다. 아이의 학습 양식에 맞는 수업이 이루어져야 학습이 효과적으로 이루어진다.

학습 성취에 대한 보상의 부재는 우리나라 부모들이 새겨야 할 대목이다. 부모들 중에는 아이들을 동기화시키는 보상에 굉장히 인색한 경우가 많다. 잘해도 알아주는 사람이 없다면 얼마나 안타까운 일인가. 우리나라 부모들은 25등에서 20등을 하면 무시하며 '적어도 10등 안에 들어야 한다'며 당위만을 반복한다. 반드시 영어, 수학 과목을 잘해야 한다는 인식이 강하여, 예체능에 뛰어나거나 사회적 지능이 높은 아이들을 발견해주지 못한다. '그런 걸 잘하면 뭘 하나, 영·수를 못하는데'라고 말하는 분위기 속에서 아이들은 자신의 재능을 맘껏 발휘하지 못하고 머무르게 된다.

학습 부진의 원인을 찾아보자

학습에 어려움을 겪는 아이들이 어떤 유형에 속하는지 파악하고 아이에게 적절한 도움을 주기 위해서는 여러 가지 검사를 활용해보는 것도 좋다. 현재까지 개발된 검사 방법만 해도 너무 다양해서 이런 검사들을 반드시 해야 하는지 부담스러울 수 있다. 하지만 갈수록 학습 부진 원인을 여러 각도에서 생각해볼 수 있는 검사가 필요하다는 인식이

퍼지고 있다.

특별히 눈에 띄는 문제가 보이지 않는데도 성취도가 낮은 아이는 지능이나 주의 집중력 정도를 살펴본다. 한 예로, 고등학교에 다니는 ADHD 학생은 초등학교, 중학교를 거치면서 교사와 부모에게 혼나거나 반복해서 주의를 받아 과잉 행동은 상당히 개선된다. 이 경우 사회적 교정은 되었지만 집중력과 충동성이 나아지지 않은 상태여서 학습 성취도가 낮을 수 있다.

그도 아니라면 기초 학습 진단 검사를 해볼 수 있다. 중학교 2학년 아이에게 검사한 결과 초등학교 수준으로 진단되었다면 중학교 2학년 수준의 수업이 의미가 없다. 아이가 인내심을 가지고 수업 시간을 견디더라도 그 내용을 이해하는 것은 아니다. 이런 상태로 고등학교에 진학하면 학습 수준은 초등학생 정도에서 벗어나지 못한다.

현재 초등학교용 기초 학습 진단 검사는 표준화되어 있는 상태로, 검사 과성이 크게 어렵거나 번잡스럽지 않으므로 시행해볼 만하다. 학습 부진 아이들에게 모든 검사를 다할 필요는 없지만, 잘 관찰하여 적절한 검사를 고려해볼 필요는 있다.

다음은 학습 부진 원인을 찾는 데 도움이 될 만한 검사들이다.

- 지능 검사 및 주의 집중력 검사
- 기초 학습 진단 검사
- 학습 양식 검사
- 불안 – 우울 검사

- 학습 부진 검사
- 신경 발달 프로필 검사
- 다중 지능 검사
- 수행 부담 검사

아이들에겐 배움의 본능이 있다

　학습 부진 아이들은 지도하기 어렵다. 구체적인 치료법이 없는 데다, 우리 사회의 영향을 이미 깊이 수용하고 있는 아이들에게 명쾌한 대안을 제시하기 힘들기 때문이다. 그러나 아이들은 배움에 대한 본능이 있다. 미국 최고의 학습 이론 전문가인 멜 레빈(Mel Levin)*은 "배우고 싶어 하지 않는 아이는 없고, 그렇기 때문에 게으른 아이는 없다"고 하였다. 게으른 아이가 아니라 어려움이 있는 아이일 뿐이다.

　그는 아이들의 학습 성향을 평가하고 적절한 학습법을 교사에게 가르쳐 주는 '아이에게 맞추는 학교(school attuned)'라는 프로그램을 진행하였는데, 빈곤 지역의 많은 학교가 도움을 받았다. 그는 이 프로그램을 통해 살아가기 위해 어떻게 배움의 방향을 추구해야 하는지를 제시하고, 획일적인 학습에 문제가 있다며 아이들의 유형을 상세하게 분류했다. 또한 다양한 학습법을 개발하고 적절한 도움을 주면 아이들이 배

---

* 멜 레빈 : 저서로 〈아이의 뇌를 읽으면 아이의 미래가 보인다〉, 〈내 아이의 스무 살, 학교는 준비해주지 않는다〉 등이 있다.

움의 끈을 놓지 않고 앞으로 나아갈 것이라고 믿었다.

하워드 가드너 역시 다중 지능 이론에서 "사람들은 다양한 지능과 재능을 갖고 있고 여러 가지 방법으로 개발될 수 있다"고 하였다. 영어를 문자로 외우기 힘들어 하는 아이들 중에는 그림을 통해 잘 익히는 경우도 있으며 미술적 지능이 발달한 아이들은 글자보다 그림 영어 사전으로 단어를 더 잘 익힐 수 있다고 했다.

그러나 학습 문제에 관하여 긍정적인 영향을 미친 다중 지능 이론은 우리나라 중고등학교에서 적용하기 쉽지 않다. 한국의 학생들은 학습에서 '수행 부담'을 크게 느끼기 때문이다.

수행 부담이라는 단어를 사용한 사람은 캐럴 드웩(Carol Dweck)*으로, 그는 한국과 미국의 학생들을 비교 연구하였는데, 한국의 아이들은 상대적으로 평가가 끝나면 공부하지 않는 경향이 강하다고 발표하였다.

미국 아이들이 평가와 상관없이 자신의 흥미나 호기심, 새로운 도전에 따라 지속적으로 공부하는 데 반해, 한국의 많은 학생들은 효도, 간판, 생계 등을 목적으로 학습하기 때문에 배우는 일을 힘들게 느낀다는 것이다. 쉬운 문제와 어려운 문제를 내고 풀어보라고 했을 때 역시 두 나라 학생들은 다른 모습을 보였다. 미국 학생들은 어려운 문제에 도전하고 틀려도 수치심을 느끼지 않으며 과정을 중시한 반면, 한국 학생들은 평과 결과를 중시하여 쉬운 문제를 선택한 것이다.

평가를 중시하는 학습자는 어려울수록 학습을 피한다. 결과가 좋지

---

* 캐럴 드웩 : EBS 프로그램 〈동기〉에 출연한 적이 있으며, 목표 이론에 관한 책 〈성공의 새로운 심리학〉, 〈학습 동기를 높여 주는 공부 원리〉가 우리나라에 소개되었다.

않을 것으로 예측되면 회피하는 것이다. 한국의 많은 학습자들과 학생들은 평가 목표에 의해 학습을 수행한다. 부모에게 칭찬받으려고, 좋은 대학에 가려고 공부하기 때문에 목표를 달성하기 어려우면 학습을 포기하는 것이다. '공부가 즐거워서 하세요?'라는 질문에 '배움에는 끝이 없다'라고 대답하면 아이들은 두려워한다.

평가를 자주 받는 아이들은 흥미와 호기심을 느낄 틈이 없다. 그것이 당연하게 여겨지는 교실도 있는데, 그런 교실에서는 수업 중 질문하면 핀잔을 듣는다. 아이들의 학습 동기가 평가에 의존하고 있을 때 공부는 재미없고 억지로 하는 것이라는 인식이 생긴다. 한국의 교육 체제는 아이들의 인내심, 끈기를 지속적으로 요구한다.

사회가 포기를 가르친다

우리 사회는 아이들에게서 학습 기회를 끊임없이 박탈한다. 유치원에서 결정 난다, 4학년 때 결정 난다, 6학년 때 결정 난다, 사춘기 때 결정 난다 같은 말로 아이들의 학습에는 시기가 중요하며 때를 놓치면 영원히 끝장난다는 듯이 말한다. 그러나 긍정 학습 이론에 비추었을 때, 이런 말들은 아이들에게 학습 기회를 빼앗는 것과 같다.

학부모라면 한 번쯤 '초등학교 4학년 때 결정된다'는 말을 들어본 적이 있을 것이다. 한국 사회는 아이들의 학습 능력이 지속적으로 커지고 성숙해지며 그 속에서 배움이 더 즐거워진다고 믿지 않고, 지금 안 하면 끝이라는 조바심을 갖고 있다. 극성스런 주변의 교육열 때문에 평범한 부모들마저 '아직 기초 학습을 끝내지 못했는데…' 하고 불안을 느끼며, 시기를 놓치지 않고 자녀를 지원하지 못한 것을 자책한다. 누가 국제 학교에 입학했다더라 하는 소문을 듣고 영어를 원어민 수준으로 가르치지 못한 것을 반성한다. 부모들은 아이들에게 새로운 기회를 주거나 아이의 재능을 발견할 의지를 잃고, 아이들 역시 지속적으로 더 자랄 수 있다는 희망을 버리게 된다. 우리는 점점 더 잘하게 되는 즐거움을 모르고 모든 것이 빨리 결정되는 사회에 살고 있다.

결심했을 때, 스스로 깨달았을 때, 동기 부여가 되었을 때, 자신의 학습 양식을 찾았을 때, 자신의 재능을 발견했을 때, 자신의 학습 목표를 찾았을 때, 아이들은 자신의 학습을 강화한다. 이런 다양한 순간에 아이들은 반드시 도약한다고 피아제(Jean Piaget)는 말한다. 기초부터 쌓아가며 차근차근 단계를 밟는 아이들도 있지만, 어느 순간 변화무쌍하게 성장하며 단계를 뛰어넘는 아이들도 있다.

그러나 우리 사회는 '단계를 뛰어넘는 것은 있을 수 없다', '정해신 시기에 결정 된다'는 관점을 갖고 있다. 이런 시각은 아이들이 지속적으로 자신의 재능을 찾고, 스스로에게 기회를 주며 목표를 높이려는 노력을 포기하게 만든다. '포기형'은 한국에서 새롭게 발견되는 학습 부진 유형이다. 공부의 목표가 계속 배움을 키우며 행복을 추구하는 데 있지 않고 대학 진학이나 취직을 위한 도구로 전락한 상황에서, 좁은 문으로 들어갈 수 없는 사람들은 더 이상 공부를 열심히 할 필요를 느끼지 못하고 포기하는 것이다.

지식 전달자보다 학습을 도와주는 전문가가 필요하다

교사가 아무리 좋은 가르침을 주려고 해도 '그거 시험에 나와요?' 하고 묻는 현실 속에서 교사의 역할은 더욱 중요해졌다. 앞으로 교사는 아이에게 맞는 학습법을 개발하는 사람, 아이의 심리 상태를 이해하고 상담해주는 사람, 아이에게 필요한 다른 학습 자원을 개발해 연결하는 사람, 배움에 흥미를 불러일으키고 동기를 지속적으로 부여하는 사람이 되어야 한다.

간혹 아이에게 어떻게 학습 동기를 부여할 수 있는지 방법을 가르쳐 달라는 학부모들이 있다. 하지만 동기 부여 방법은 이렇다고 한마디로 가르쳐줄 수 있는 것이 아니다. 동기부여에 중요한 것은 과정이다. 아이와 의사소통하며 공부에 의미를 부여하고, 목표를 설정하여 그것을 하나씩 이루어내는 모든 작업을 통해 아이는 스스로 공부할 마음을 갖게 된다. 그리고 이 모든 과정의 중심에 교사가 있다.

과거에 교사의 주 역할이 지식 전달이었다면, 현대 사회에서 교사는 학습법 개발, 상담, 자원 개발, 동기 부여 등 다양한 역할과 기능을 요구받는다. 하워드 가드너는 현대 사회에서 교사가 해야 할 역할과 책무를 다음과 같이 정리하였다.

- 학생의 특성을 잘 파악할 것
- 학생에게 적합한 학습 양식과 방법을 제공할 것
- 학생을 지속적으로 격려할 것
- 학생의 배움을 다시 잘 디자인할 것

배움 그 자체를 목표로 하는 학습자, 과정을 중시하는 학습자는 어려움이 있어도 흥미를 갖고 도전한다. 이를 위해 교사는 어떻게 도와야 할까? 소아과 의사이자 학습 이론가인 멜 레빈은 이렇게 말한다. "아이를 새로 디자인하려고 하지 마라. 아이에게는 타고난 학습 본능이 있고, 자신만의 학습 양식이 있으며, 타고난 신경 발달 프로필이 있다." 교사의 역할은 아이를 뜯어고치거나 한 방향으로 가도록 이끄는 것이 아니라, 아이가 어떤 특성을 가지고 있는지 파악하여 자신의 능력을 발휘할 수 있도록 배치해주는 것이다.

멜 레빈은 다음과 같은 과정을 통해, 아이들의 타고난 학습 양식을 파악하고 그에 맞는 학습법을 찾을 수 있다고 하였다.

- 자신을 이해하기
- 조정하기
- 문제 개선하기
- 강점과 취향 강화하기
- 수치심 막아 주기
- 전문 치료와 연계하기

학습 스타일부터 파악하자

위 과정에서 가장 선행되어야 할 일은 자신에 대한 이해이다. 학습 부진 학생들은 흔히 '나는 못해' '나는 해도 안 돼' '나는 공부에 재능이 없어' 같은 부정적인 자기 시선을 갖고 있다. 이러한 생각을 깰 수 있도록 자신이 무엇을 잘하고 못하는지에 대한 이해가 필요하다. 모든 아이들은 잘하는 것과 못하는 것이 있다. '나는 다 못해' '나는 공부가 안 맞아'라고 생각하는 아이들에게 '넌 어떤 부분이 안 될 뿐이야, 그걸 보완할 방법을 찾아보자'며 생각을 긍정적으로 바꿔줄 필요가 있다.

수학 때문에 아예 공부를 포기한 아이가 있다면, 왜 수학을 어려워하는지 함께 살피며 자신에 대해 이해할 수 있도록 돕는다. 아이는 수학의 필요성을 못 느낄 수 있다. 초등학생이라면 국어가 약해 서술형 지문을 이해하지 못하여 문제를 풀지 못하는 것일 수 있다. 평소 학습 방식에 따라 사칙 연산은 잘하지만 도형 부분이 힘든 것일 수도 있다. 그밖에도 좌뇌와 우뇌의 개발 정도에 따라 학습 결과가 달라지기도 한다.

자신에 대한 이해가 이루어지면, 다음으로 자신에게 맞는 학습법을 찾아야 한다. 그러기 위해서는 교사가 다양한 학습 양식을 이해하고 수업에 반영할 필요가 있다. 수학의 필요성을 느끼지 못하는 아이에게는 프레네 교육법에서 시행하는 '수학과 화해하기' 프로젝트가 도움이 될 수 있다. 한국의 워크숍에 참여했던 한 프레네 학교 교사가 자신의 학교에서 있었던 프로젝트를 소개한 적이 있다. 일주일 동안 수학 없이 살아가기를 주제로, 교사는 학생들과 이 과제를 추진하였다. 그랬더니 아이들이 요리와 같은 일상에서부터 장거리 여행을 가는 일까지, 살아가는 데에 수학이 꼭 필요하다는 것을 깨닫게 되었다고 한다.

아이들이 좋아하는 것과 학습을 병행해서 새로운 형태의 학습을 시도하는 것도 하나의 방법이다. 특별한 자세를 취하고 수업을 들어야 집중이 된다는 아이가 있으면 그 아이만의 학습 양식으로 받아들여 그런 태도를 허용할 수 있다. 특수 학급에서는 최소한의 제한만 두고 학습 이외의 것들을 대부분 허용한다. ADHD 아이들 중에는 주의력은 괜찮으나 산만하고 과잉 행동을 하는 경우가 있는데, 돌아다니고 다른 행동을 하지만 교사가 말한 내용은 다 기억한다. 다만 앉아 있기 힘들 뿐이다. 교실에 있으라는 최소한의 제한만 두었을 때 이런 아이들은 오히려 수업을 더 편하게 받는다.

그밖에도 시각이 발달한 아이와 청각에 민감한 아이들 각각을 배려한 학습법을 개발하는 것도 좋다. 모든 아이들을 파악하기는 어려우므로, 교사가 원래 하던 방식으로 진행하되 학습 성취도가 낮다면 그 이유를 찾아내 학습법을 바꿔주는 것이다.

아이에게 맞는 학습법을 찾는 노력과 함께, 교사가 신경 써야 할 부분이 다양한 교구 개발이다. 초등학생과 유치원 아이들만 교구가 필요한 것이 아니며, 때에 따라서는 고등학생에게도 교구가 도움이 된다. 다중 지능 학습, 효율적 개별화 수업 등에서 사용하는 교구들을 참고하여 다양한 학습 경로를 찾을 수 있는 교구 개발에 힘쓸 필요가 있다.

프레네 교육에서는 교사들이 활용 교구를 직접 개발한다. 초등학교 5학년 수업 시간에 요리 도구를 준비하여, 음식이 끓는 온도를 측정하고 식자재의 무게를 재며 시간을 가늠하는 모든 과정에서 수학적 개념을 익히도록 한다. 생활에 수학이 반드시 필요하다고 느낄 수 있도록 다양한 것들을 활용하여 배운 수학과, 사칙 연산 푸는 방법만 배우는 수학은 다를 수밖에 없다.

교구는 학습뿐 아니라 학급 운영에도 활용할 수 있다. 아이의 감정 상태를 표현하는 신호등처럼 의사소통을 위한 소소한 교구를 포함하여 다양한 시각적, 청각적 교구를 개발하고 집중 센터, 휴식 센터, 흥미 센터 등 교실을 여러 공간으로 나눠 아이들의 욕구에 따라 배치하면 좀 더 효율적으로 개별화 수업을 할 수 있다.

요즘에는 장래 희망란에 시인, 소설가를 쓰는 아이들이 없다. 혹시라도 그렇게 쓰면 주위에서 '본업은 무엇으로 할 건데? 그런 일은 부업으로 해라'라고 하기 때문이다. 대학이나 취업만 중시하는 교육 구조 속에서 교사도 아이들에게 그렇게 말할 수밖에 없는 현실이다.

그러나 그것만 강조하면 '나는 공부에 재능이 없어요' 하며 청소년기에 미래를 포기하는 아이들을 그대로 방치하는 셈이다. 제도가 바뀌고 사회가 변하면 가장 좋겠지만, 교사의 노력만으로도 아이들이 행복하게 공부할 수 있는 방법을 분명히 찾을 수 있을 것이다. 이는 교사가 학생의 재능을 발견하는 다중 지능적 시각, 수준에 따라 효율적으로 수업하는 학습 경영 능력, 학습 부진 상태를 감별하고 대안을 제시하는 상담가적 기질을 갖추었을 때 가능하다.

이 모든 것은 소통을 기본으로 한다. 소통하면 재능을 볼 수 있고, 재능이 보이면 그 재능을 키워줄 방법을 찾게 되며, 그러면 제도적으로 어떻게 현실화시킬지를 같이 고민하게 된다. 모든 해결 방법이 아이들과 소통하려는 노력에서 나온다는 것을 기억할 필요가 있다.

시험 점수로 평가하는 교사에서 배움의 본능을 일깨워주는 교사로

열심히 공부하는데도 성적이 향상되지 않을 때는 지능, ADHD 여부와 같은 큰 문제들을 살펴보는 것이 우선이다. 문제가 있는 경우에는 전문적인 치료나 특수 교육에 의뢰해야 하겠지만, 그게 아니라면 시험을 치르는 것에 대한 어려움, 즉 시험 공포 때문은 아닌지 알아보아야 한다.

양쪽 다 아니라면 학습 부진의 영역에 속하는 학생으로, 학습 방법에 문제가 있지 않은지, 효율적인 학습이 이루어지고 있는지 살펴야 한다. 학습 부진 학생은 자신의 학습 스타일을 이해하도록 돕는 것이 중요하다. 학습 동기가 있는데도 성적이 향상되지 않는다면 기초 학습이 부족한 것일 수 있다. 이것은 단기적으로 해결되는 문제가 아니므로, 아이가 포기하지 않도록 계속 격려하는 것이 중요한 과제이다.

경수가 포기하지 않고 열심히 하는 태도는 매우 격려하고 칭찬해줄 만하다. 경수에게 격려와 동시에 학습 방법, 시험을 치르는 요령 등 좀 더 세부적인 지원을 한다면 성적이 향상될 것이다. 이런 과정을 통해 자신감이 향상되면 더 높은 학습 동기를 유지할 수 있다.

또 다른 질문, 학습에 이려움을 겪는 아이가 '선생님은 공부가 재미있어요?' 하고 물어온다면 어떻게 대답해주어야 할까? 단순한 질문이지만 어떻게 답하느냐에 따라 학생들의 태도에 많은 영향을 줄 수도 있다.

공부를 재미로 하는 것이 아니라는 답변에는 공부가 재미없다는 뜻이 내포되어 있다. 먹고살기 위해서 공부해야 한다는 현실을 강조하는 대답 역시 공부를 취업의 도구로 보는 것이다. 공부가 원래 재미없다는 것은 사실이 아니다. 국어, 영어, 수학 같은 입시 공부가 아니라면, 본디 배운다는 것은 대부분 즐거운 일이다. 우리는 배움의 본능을 지니고 있다고 말해주면 아이의 태도에 긍정적인 영향을 줄 수 있다.

"공부는 재미있는 일이다. 자신이 몰랐던 것을 하나하나 알아 나가는 일은 즐겁고, 인생은 이렇게 배우는 재미로 살아가는 것이다. 그런데 공부는 꼭 책만 가지고 하는 것은 아니다. 세상에는 다양한 공부가 있고 자신이 관심 있는 분야에 대해 꾸준히 알아나가면 그 재미로 인생을 즐겁게 살 수 있다." 이렇게 답해주자.

더불어 공부가 재미있고 즐거우려면 자신에게 적합한 공부 방식을 개발하고 또 자신의 적성을 잘 알아야 한다고 설명해주는 것이 좋다. 모두가 똑같은 공부를 같은 속도로 하는 것은 불가능하며, 한 사람이 모든 공부를 다 잘할 수 있는 것도 아니라고 말해주어야 한다. 현재 잘하지 못해도 의욕, 동기와 흥미, 관심이 있는 상태에서 꾸준히 하면 자신이 원하는 것을 얻을 수 있다고 이야기해주는 것도 중요하다.

전학생과
이혼 가정의
아이

학교생활에 적응하지 못하는 전학생을 어떻게 도울까?

6개월 전에 전학 온 민수는 미국에서 부유하게 살다가 생활이 어려워져 한국에 들어온 상황이다. 민수가 조용한 편이라 눈여겨보지 않아 몰랐는데, 얼마 전 민수의 아버지가 면담을 청해 들어보니 민수가 아버지에게 함부로 대하는 것 같다. 아버지는 전처럼 풍족한 환경을 원하는 민수에게 최대한 맞춰주려고 노력하지만 현실적으로 너무 힘들다며, 그래도 가족이 다 함께 있으니 그것만으로도 감사한 일이라고 아이에게 잘 말해달라고 부탁하셨다. 그 뒤로 민수와 얘기 나눌 기회를 살피는데, 민수가 자꾸 학교를 빠지고 있다. 아프다거나 이런저런 핑계를 대며 결석하거나 조퇴하여 말할 기회가 없다. 집안 사정이 기울어 전학 온 아이는 어떻게 도움을 주어야 할까?

평소 성적이 90점을 넘고 모범생이던 희선이는 최근 부모가 이혼하자 성적이 60점대로 뚝 떨어졌다. 안 하던 화장에 머리 염색까지 하고 나타나서 주위 사람을 놀라게 하더니, 상담하는 자리에서는 '부모는 멋대로인데 나는 그러면 안 돼요?' 하며 오히려 화를 냈다. 전처럼 부모와 함께 살고 싶지만 자신이 어떻게 할 수 없는 상황 속에서 혼란스러워하는 모습이 안쓰러워 달래도 보고 혼도 내보았지만, 내 말로는 설득도 통제도 안 되는 느낌이다. 가족 문제를 내가 해결해줄 수도 없고, 나 역시 답답하다. 한 학기를 돌아보면 가정환경에 변화가 큰 아이들이 문제를 일으키는 경우가 많다. 가정 내 변화로 성격이 비뚤어진 아이를 어떻게 대해야 할까?

전학은 학교가 아니라 삶을 옮긴 것이다

교실 심리에서 전입생은 교실 역동에 변화를 일으키는 중요한 요인이다. 아이들은 어디든 쉽게 적응할 것 같지만, 아이들에게 전학을 가고 오는 일은 열 손가락 안에 드는 스트레스다. 미국에서 조사한 스트레스 지표 뿐 아니라 현재 한국에서 나타나는 현상을 봐도 그렇다.

전입생이 학교생활에 잘 적응할 수 있도록 도우려면 무엇보다 교사가 열렬히 환영해주어야 한다. 전입생을 따뜻하게 맞이하는 분위기를 교사가 주도해야 하는데, 식구가 한 명 늘어서 정말 기쁘다며 같은 식구로 적극 받아들이는 태도를 보여주어야 한다.

한 학교에서 다른 학교로 전학 가는 일은 과거의 또래 관계나 생활 환경을 상실하고 맨몸으로 새로운 곳에 들어가는 것과 같다. 학년이 높을수록 새로운 친구를 사귀기가 어렵고 복잡하다. 더군다나 요즘은 예전 부모 세대처럼 친구를 사귀는 일이 쉽지 않다. 고등학생일 경우 특히 힘들어하는데, 어릴 때보다 상대적으로 텃세가 심한 데다 이미 형성된 학급 역동에 끼어들기가 더욱 만만치 않기 때문이다.

기존에 있던 아이들 역시 스트레스를 받는다. 새로 온 아이가 우리의 관계를 어떻게 휘두를지, 친구를 뺏기지는 않을지 불안해하며 전학 온 아이를 건드려본다. 전입생은 상실 상태이고, 기존 학생들은 관계가 변할 수 있다는 불안이 있어 서로 사귀기 어렵다. 그래서 전학은 신중하게 결정해야 하고, 일단 전학을 했다면 교사와 부모 모두 아이에게 관심을 가지고 지켜보아야 한다.

특별한 문제없이 부모의 직장 등의 문제로 전학하게 된 경우는 거주지가 바뀌었다는 것 외에는 다른 문제가 없어 상대적으로 스트레스가 적다. 하지만 집안 문제, 재산 상실 등에 의한 하강 이동으로 전학했을 경우 아이의 적응은 상대적으로 훨씬 힘들다. 경제적으로 어려워져서 집을 팔거나, 평수를 줄이거나, 수도권에서 시골로 가는 등의 하강 이동으로 인한 전학이나 이혼, 사별과 같은 가정의 변화로 인한 전학은 특히 더 어렵다. 친구와 환경의 상실에 더해 가족의 상실, 부의 상실 등이 겹치면 아이들이 좌절하기 때문이다.

요즘 아이들의 자존감은 내적인 요소만으로 형성되지 않는다. 과거에 비해 외적인 요소, 즉 부모의 경제적 능력이나 어느 동네, 어떤 집에 크게 영향을 끼친다. 예전에는 아버지가 무슨 일을 하든지 내가 가장 중요하다는 가치관이 있었으나, 요즘은 집의 경제적 수준, 외모 등이 자존감을 형성하는 요소에 포함된다. 그래서 아버지 사업이 망하여 경제적으로 어려워지면 아이의 자존감이 뚝 떨어진다. 정체성이 형성되는 시기인 고등학생 때 이런 변화가 생기면 자신이 꿈꿀 수 있는 미래가 달라진다고 여긴다. 아버지의 사업 실패는 자신의 미래에 영향을 미치며, 아버지의 경제적 지지가 없어지면 꿈도 사라진다고 생각하는 것이다. 이런 아이들에게 경제적 어려움이나 불안정한 가족 관계는 막대한 위기감을 준다.

반대로 가정환경이 나아지거나 혹은 부모의 지위 상승 등으로 인한 전학이라고 꼭 좋은 것은 아니다. 다른 지역에서 공부를 우수하게 했던 아이가 학업 경쟁이 치열한 지역으로 진입하는 경우가 좋은 예다. 부모의 지위나 부가 급격히 상승하여 경쟁이 치열한 특정 지역에 진입했을 때, 우수한 성적을 유지하기가 쉽지 않다. 아이는 우수 학생에서 보통 학생으로 평가 절하되는 것을 힘들어하며, 이전으로 돌아가고 싶어 하게 된다. 그러므로 부모의 욕구 때문에 상승 전학을 하는 것은 바람직하지 않다.

하강 이동, 상승 이동, 수평 이동의 순서로 아이들이 힘들어한다. 그러므로 전학은 아이의 여러 가지 요건을 고려해 신중을 기할 필요가 있다. 특히 하강 이동 시에는 교사나 부모가 배려하여, 아이가 스스로를 위로하고 새로운 자존감과 정체감을 형성할 수 있도록 도와야 한다.

부모의 재결합을 바라는 아이들은 고달프다

과거에 비해 이혼, 별거 등 가족 관계의 변화가 급격히 증가하면서 전 세계적으로 아동·청소년들의 위기가 증가하고 있다. 가족의 해체가 아이에게 미치는 영향은 굉장히 크다. 외적으로는 보호자로서 부모를 상실하고, 그에 따라 경제적인 어려움과 안전에 대한 불안이 커지는 문제가 있다. 내적으로는 좋아하고 닮고자 했던 부모라는 존재를 잃는다는 문제가 있다. 마음속에 늘 함께하던 부모 중 하나가 빠져나갔을 때 아이는 무너질 수밖에 없다.

가족 관계가 불안정한 아이들이 많으면 교실 역시 불안정해진다. 가정 문제를 부모뿐 아니라 어른 전체의 문제로 인식하여, 어른은 믿을 수 없는 위선적인 존재라는 생각을 품고 권위에 저항할 수 있다. 특히, 자기에게는 바르게 살라고 하면서 부모 자신들은 옳은 행동을 하지 않는디고 여겨 규범에 대해 혼란스러워한다. '부모도 꼭 지켜야 할 것을 지키지 않는데 내가 지켜야 하나?' 하는 의문을 갖는다. 열심히 살 필요가 없다고 느끼거나, 부모 사이의 갈등이 길었을 경우에는 누구의 의견에 동의하느냐에 따라 남자나 여자 전체에 거부감을 가질 수도 있다. 부모가 둘 다 틀렸다는 생각이 들면 어른은 다 틀리다고 비약하는 등, 마음이 혼란 속에 빠진다. 학교생활에서도 그런 혼란이 드러나는데, 수업에 집중하지 못하여 성적이 떨어진다.

부모의 이혼으로 혼란에 빠진 아이는 가정이 다시 행복하게 되기를 원하며, 부모가 다시 합치도록 하려면 어떻게 해야 하나 방법을 고민한다. 이런 아이는 부모의 관심을 끌 수 있는 방법을 무의식중에 찾는데,

그 방법이 긍정적이면 다행이지만 대체로 부정적일 때가 많다. 부모가 재결합하기를 바라는 희망이 아이를 고달프게 하는 것이다.

긍정적 관심을 유도하는 아이는 자신이 더 열심히 공부하고 착해져서 부모를 다시 불러 모으겠다고 생각한다. 학교에서 1등상을 받아 엄마, 아빠를 함께 학교로 부르려는 것이다. 반면 부정적 관심을 유도하는 아이는 자꾸 문제를 일으켜서 부모를 불러 모은다. 이유가 무엇이든 부모가 같이 있는 것이 중요한 것이다. 다시 함께 살 수 있을 거란 희망을 버리지 못하고 교실에서 문제를 일으켜 관심을 끈다. 아이는 무의식중에 '부모니까 나를 책임져야 한다'고 호소하는 것이다. 혼란스러워서 공부에 집중하지 못하기도 하지만, 동시에 이런 상황에서 성적이 떨어지면 책임을 져야 하는 부모가 나를 돌아볼 거라며 관심을 유도하는 측면도 있다.

안타까운 것은 긍정적 관심보다 부정적 관심을 유도하는 아이들이 많다는 것이다. 따로 사는 부모는 대체로 아이가 잘하고 있을 땐 안심하고 찾아오지 않는다. 하지만 아이에게 문제가 있으면 걱정이 되어 찾아오기 때문에 아이는 자꾸 문제를 일으키게 된다. 부모 중 한쪽이 아주 극단적인 방법으로 가정을 해체하지 않은 이상, 아이들은 오랜 시간 재결합 환상을 갖는다. 교사들은 가정 내 변화로 생긴 아이의 상실감을 과장되지 않게 위로해주고, 충분히 공감하며 격려해주어 아이가 스스로 딛고 일어날 수 있도록 도와야 한다.

아이들은 부모에 민감하다

부모로부터 독립이 빠르고 개척 정신을 중요하게 여겼던 과거와 달리, 요즘은 부모에 대한 의존도가 높다. 산업 구조가 변하여 공부를 많이 해야 사회적으로 안정된 지위를 얻을 수 있게 되면서, 부모에게 의지하고 공부하는 청소년기가 길어졌다.

부모의 재력을 포함한 외적 지지에 자존감을 많이 의지했던 아이는 하강 이동 시 자신의 꿈을 상실한 듯 좌절한다. 민수는 아직 현실에 대한 이해가 부족하여 아버지를 원망하고 모든 것을 아버지 탓으로 돌리는 상태이다. 전학한 학교를 유배지로 여기고, 주변 아이들을 자신이 처한 환경의 연장선상에서 바라보기 때문에 소속감을 갖지 못하고 벗어나려는 것이다.

아버지는 외적인 상실은 있지만 정신적으로 아이를 지지하고 있으므로, 아이에게 다 잃은 것은 아니라고 말하고 싶어 한다. 성숙한 아이들은 아버지의 말을 받아들이고 때로는 가족 전체를 격려하기도 하지만, 외적인 요소에 대한 의존도가 높았던 민수는 내적인 지지를 잘 수용하지 못하고 있는 것으로 보인다.

하강 이동을 겪은 아이들은 적응을 위해 훨씬 더 많은 내적인 보충을 필요로 한다. 모든 상담의 기본은 공감이다. 공감이 선행되어야 아이의 마음을 열 수 있다. 민수는 현재 자신이 겪는 상실감에 대해 충분한 위로를 받지 못해 상실한 것에만 집착하고 새롭게 시작하지 못하고 있을 가능성이 높다. 아이의 상실감을 위로하고, 현재 상황에 대해 스스로 인정하고 수용할 때까지 도와주어야 한다.

새롭게 시작하도록 주위 사람들이 돕고 있다는 점을 알려주면 좀 더 빨리 현실을 받아들일 수 있다. 하지만 그 도움은 내적인 것이며 과거와 다른 도움이라는 것을 설명해야 한다. 아버지의 노력을 말해주는 것이 어느 정도 도움이 될 수는 있으나, 그보다 더 중요한 것은 민수가 여기에서 다시 희망을 일굴 수 있다고 느끼는 것이다. 막연히 좋아질 수 있다는 섣부른 위로는 오히려 역효과를 일으킬 수 있다. 학급 내에서 역할을 찾아 주고 '너는 우리에게 중요한 사람'이라고 지지하면서 새로운 환경에 적응하도록 돕는다.

부모의 이혼으로 자신을 망가뜨리는 아이에게는 '가족의 영향을 받을 수밖에 없겠지만, 네 인생이니 스스로 망치지 말고 붙들라'고 충고해준다. 부정적 관심을 유도하기 위해서 문제를 일으키는 아이나 중학교 3학년 이상인 아이에게는 이런 조언이 설득력 있다.

부모와의 상담도 필요하다. 요즘에는 워낙 가정 내 변화가 많기 때문에 역설적 표현이지만 '좋은 이혼(good divorce)'에 대해 이야기를 많이 한다. 학부모와 상담하는 자리에서 아이를 위한 좋은 이혼에 대해 말해줄 수 있다. 부부로서 해체되었더라도 아이의 부모로서 연대하라는 것이다. 아이 양육에 있어서는 최선을 다해 협력 관계를 유지해야 함을 강조한다.

교실에
홀로 선 교사

아이의 성장 없는 교사의 성공은 없다.

셀레스탱 프레네

번아웃
(burn-out)
신드롬

　교실 문 앞에 서서 한숨을 길게 쉰다. 문 건너편에서 아이들이 왁자지껄 떠들고 뛰어다니는 소리가 들린다. 교실 문을 등지고 어디론가 도망치고 싶다. 학기 초만 해도 아이들이 큰 힘이었는데, 요새는 모두 나를 괴롭히는 아이들로 보인다. 나를 힘들게 하는 아이들과 기계적으로 반복하는 지겨운 수업에서 벗어나 교무실로 돌아가도 답답하긴 마찬가지다. 얼른 처리해야 하는 업무가 잔뜩 쌓여 있다. 출근과 동시에 퇴근하고 싶은 마음뿐인데, 앞으로 십여 년 이상을 더 학교에서 근무할 수 있을까? 매일, 매시간 나는 지쳐간다.

어느 날 문득 교실 문 열기가 싫거나 두려워질 때가 있을 것이다. 아이들이 모두 나를 괴롭히는 것처럼 보이고 수업 시간에 나 혼자 떠들고 있는 것같이 느껴질 때가 있을 것이다. 어떤 교사는 몇 년에 한두 번 그럴 것이고, 매일 그런 교사도 있을 것이다. 그런 경험을 한 번도 해본 적 없는 교사가 있을까? 아마 드물 것이다. 만약 그런 교사가 있다면 그는 행복한 사람이다. 의사인 나도 진료실 문을 열고 들어가기 싫거나 진료를 시작하기 싫어 10시 예약 시간을 10시 반으로 미루기도 한다. 하지만 교사들은 내 경우처럼 시간을 마음대로 바꿀 수 없다. 수업 시작종이 울리면 억지로라도 시간에 맞춰 들어가야 한다.

왜 교사들은 이런 경험을 할까? 교사라는 직업이 연속되는 피로 사이클 위에 놓여 있기 때문이다. 교사들은 세 가지 피로를 반복적으로 경험한다. 하나는 '수업 피로(lesson fatigue)'이다. 교사는 아이들과 교감하는 성공적인 수업을 통해 행복과 보람을 느끼고 그 힘으로 교사 생활을 이어가는데, 최근에는 각기 다른 것을 요구하는 아이들과 교감하는 일이 쉽지 않다. 아이들은 저마다 수준이 달라 수업 내용이 쉬우면 쉽다고, 어려우면 어렵다고 불만이다. 이런 상황에서 가르치는 일은 압박이 되고, 교사들은 수업을 하면서 피로를 느끼게 된다.

이렇게 수업 준비와 진행으로 어려움을 겪고 있는 교사들에게 상급자와 학교, 교육청 등의 기관은 여러 가지 행정 업무를 요구한다. 스스로 꼭 필요하다고 느끼지 못하는 업무들을 억지로 할 때 교사는 '기관 피로(institute fatigue)'에 시달린다.

또한 모든 것을 억지로 하면서 '공감 피로(compassion fatigue)'가 생기는데, 공감 피로가 쌓인 교사는 인간의 변화에 대해 냉소적이고 매사에 부정적으로 변한다. 진지하고 심각한 일을 피하며, 조직 내에서 자신의 역할을 최소화시키려고 한다. 주변을 둘러보면 공감 피로에 빠진 교사들이 굉장히 많다. 그들은 대상이 무엇이 되었든 맹비난하고, 수업 시수를 줄이거나 담임, 보직 등을 맡지 않으려는 등의 경향을 보인다. 이렇게 피로해진 교사의 마음은 처리되지 못한 쓰레기장이 된다.

교사들은 신체적, 정서적 질환으로도 위기에 처해 있다. 요하힘 바우어(Joachim Bauer)의 저서 〈학교를 칭찬하라〉에 따르면 뮌헨 의과 대학 교사건강연구소가 교사들의 신체적, 정서적 질환을 연구한 결과, 교사들이 지닌 신체 질환 중 가장 많은 것이 심혈관계 질환이라고 한다. 이 질환은 대부분 스트레스성으로 알려져 있다. 이외에도 교사들은 직업병으로 성대 결절, 하지정맥류, 방광염, 습진, 건조증, 지방간과 같은 질환을 겪으며, 업무에서 오는 스트레스에 그들 자신이 부모로서 겪는 스트레스가 합쳐져 어려움을 겪는다.

솔직히 말해 교사들의 피로를 완전히 해소하기는 어렵다. 성과를 중시하는 한국의 교육 환경 속에서 교사는 어느 정도 피로를 가지고 살 수밖에 없다. 특히, 가정에서 아이들을 돌보고 가사까지 도맡은 엄마 교사일 경우 더욱 피로가 심할 것이다. 중요한 것은 교사들이 쉽게 빠질 수 있는 이런 피로들에 대해 스스로 아는 것이다. 내가 수업 피로에 빠져 있는지, 기관 피로에 시달리는지, 다른 사람에게 공감하는 것 자체가 피곤한 것인지 파악해야 한다. 자신의 문제를 정확히 인식해야 해결 방법도 나오기 때문이다.

연속적이고 반복적인 피로 사이클 속에서 살아가는 교사들은 쉽게 상처받는다. 자신의 피로를 빨리 치료하지 못하고 상처받은 채 지내는 교사들은 자신의 아픈 곳을 마구 할퀴며 자신의 소명을 소진해버린다. 나는 왜 교사가 되었는가, 교사는 무엇을 하는 사람인가 하는 소명을 잊고 삶의 원리를 바꾼다. 피곤하지 않게 살기, 아이들과 만나지 않기, 수업을 창조하기보다는 '걸어 다니는 문제집'으로 지내기, 소명은 없다고 후배 교사에게 말하기, 교육 제도를 맹비난하기 같은 태도를 보인다.

내 친구 중에도 그런 교사가 있다. 그 친구는 만나기만 하면 교육 제도부터 학생, 학부모, 동료 교사까지 닥치는 대로 맹렬하게 비난하고, 튀는 교사들 때문에 자신 같은 교사는 설 자리가 없다며 매일 술을 마셨다. 결국 지나친 음주 때문에 부인의 요청으로 상담을 하게 되었는데, 그 친구의 푸념처럼 요즘 아이들 가르치기가 참 어렵다. 대한민국에서 현재를 살아가는 아이들처럼 다루기 힘든 아이들은 없을 것이다. 처한 상황이 제각각 다르고 경쟁을 부추기는 사회 속 병들고 아픈 아이들이 가득 앉아 있는 교실에서 교사들이 수업하기란, 또 모든 학생들을 아우르기란 쉽지 않다. 열정이 사그라질 수밖에 없다.

그렇다면 교사 자신이 상처받았는지 아닌지를 알 수 있는 지표는 없을까? 가장 좋은 방법은 아이들과 눈을 맞추고 있는지 스스로 살피는 것이다. 이전에 프랑스 공립학교 교사들과 대담을 나눈 적이 있다. 당시 교사들에게 지칠 때 나타나는 현상이 무엇인지 묻자, 그들은 두 가지를 꼽았다. 아이들을 쳐다보지 않는 것과, 아이들과 말하지 않는 것. 상처받은 교사의 가장 큰 특징은 아이들을 쳐다보지 않는다는 것이다. 수업 시간에 아이들이 책만 보기를 바라며, '교과서 봐, 읽어, 풀어, 나와서 써'라며 일방적으로 강의한다.

프랑스 내에서도 혁신적인 수업으로 널리 알려진 학교에서 자체 연수를 실시하였을 때, 그곳의 교사들에게 수업에 대한 정의를 물었다. 그들은 '수업은 대화' '교실에서 반드시 필요한 요소는 대화' '수업은 오고가는 질문과 대답의 향연'이라고 대답하였다. 그들의 정의에 따르면, 일방적인 강의는 수업이라고 할 수 없다. 아이들과 눈을 맞추고 아이들에게 말을 거는 횟수가 줄었다면 교사가 상처받았다는 명확한 증거라고 볼 수 있다.

또 다른 특징으로, 상처받은 교사는 규칙을 강하게 주장하는 경향이 있다. 아이들을 달래고 설득할 의지가 더이상 남아 있지 않을 때, 아이들을 도우려는 마음이 사라졌을 때 교사는 평가로 아이들을 협박한다. 규칙대로만 하는 것이다. 다루지 못하는 아이는 교실에서 내보내고, 아이의 해명을 들어보지도 않고 학생 주임에게 아이를 넘긴다. 경찰보다 강력한 교실 경찰이 되는 것이다. 이러한 행동들 모두 교사가 상처받았다는 증거이다.

오늘날 상처받지 않은 교사는 없다. 실력이 없다, 인간성이 나쁘다 같은 개인적인 상처부터, 행정 처리가 미비하다느니 아이들 관리를 잘 못한다, 반 성적이 나쁘다 같은 행정 차원의 문제까지, 비판에서 벗어나지 못한다. 더욱이 0교시부터 10교시까지 근무하는 데서 오는 제도적 차원의 비합리 등 너무 많은 상처를 받고 있다.

최근 일본과 한국에서 나타나는 기현상이 있다. 일본의 한 대안 학교인 기노쿠니 학교에 갔더니, 그곳 아이들의 부모 중 절반이 교사였다. 학교가 얼마나 피폐한지 교사 자신이 너무나 잘 알기 때문에 아이들을 대안학교에 보내는 것이다. 우리나라도 상황이 비슷하다. 학교에서 스트레스를 받는 건 나로 족하고, 적어도 내 자녀는 학교 스트레스를 받지 않기를 바라는 그들의 선택에서, 오늘날 한국 사회에서 교사들이 받는 상처의 정도를 짐작할 수 있다.

상처받은 교사로 살면 가르치는 일이 고역이 된다. 아이들을 사악하고 배우지 않으려는 존재로 보고, 자신은 언젠가 학교를 떠날 것이라고 생각하며 학교와 교실을 불행이 넘치는 곳으로 느낀다. 그러면 교사도 실패하고 학생도 실패한다. 무서운 말이지만, 교실을 무덤으로 만든다. 교사가 평생 가장 많이 쓰는 말 중 하나가 '조용히 해!'이다. 내 말을 듣게 하기 위해 다른 사람에게 조용하라고 다그친다. 다른 사람에게 가장 많이 하는 말이 남들을 말 못하게 하는 말이라는 사실은 아이러니하다. 가장 조용한 곳은 바로 무덤이다. 상처받은 교사가 되어 살아갈 때, 교실은 무덤이 된다. 모든 아이들이 조용하고 가만히 있는 교실은 무덤이며, 교사는 묘지 관리인이 되는 셈이다.

소진증후군, 번아웃(burn-out) 신드롬의 대표적인 증세는 다음과 같다. 자신이 이런 상태라면 치료가 필요하다는 사실을 인식해야 한다.

- 학교 가기 싫다.
- 아프고 싶다.
- 술이 좋아진다.
- 가족에게 짜증이 난다.

- 말수가 적어진다.
- 일이 밀렸어도 정시에 퇴근한다.
- 수업에 들어가기 싫다.
- 장기 출장을 가고 싶다.
- 웃음이 사라진다.
- 모든 일에 관심이 사라진다.

나를 살피고 받아들이는 연습

사람을 상대하는 업무에는 언제나 스트레스와 소진의 위험이 따른다. 교사는 아이들과 함께하는 아름다운 일을 하지만, 아이들과 직접 관련된 문제부터 제도상의 문제까지 많은 일을 감당해야 한다. 이런 스트레스에 대처하지 못해 자신이 애초에 가졌던 소명 의식을 버리고 대충 일하는 상태를 매너리즘이라고 부른다. 그리고 이런 상태에 처한 교사를 상처받은 교사라고 한다.

교사가 자신의 상처에 대해 잘 모르고 그대로 지내면 그 피해는 고스란히 아이들에게 전달된다. 교사가 건강해야 아이들이 건강할 수 있으므로 지친 교사들은 자신의 상태부터 파악해야 한다. 자신의 피로가 수업 피로, 학교 피로, 공감 피로 중 무엇인지 알고, 이 피로 때문에 내가 어떻게 변했는지 살펴야 한다. 동료 교사와 학생이라는 거울에 자신을 비추어 보고, 소진을 치유하고 예방할 대비책을 세워야 한다.

전문가들은 소진에 대비하려면 소통과 만남, 교육 그리고 슈퍼 비전

등을 통한 정화와 더 높은 깨달음, 보람 있는 삶을 지향하라고 말한다. 자신의 상태에 대해 동료 교사와 열린 마음으로 대화하고 학생들과 이야기를 나누며 새로운 의미를 찾는 작업들이 필요한 이유이다. 교사로 사는 일이 재미없어지고 지치는 가장 큰 이유는 내 안에 없는 것을 이야기하기 때문이다. 나는 정의를 모르는데 정의를 얘기해야 할 때, 수학적 정리를 모르는데 문제만 풀 때, 교사는 소진된다. 이것이 바로 파커 파머(Parker Palmer)가 내린 소진의 정의이다. 가르치는 자, 배움을 나누는 자가 되기 위해서는 스스로 꽉 차 있어야 한다. 내 안이 가득 차 있어야 남에게 줄 수 있다. 줄 수 있는 게 없는데 매번 수업에 들어가는 행위를 반복해야 한다면 교사는 자신에게 화가 난다. 교실 안에서 절대적인 권력을 가지고 있는 교사는 자신에게 난 화를 쉽게 아이들에게 돌리게 된다.

교사는
왜 지치는가

아이들에게 내 방식이 먹히지 않는다

아이들의 반항이 부쩍 거세졌다. 진수랑 종민이는 가져오라는 것을 안 가져오고, 경수는 내 교실 운영을 방해하려는 듯 사사건건 딴지를 건다. 반장은 시키는 일을 항상 늦게 해서 잔소리를 한마디 더 하게 만든다. 그렇다고 날마다 상담하는 문제아 종민이가 변화가 있기를 하나, 말 그대로 교실 운영이 엉망이다. 안 되겠다. 일대일 면담으로 아이들을 다시 잡아야지. 하지만 그렇게 하면 내 시간도 없어지고 금세 지칠 것 같다. 이러니 옆 반 선생님이 나더러 극성이라고 하지. 그럼 그냥 둬야 하나? 살살하면 아이들이 모두 나를 비웃을 것 같다. 나름 내 교실 운영 방침이 옳다고 생각하는데 아이들은 자기와 전혀 상관없는 일이라는 듯 버티며 따라주지 않는다. 아이들이 내 운영 방침에 잘 따르도록 하기 위해 일대일 상담 외에 다른 해결책이 없을까? 시작도 안 했는데, 벌써 마음이 답답하다.

가르치는 일은 외로운 일이다

교직은 왜 쉽게 지치고 불행한 것일까? 파커 파머는 〈가르칠 수 있는 용기〉라는 책에서 교직의 위험성으로 교사가 교실에 혼자 있다는 점을 꼽았다. 다른 누구와도 함께 작업하지 않는다는 점에서, 교사는 홀로 줄타기를 하는 셈이다.

물론 일부 교사들이 협동하여 교안을 만들기도 하지만, 아직까지는 많은 경우가 혼자 작업하고 수업에 들어간다. 부정적인 의미를 포함하는 '교원 평가'나 교사가 동료들과 함께 토론하고 수업을 발전시키는 '배움의 공동체' 등이 있기는 하다. 하지만 전통적으로 지난 100년간, 교사가 교실에서 혼자 가르치는 시스템이 유지되었다. 최근 핀란드나 노르웨이, 스웨덴 같은 교육 선진국의 경우나 특수 학급을 제외하고 두세 명의 보조 교사가 함께 참여하는 수업은 거의 없다. 그런 점에서 교사는 굉장히 외롭다고 할 수 있다.

교실 안의 수업 장면에서 가르치는 행위를 하는 사람은 혼자다. 교사는 하루 서너 시간 이상 홀로 수업을 수행한다. 자신의 수업을 일부러 다른 사람들에게 공개하지 않는 한 교사는 혼자 길을 간다. 홀로 수업 설계를 하고 교안을 만들고 평가 방안을 세우는 교사들이, 성적이 아닌 것으로 아이들을 다양하게 평가하고 아우르기란 불가능에 가깝다.

반면 교사를 바라보는 청중은 많다. 한 반 30명 가까운 아이들이 동시에 교사를 지켜보고 평가한다. 하루에도 여러 반에 수업을 들어가는 교사는 여러 반 아이들에게 평가받는다. '저 선생님은 잘 가르치고 인간성도 좋아', '저 선생님은 잘 가르치지만 인간성은 별로야', '저 선생님은 가르치지도 못하면서 인간성도 나빠' 같은 소문으로 평가받는다.

계속 외줄을 타고 가기는 힘들다. 더구나 비판적인 시선을 등에 지고 외줄을 타는 교사들은 언젠가 떨어질 수밖에 없다. 평가받는 것이 두려워 수업을 공개하지 않고, 교과 과정을 만드는 데도 다른 사람들과 협동하지 않는다면 드러나는 성적 말고는 아이들의 입소문만으로 자신을 평가하게 된다.

가르치는 일은 외로운 일이라고 말한 철학자가 있다. 자신이 가르친 것, 말한 것을 스스로 지켜야 하기 때문에 교사는 외롭다는 것이다. 가르치는 직업을 가진 교사에게 주위에서는 더 많은 것을 요구한다. 스스로 지키지 않는 스승의 말은 누구도 들으려 하지 않기 때문이다.

레슬러나 영웅이 될 필요는 없다

레슬링 선수처럼 아이들과 힘겨루기를 하는 교사들이 있다. 그런 교사는 아이들을 차례대로 한 명씩 상대하며 싸워 이기려고 한다. 자신의 말에 따르지 않거나 수업을 잘 듣지 않는 학생을 링 밖으로 몰아내듯 교실 밖으로 내보낸다. '내 수업 안 들을 사람은 다 나가'라고 하는 교사에게 아이들은 조용히 따르는 것처럼 보일 수 있다. 하지만 이는 겉모습일 뿐, 아이들은 마음속으로 교사를 불신한다.

팽팽한 긴장속에서 아이들과 대결하는 수업을 하는 교사를 레슬링 선수에 비유할 수 있다. 하지만 아무리 교사가 등산을 하고 헬스클럽을 다니며 체력을 키운다 한들 30명의 학생들을 다 이길 수 있을 리가 있나. 한 명씩, 힘이 없는 아이들은 여러 명씩 원 밖, 경기장 밖으로 아무리 내몰아도 30명 모두와 싸워 이길 수는 없다. 싸우다 지친 교사는 결국 기권을 하고 링에서 내려온다. 이 모든 과정에서 교사는 마음에 상처를 받고 아이들 역시 그 학기, 그 학년을 망치게 된다.

필요한 도움을 아이들이 원하는 방식으로

교사들 중에는 신으로 불리고 싶어 하는 이들도 있다. 그런 교사들은 반 아이들 중 자신의 기준에 부합하지 않는 아이늘을 무속한 아이로 단정짓고 개조하려고 한다. 교사로서 자신이 하는 일이 인간을 개조하는 것이라 확신하고, 학기가 끝날 때쯤이면 자신이 맡은 학급 아이들 절반 이상이 인간으로 만들어질 거라는 기적을 믿으며, 열정을 다해서 임한다. 물론 그런 교사 중에는 훌륭한 이들도 있다.

사회 복지사, 심리사 등 인간을 대상으로 하는 휴먼 서비스 종사자 중에는 너무 큰 목표를 세우거나, 자신이 다른 사람을 구제한다는 환상을 갖고 있는 경우가 많다. 신으로 불리고 싶은 교사들은 대개 아이, 학급, 학년, 학교 전체를 구하겠다는 구제자 환상과 개조 환상을 가지고 있다. 인간 개조 프로젝트를 굳건히 믿고, 하면 된다는 생각을 버리지 않는다. 한심한 인간들을 완전히 개조하려고 들며, 기적을 믿고 수단과 방법을 가리지 않는다.

그러나 새로운 현실이 펼쳐질 그날까지 절대로 먼저 포기하지 않을 것 같던 교사들도 학년 말이면 실패를 인정하게 된다. 아이들은 교사가 세운 높은 목표만큼 따라오지 않으며, 교사는 자신의 노력에 비해 아이들의 노력이 부족하다고 비난한다. 괜히 불쌍한 중생들을 구제하려고 애썼다며 냉소한다. 구제, 구조를 통해 특별한 교사가 되고자 했던 이들은 실패를 경험하면서 빠르게 지치며, 중년을 넘기면서 점점 냉소적인 교사로 변한다.

도움을 줄 때는 받을 사람을 잘 살피고 필요한 것을 주어야 한다. 나는 금은보화를 꺼내 들어도, 아이는 밥을 달라고 할 수 있다. 금이 무엇인지, 진주가 얼마나 귀한지 알려주어도 그 가치를 이해할 수 없는 아이는 계속 밥을 달라고 한다. 이 모습에 실망한 교사는 다시는 너에게 진주를 주지 않으리라 다짐하며 상대를 원망한다. 나 역시 그런 경험이 있다. 한 빈민촌에서 자원봉사 활동을 할 때 나는 아이들에게 멋진 상담을 해주겠다고 다짐했지만, 정작 그들에게 필요한 건 상담이 아니라 생활 관리였다. 당시 아이들은 대단한 정신적 도움보다 매일 밥을 챙기고 같이 놀고 공부해줄 사람이 필요했다. 내가 준비한 건 근사한 상담이었으나, 그것은 그들에게 정말 필요한 것을 살피지 않고 내 맘대로 정한 것이었다.

도움을 줄 때는 상대방에게 필요한 것이 무엇인지 절실하게 살피고, 그것을 주려고 해야 한다. 자기가 주려는 것을 상대방이 거부하면 도움을 주려던 사람은 마음에 상처를 받고 낙심하여 도움을 접는다. 하지만 진정한 도움은 받을 사람을 잘 살피고 필요한 것이 무엇인지 찾는 데서 시작된다.

나는 무엇을 하는 사람인가

방향을 잘못 잡은 열정은 교사를 더 빨리 소진시킨다. 그럴 때일수록 자기 직업을 다시 정의하는 용기가 필요하다. 교사는 무엇을 하는 사람인가, 다시금 직업적 정의를 생각해본다. 비슷한 표현으로 '초심으로 돌아가라'는 말이 있다.

전문적인 일을 하는 사람일수록 자신의 전문성을 유지하고 향상, 개발하기 위해 더 많은 에너지를 쏟아야 한다. 그렇기 때문에 소진도 빠르게 진행될 수 있다. 전문성이 요구되는 교사 역시 쉽게 소진될 수 있으므로, 이를 예방하기 위해서 정기적으로 '자신의 일에 대한 정의'를 새롭게 해야 한다.

교사는 무엇을 하는 사람인가

- 아이들과 같이 사는 사람이다.
- 아이들을 만나는 사람이다.
- 아이들의 성장을 돕는 사람이다.
- 아이들과 함께 성장하는 사람이다.

1년차, 2년차, 5년차, 10년차, 30년차 교사들은 각각의 경력과 경험에 따라 다른 정의를 내릴 것이다. 위와 같이 내가 무엇을 하는 사람인가에 대해 스스로 답했다면, 그 거울에 자신의 모습을 비추어보자.

나는 가르치고 성장하고 만나는 사람인데, 내 모습은 어떤가. 교사는 아이들과 생활하는 사람이라고 정의하면서, 일찍 퇴근하기 바쁘지 않은가? 아이들과 만나는 사람이라고 하면서, 아이들이 만나자고 하면 거절하지는 않는가? 아이들을 성장시키는 사람이라고 하면서 실제로는 아이들이 내가 시키는 그대로 하기를 바라지는 않는가? 아이들에게 참여하라고 하면서, 내가 정한 아이들만 참여시키는 것은 아닌가? 소통하자고 해놓고 내 말을 듣는 아이들하고만 이야기를 나누는 것은 아닌가?

내가 정의한 것과 내가 하는 일의 차이를 인식하면 현재의 상태를 쉽게 알 수 있다. 이것이 소진을 예방하기 위해 교사의 정의부터 다시 돌아봐야 하는 이유이다.

교사의 정의를 내렸다면, 다음으로 교사의 역할을 유지하기 위해서 어떤 영양분이 필요한가 생각해보자. 교사는 무엇을 먹고 사는 사람인가. 교사로서 나의 초심을 유지하기 위해 필요한 것은 무엇일까. 우선, 아이들에게 받는 관심이 굉장히 중요할 것이다. 휴식과 건강, 흥미와 재미, 교사로서 철학 등 저마다 조금씩 생각의 차이는 있겠지만, 아이들과 만나고 생활하고 성장하기 위해 자신에게 꼭 필요하다고 느끼는 것이 있을 것이다.

"교사를 먹이지 않으면 교사는 아이들을 잡아먹는다." 미국에서 나온 교장 매뉴얼의 제목이다. 교장, 교육 기관, 교육청의 역할은 교사를 먹이는 것이다. 상급 관리자가 교사를 풍요롭게 먹이지 않으면 교사는 교실에서 아이를 잡아먹게 된다. 이 말은 상급 기관이 교사들의 어려움을 잘 살펴야 한다는 의미에서 나온 것이지만, 교사들 스스로 소진되지 않기 위해 노력해야 할 이유를 말해주기도 한다. 비유적인 표현이지만 공감이 가는 이야기다.

예전에 상담했던 한 교사는 자꾸 아이들을 때리게 된다며 심한 자책감에 빠져 있었다. 자신의 삶과 교직에 대한 불만이 고조된 날이면 우연치 않게 맘에 안 드는 행동을 한 아이를 체벌하게 되고, 그 체벌의 강도가 점점 심해진다는 것이다. 그러고 나면 괴로워서 술을 먹는 생활이 반복된다고 하였다. 이것이 앞서 말한 '아이를 잡아먹는' 행위이다. 교사 스스로가 어떤 것을 먹고사는 사람인지를 알고, 자신을 잘 먹일 때 아이들 역시 그 안에서 풍요로워질 수 있다. 교사 자신에게 필요한 것이 무엇인지 알고 평소 그것을 잘 채워 소진을 예방하는 일은 곧 아이들을 위한 노력이기도 하다.

힘을 아끼자

아이들이 자발적으로 선생님 품에 들어오게 해야 한다. 손안에 가두려고 계속 좇으면 아이들은 도망간다. 교사가 아이들 한 명 한 명과 레슬링을 하면서 팽팽한 힘겨루기를 계속한다면 시간이 흐를수록 체력과 정신력이 쇠약해져 밀려날 것이다. 아이들 하나하나와 대적하면서 말을 듣게 하는 과정에서 교사는 아이들이 지겨워지고 아이들이란 원래 말을 안 듣는 존재라는 비극적 결론에 도달할 수도 있다. 그러면 교실은 비극 전문 공연장으로 바뀐다. 이 과정은 빠른 소진으로 향하는 지름길이기도 하다.

교사의 방침을 강요할수록 교실 운영은 더욱 어려워진다. 교실 운영 방침을 공유할 다른 방법을 강구해보자. 아이들에게 협력을 구하고, 기회를 주고, 또 말을 듣지 않는 이유를 탐색하면서 교사의 힘을 아끼자. 그리고 레슬링이 아닌, 아이들과 함께 즐거운 춤을 출 수 있는 방식을 연구하자. 교실은 선생님의 방침과 아이들의 참여, 선생님의 훈육과 아이들의 협력, 선생님의 열정과 아이들의 감동이 함께 춤을 추어야만 행복한 드라마를 상연하는 행복 전문 극장이 될 수 있다. 교사의 방침을 모두가 따르게 하려는 열정을 아이들의 참여와 협력, 감동을 끌어내는 방향으로 살짝 바꾸기만 해도 교실 분위기는 완전히 달라질 것이다.

아이들과
행복하게
춤추기

　교사들끼리 회식을 했다. 돌아가는 길에 우리가 모여서 무슨 이야기를 했는지 곰곰이 생각해보니, 동료 교사의 험담에 순 불평불만만 토로했던 것 같다. 잘난 척하는 교사를 소리 높여 비난했고, 자리에 없었던 몇몇 교사도 도마 위에 올렸다. 그럴 때 보면 교사나 아이들이나 비슷하다. 내가 빠진 회식 자리에서 나 역시 다른 교사들의 뒷이야기 대상이 되고 있을 것 같다는 우울한 생각이 문득 든다. 아이들 문제로도 머릿속이 복잡한데, 동료 교사들도 믿고 의지할 수 없다는 생각에 기운이 빠진다. 우리가 서로 보듬어준 적이 있기는 한가? 옆자리 선생님이 한두 번 위로를 건넨 적이 있기는 하지만, 우리 학교 선생님들의 관계는 전반적으로 냉랭한 것 같다. 이런 분위기가 우리를 더 지치게 하는 것은 아닐까?

교사가 행복해야 한다

교사가 소진에서 벗어나도록 격려받아야 하는 중요한 이유가 있다. 교사는 미래를 건설하고 약속하는 핵심 집단이기 때문이다. 어느 나라에서든 아이들을 미래의 희망이라고 부른다. 그렇다면 그런 아이들을 가르치는 교사는 어떤 존재인가. 희망의 어머니인 셈이다. 미래 사회를 책임진다는 교사의 중요한 역할을 간과해서는 안된다.

교사가 성공하지 못하는데 학생이 성장할 수 있을까? 교사가 성공하는데 학생이 성장하지 않는 일이 있을까? 그런 일은 없다. 교사의 성공은 곧 아이들의 성장과 직결된다.

실패한 교실, 회복이 일어나지 않는 교실, 상처로 가득한 교실 안에서는 학생들이 성장하지 않는다. 교사가 성공할 때 아이들이 쑥쑥 자라는 것처럼, 학생이 성장하지 않으면 교사도 행복하지 않다. 교사들은 자신이 늘 제자리에 있다고 느낄 때 지친다. 제자리에 있지 않다는 것은 곧 성장을 의미하며, 교사의 성장은 학생의 성장과 더불어 일어난다.

정신과 의사 스캇 펙은 "자아의 성장을 동반하지 않으면 사랑이 아니다"라고 하였다. 누군가를 사랑한다는 것은 결과적으로 상대방이 성장한다는 의미를 포함한다. 아이들을 사랑하는 일은 아이들이 성장하도록 돕는 일이며, 그런 중요한 책임을 교사들이 맡고 있다.

상처받은 교사에서 치유하는 교사, 아이들과 함께 행복한 춤을 추는 교사로 나아가려면 어떻게 해야 할까? 현재 대한민국 교사들이 처한 어려움과 피로 속에서 어떻게 하면 생동감 넘치는 교사로 살아갈 수 있을까? 묘지 관리인에서 놀이 공원 매니저가 되어, 아이들이 각자의 테마파크에서 즐겁고 신나게 활동할 수 있도록 어떻게 도울 수 있을까? 아이들뿐 아니라 교사 자신의 삶을 돌보고 가꾸며 자유롭고 행복해지려면 어떻게 해야 할까?

격려하는 문화가 필요하다

소진을 예방하고 생동감 넘치는 교사로 살기 위해 가장 우선시되어야 할 것은 교사 사회 내에 격려의 문화를 뿌리내리게 하는 것이다. 격려하는 문화 속에서 교사들은 지치지 않고, 정체성을 회복할 수 있으며, 그로 인해 우리 아이들 역시 행복한 교실 안에서 격려받고 성장할 수 있다.

교사들은 의도적으로라도 아이들에게 칭찬을 많이 한다. 칭찬은 아이들을 행복하게 만들고 배우고 싶은 마음을 불러일으키기 때문이다. 칭찬의 힘을 누구보다 잘 아는데도, 정작 교사들은 다른 교사를 칭찬하는 데 인색하다. 칭찬과 함께 필요한 것이 격려이다. 파커 파머는 〈가르칠 수 있는 용기〉에서 '격려(encouragement)의 의미는 용기(courage)를 갖게 하는 것'이라고 말했다. 우리는 동료 교사에게 어떤 감정을 가지고 있는가. 동료 교사를 격려하고 서로 용기를 북돋워 주는 관계가 되어야 한다.

격려는 역경을 극복하고 새롭게 정립하여 함께 성장할 수 있도록 이끈다. 역경 극복을 의미하는 영어 단어 'resilience'는 본래 공학에서 용수철을 늘렸다 놓았을 때 원래의 모양으로 다시 돌아가는 능력을 말하며, 생태계가 파손되었다가 스스로 복원하는 능력을 일컫기도 한다. 심리학에서는 상처를 받거나 역경을 당했을 때 회복하는 능력을 가리킨다. 누구나 살아가면서 상처를 받는다. 중요한 것은 역경을 겪은 후 일어서는 힘이다. 역경의 극복에 반드시 필요한 것이 바로 격려와 지지이다. 스스로 일어서려는 개인의 노력과 함께 주변의 격려가 있을 때 방향을 새로 정립하고 나아갈 수 있으며, 그 과정에서 격려를 받는 이와 주는 이가 함께 성장한다.

격려하는 문화를 만드는 실천 방법으로 '교사 격려 공동체' 만들기가 있다. 학교에서 '교사 격려 공동체'를 만들고 '넌 좋은 교사야', '넌 지금 잘하고 있어' 하고 한 사람씩 집중적으로 격려해주는 것이다. 교사 격려 공동체에서 '우리는 이 교사를 격려합니다' '이 교사를 돕습니다' '이 교사와 함께합니다' 같은 문구를 적어두고 서로 돌보고 격려할 때, 가르칠 수 있는 용기가 솟는다.

우리 아이들은 작은 영웅들이다

아이들을 영웅으로 만들어라. 아이들이 수업에 집중하지 않고 시끄럽게 떠든다고 여기지 말고, 0교시부터 야간 자율 학습까지 열 시간이 넘는 공부 시간을 버티느라 애쓰는 존재로 바라보라. 아이들은 수많은 사교육에 시달리면서도 학교에 나와서 친구들과 웃음을 주고받는다. 질문하면 재치 있게 대답도 하고, 나름 열심히 살기 위해 노력하고 있다. 사악한 아이들이 아니라 상처받은 결과 힘들어진 아이들이다. 무기력한 아이들이 아니라 시키는 것이 너무 많아서 이제는 하려고 들지 않는 아이들인 것이다.

많은 시련, 압박, 성적 부담 등에 시달리면서도 교실에서 꿋꿋하게 버티는 우리 아이들을 작은 영웅들이라고 생각하자. 모두가 자신의 삶과 싸우고 있는 영웅이다. 역경 극복 이론에서는 이런 작은 영웅들의 성공담을 모으라고 제시한다. 1등한 아이만 영웅이 아니다. 20등에서 10등으로 오른 아이의 이야기를 그냥 흘리지 말고 주목할 필요가 있다.

훌륭한 선생님들은 사례를 잘 들어 말한다. 3월에 만났을 때는 이런 아이였는데, 4~5월에 어떻게 변했는지 놓치지 않고 모든 아이들에게 큰 소리로 말해준다. 영웅이 반드시 전교 1등일 필요는 없다. 가방에 만화책만 가득했던 아이가 어느 날 영어 만화책으로 바꾸어 갖고 왔다면 영웅이 될 수 있다. 이런 작은 영웅의 사례가 쌓일수록 훌륭한 교사가 된다. 영웅 학급에서 아이들은 한 명 한 명이 존재감 있는 영웅으로서 새로운 신화를 만들어낼 것이다.

교사들이 흔히 갖고 있는 편견이 있다. 변화를 너무 거창한 것으로 생각해서 작은 변화를 인정하지 못하는 것이다. 사실은 이런 소소하고 작은 변화가 더욱 감동적이다. 격려와 함께 우리 아이에 대한 스토리텔링을 바꿔주어야 한다.

훌륭한 교사보다는 진실한 교사가 되자

우리는 아이, 동료, 제도 등 모든 것에 기대가 높다. 일본에서 만난한 지인이 '한국의 학생, 교사, 학부모가 불행할 수밖에 없는 이유는 모두가 명문대를 간다는 목표를 가지고 있기 때문'이라고 말한 적이 있다. 일본에서 도쿄대는 일부 정해진 아이들이 가는 곳, 그 정도 학력이 꼭 필요한 사람들이 들어가는 곳이다. 그러나 우리나라에서는 모두가 명문대에 가려고 한다. 목표가 너무 높은 것이다.

교사 역시 마찬가지다. 모두가 훌륭한 교사가 되어야 한다는 강박 관념을 갖고 있다. 훌륭한 교사보다 진실한 교사가 되는 것이 편하다. 번아웃 신드롬에서 벗어나기 위해 해야 할 가장 중요한 일은 목표를 수정하는 것이다. 최고가 되려는 목표를 수정하라. 대신에 자신이 잘하는 것을 주겠다는 생각으로 아이들을 도우면 마음에 여유가 생길 것이다. 훨씬 더 자신에게 관대해지고 자유로워서 더 진실하고 정직하게 아이들과 마음을 나눌 수 있다.

소진을 예방하고 회복하는 데 교사들이 기대할 만한 특별한 묘약은 없다. 아이들을 바라보는 관점을 바꾸고, 목표를 낮추고, 서로 격려하고 협동하는 것이 묘약이라면 묘약이다. 협동에 기초해서 함께 성장하고, 동료 교사의 성공과 성장을 축하해주며 발전하는 집단 속에 있는 것. 외롭거나 우울하거나 화난 채 지내지 않고, 다른 이들과 축하와 은총을 나누는 것이 비결이다.

교사가 가장 빨리 지치는 지름길은 죽도록 혼자 지내는 것이다. 소위 문제 학생으로 불리는 아이들이 많은 프랑스의 공립 대안학교에서 25년 동안 근무한 한 교사에게 힘들 때 어떤 행동을 해야 할지 묻자, 그는 한마디로 대답했다.

"다른 교사와 함께 있으세요."

교직에서 계속 행복하고 성공하고 성장하고 싶다면 항상 동료 교사와 함께 있어야 한다. 혼자 있는 교사는 지치고 괴롭고 재미없어 실패하기 마련이다. 교사는 혼자서는 성공할 수 없다.

교사여, 연대하라

교사들의 문화나 대화를 보면 교사들이 아이를 닮은 것인지, 아이들이 교사를 닮은 것인지, 아이들과 교사가 별 차이 없다는 생각이 들 때가 있다. 그런 점에서 교사 간 문화가 어떤지 다시 한번 살펴보는 것도 좋을 것 같다. 교사들 간에 경쟁, 냉대, 비협력, 뒷이야기 같은 문화가 주를 이룬다면 바꿀 필요가 있다. 외롭고 상처받은 교사에게 필요한 것은 격려이고 협력이고 연대이다. 그래서 나는 '교사 격려 계'를 적극 권한다.

'교사 격려 계'란 계원들끼리 모여 한 교사의 어려움을 들어주고, 비판이나 그 선생님의 문제를 일체 들추어내지 않고 공감과 위로, 격려만 하며 그 선생님을 위해 마음을 모아주는 모임이다. 이런 자리를 통해 교사는 동료들에게 고마움을 느끼고 힘을 얻을 수 있다. 비난, 책임 전가, 뒷이야기 문화를 바꾸어 협력과 연대의 즐거움을 누려보는 것이 어떨까?

교실
변화 전략

우리는 우리 세계에

상처를 가져다주는 방식이 아니라

치유를 가져다주는 방식을 알아야 한다.

파커 파머

실패에서
성공으로

모두가 성공하는 교실

모든 아이들이 성공하고 있다고 느끼게 하는 것. 이것이 교실 분위기를 전환하고 반을 새롭게 만드는 첫 번째 방법이다. 교실에서 실패하고 있다, 잘못하고 있다, 뒤처지고 있다고 느끼는 아이보다 성공하고 있다, 잘하고 있다, 발전하고 있다고 느끼는 아이들이 많아져야 한다. 아이들과 어떻게 작업하느냐에 따라 교실을 실패의 무덤으로 만들 수도, 성공의 장으로 이끌 수도 있다.

여기서 잠시, 성공이란 말의 의미를 다시 생각해볼 필요가 있다. 교실에서 학생들이 성공한다는 것은 무엇을 뜻할까? 학교에서 성공이란 보통 성적을 올리는 것이다. 그런데 그것마저 아이들의 성공으로 인정하지 않을 때가 많다. 반의 성적이 오르면 교사의 노력 덕분이라고 하고,

그렇지 못하면 아이들이 공부를 하지 않았거나, 못하는 아이들이 많이 모여서라며 실패의 이유를 아이들에게 전가한다.

프레네 교육 이론에 '교사는 실패할 수 있지만, 학생의 배움을 실패하게 해서는 안 된다'는 명제가 있다. 어떤 상황에서든 아이들에게 배움이 일어나야 한다는 의미이다. 모든 아이들에게 성공적으로 배움이 일어나려면 먼저 성공의 기준이 다양해져야 한다. 성공을 한 가지 잣대만으로 재단하면 그 기준에 만족하는 아이만 성공하고 나머지 아이들은 실패하는 셈이다. 성적뿐 아니라 학급생활에서 볼 수 있는 여러 가지 모습을 성공의 기준으로 제시한다.

실패를 지적할 때는 조심스럽게 한다. 학교나 가정에서 '왜 이렇게 못하니?' 하고 잔소리하는 일이 많을 것이다. 평소 잘한다는 칭찬보다 못한다는 지적을 더 하고 있지는 않은지 돌아보자. 한 토론회에서, 6세 이후로는 아이에게 부정적인 이야기를 하지 말라는 주장을 들은 적이 있다. 이때부터 잔소리는 효과가 없으며, 아이의 잘못을 꾸짖을 때 아이를 돕고 있는지 실패를 확인시키고 있는지 돌아보라는 내용이었다.

교사가 아이를 꾸짖는 말 중에 틀린 것은 그다지 없다. 아이들도 자신이 잘못했다는 것을 안다. 하지만 아이가 어떻게 실패하였는지에 관해서는 상세하게 설명하고, 잘했으면 좋겠다는 말은 짧게 덧붙였을 때, 아이들은 수치심을 느끼고 낙담한다. 아이가 잘못하는 것을 잘 봐두었다가 어떻게 실패하는지 적나라하게 설명하고 있지는 않은가. 교사는 깨달으라고 하는 말이지만, 아이들은 기분만 상한다. 요즘 아이들은 교사의 지적을 예전보다 더 불쾌하게 여기며, 더욱이 공개적인 자리에서는 모욕으로 받아들인다. 어떻게 잘할 수 있는지에 대해서는 한마디도 없고, 격려도 하지 않은 채 아이에게 자신의 잘못만 직면하게 만드는 꾸중은 효과적이지 못하다.

상담에서 실패에 직면시키는 일은 말로 뺨을 때리는 것과 같다고 표현한다. 실패를 지적할 때는 매우 조심스럽게 접근하고, 아니면 아예 하지 않는 것이 낫다. 아이들에게 '너는 지금 성공하고 있다'고 먼저 말해주자. 실패는 최소한으로 지적하고, 다양한 기준에 비추어 아이들이 성공하고 있다고 느낄 수 있도록 충분히 설명해주어야 한다.

작은 성공이 큰 성공을 부른다

아이에게 '지금 너는 성공하고 있다'고 말해주지 못하는 이유는 대부분 교사가 인정하는 성공의 기준이 좁기 때문이다. 성적이 1, 2, 3등인 아이들만 인정하고, 그 밖의 아이들이 자기 삶 속에서 어떻게 성공하는지 보는 눈이 없는 것이다. 아이들을 모두 같은 출발점에 세우고 동일한 기준으로 평가하기 때문에, 자신의 노력으로 성공하는 아이들을 알아보지 못한다.

한 집에 7~8명의 남매가 있던 시절, 그 중에는 공부 잘하는 오빠도 있고 살림 잘하는 누나도 있으며 다른 사람을 잘 챙기는 막내도 있었다. 학급에도 달리기를 잘하는 아이, 유머가 뛰어난 아이 등 잘하는 분야가 각기 다른 아이들이 앉아 있다. 교사가 정한 한 가지 목표에 아이들을 맞추지 말고 각자의 목표를 향해 출발하도록 도와야 한다.

성적만 해도 아이들은 출발점이 각자 다르다. 목표가 너무 높으면 실패할 수밖에 없다. 인터넷 게임에 중독된 아이를 지도할 때 '다음 주부터 절대로 하지 마'라고 하는 것은 지키지도 못할 목표를 제시하는 것이다. 아이들마다 적절한 목표를 잡고, 그것이 이루어질 수 있도록 목표 노트나 그래프 등을 만들어 실천할 수 있도록 돕는다. 성공 심리에서 목표를 관리하고 성취하는 경험은 매우 중요하다. 목표 노트를 씀으로써 학습과 생활에서 구체적으로 변하고 성공하는 자신의 모습을 확인할 수 있다.

변화가 빨리 일어나기를 바라면 역시나 실패한다. 작은 변화가 천천히, 연속적으로, 자주 일어나도록 아이들의 생활을 재조직한다. 아이들에게 목표를 정하도록 했을 때 목표를 너무 높게 잡았다면 무시하거나 비웃지 말고 달성 가능한 목표로 재조정해준다.

좋은 부모의 특징을 파악한 연구 논문을 비교 분석한 결과, 좋은 부모는 적절한 목표를 제시하고 많은 도움을 주는 부모라고 한다. 높은 목표를 제시하고 도움을 적게 주는 부모가 가장 나쁜 경우인데, 교사도 마찬가지다. 높은 목표를 제시하고도 도와주지 않는다면 성공할 수 없다. 진심으로 아이가 성공하기를 바란다면 부모와 교사가 함께 적절한 목표를 정하고 많은 도움을 주어야 한다.

무기력함을 이유로 상담을 받는 많은 청소년들이 목표를 정하고 시간표 짜는 일을 가장 싫어한다고 대답했다. 실패를 거듭하며 질린 탓이다. 반복되는 실패를 경험한 아이는 수행 자체를 회피한다. 실망하는 것보다 차라리 하지 않고 혼나는 것이 낫다고 생각하고, 자신이 터득한 삶의 원칙을 지키려고 한다. 의욕 없이 끌려다니는 삶을 살아가는 아이들에게 교사는 성공의 경험을 안겨주어야 한다. 작은 성공을 이루었을 때 크게 축하해주어야 한다. 세심한 관찰을 통해, 별것 아니더라도 아이에게 의미가 있다면 크게 칭찬해주고 성공이라고 이름 붙여준다.

사회 심리학자 앨버트 밴두라(Albert Bandura)는 작은 성공이 큰 성공을 부른다고 하였다. 비록 낮은 목표를 잡더라도 성취했을 때 다음 목표에 더 열심히 참여하며, 성공해본 사람이 또 다른 성공을 할 수 있다는 것이다. 반 아이들에게 성공의 경험이 적어도 하나씩은 있어야 반 전체의 무기력함을 이겨낼 수 있다. 성공의 영역을 넓히고 적절한 목표를 제시하여 아이들이 성공의 경험을 맛보게 하면 '하면 된다'는 분위기를 조성할 수 있다.

한 아이에게 어떤 어려움이 있다면 성공 지원단을 만들어 그 아이가 극복할 수 있도록 돕는다. 학급 내부에 성공을 지원하는 그룹을 만들어 격려하면 아이가 성취했을 때 얻는 기쁨이 크다. 만약 학급 전체가 '난 못해' 하는 무기력하고 침체된 분위기라면, 상징적으로 '난 못해 장례식(I can't funeral)'을 시행하는 것도 좋다. 학급 아이들 전체가 각각 자신이 못하는 것을 종이에 쓰고 관을 만들어 그 안에 집어넣는다. 그다음 관을 학교 뒤뜰에 묻고 묘비를 세운다. 못하는 것들을 다 묻었기 때문에 이제 아이들에게는 '할 수 있다(I can)'만 남는다. 장례식 형식은 다양하게 할 수 있고, 행사 시간 또한 정하기 나름이다. 할 수 없다는 부정적인 생각을 떠나보내고 긍정적인 생각을 이끄는 좋은 계기가 될 것이다.

교사의 태도 역시 중요하다. 많이 준비한 일이 실패했을 때 교사는 아이 탓을 하는 경우가 많다. 성공하는 학급을 만들기 위해서는 학생의 성공도 중요하지만 교사의 성공 경험도 매우 중요하다. 교실이 실패의 무덤에서 성공의 축제장으로 변하려면 교사가 긍정적이고 낙관적인 태도로, 성공할 수 있다는 자신감을 갖고 있어야 한다.

부정에서
긍정으로

긍정의 말과 시선이 오가는 교실

수업 시간 외에 교실에서 긍정적인 말을 많이 쓰는가, 아니면 부정적인 말을 더 사용하는가. 교실 안에서 하루를 지내면서 나는 어떤 말을 주로 쓰는지 교실 언어를 한번 분석해보자.

내가 쓰는 교실 언어가 부정적인 말투성이라면, 내 인생은 부정의 말로 가득 찬 셈이다. 실제로 '하지 마' '조용히 해' '똑바로 앉아' '시끄러워' 등 교사들이 쓰는 말은 대체로 부정적일 때가 많다. 이런 말을 수시로 하는 교사의 마음은 매우 불행해질 수 있다. 우리가 긍정적인 말을 써야 하는 까닭이 여기에 있다.

우리는 다른 사람의 문제는 알지만 장점은 잘 모른다. 잘 못하는 이유는 알지만 잘하는 이유는 모르며, 불행해지는 이유는 알지만 행복해지는 이유는 잘 모른다. 심리학과 정신의학에서 이 점을 반성하며 나온 것이 '긍정 심리학'이다. 잘하게 되는 이유, 행복해지는 이유, 건강해지는 이유를 묻고, 역경을 만나도 극복하는 사람들의 심리에 더 주목하면서 긍정 심리학이 발전하였다.

가끔 텔레비전이나 신문에서, 인생에 성공한 사람들이 '내가 잘못한 것을 알면서도 기다리고 격려해준 고마운 선생님'에 대해 술회하는 것을 본 적이 있을 것이다. 잘못한 것을 혼내기는 쉬우나 잘하도록 돕는 일, 또 잘 못하는 아이가 잘하는 다른 면을 발견하는 일은 어렵다. 이것은 따뜻한 마음만으로는 부족하며, 아이들을 긍정적으로 바라보는 시각이 필요하다.

수업시간에 졸며 지루해하는 아이, 게임에 빠져 있는 아이들을 게으르다, 나쁘다, 사악하다, 교활하다고 여기는 교사는 아이들과 치열한 전투를 치러야 한다. 하지만 그런 아이들을 공부에 곤란함을 느끼는 아이, 상처받은 아이, 어려움을 겪는 아이라고 보고 다가가면 교사는 노움을 주는 사람이 된다. 요즘 아이들은 공부하기 좋은 축복받은 환경에서 산다고 생각할 수 있으나, 사실 아이들은 치열한 경쟁 속에서 많은 압박을 받고 있다. 대부분의 아이들은 교사의 말을 듣고 따르려고 하며 기억하려고 애쓴다. 교실에 앉아 있는 아이들 모두 나름대로 힘겹게 노력하고 있는 것이다.

이런 아이들에게 역경 극복의 과정을 가르치자. 원래 잘하던 사람이 더 잘하게 됐다는 말은 흥미롭지 않다. 에디슨, 아인슈타인의 경우처럼 잘나지 않았던 사람이 성공하게 된 구조로 된 이야기를 자주 들려주는 것이 좋다. 잘하지 못했던 사람들이 어떻게 자신을 이겨나갔는지 자꾸 말해주어야 한다.

'선생님은 어떻게 공부하셨어요?'라는 질문에 '나는 원래 수학을 잘했어' 하고 대답하면 아이들에게 도움이 되지 않는다. 교사는 가르치는 내용이 쉽지만, 지금 배우는 아이들에게는 어렵다. '나도 너희 나이 때 수학이 무척 어려웠다'고 아이들에게 공감해주면 아이들은 안도한다. '이것도 모르냐? 이거 쉬운 거야' 하고 핀잔 주지 말고 학생 때 느꼈던 어려움을 떠올려보자.

선생님도, 엄마도, 옆 친구도 모두 원래부터 잘했다고 하면, 아이는 어려워하는 자신에게 실망하여 포기하게 된다. '나도 어려웠고 처음부터 잘하지 못했지만, 노력하여 지금은 잘하게 되었다'고 변화를 강조하면 아이들이 희망을 느낀다. 지금의 자신이 잘못된 것이 아니며, 나도 할 수 있다는 의욕을 느낀다.

헬렌 켈러에게 설리번 선생님이 있었던 것처럼, 역경을 이기는 과정에는 도움을 주는 사람이 꼭 필요하다. 아이들은 힘든 문제들을 이겨나가는 중이고 교사를 돕는 사람이다. 함께 노력하여 못하던 아이가 잘하는 아이로, 불행했던 아이가 행복한 아이로, 우울한 아이가 명랑한 아이로 바뀔 때 교사는 큰 감동을 받는다. 역경 극복의 스토리텔링을 통해 한 학기, 한 학년 동안 변화하는 아이들이 분명히 있을 것이다. 여러 가지 요소들이 작용하겠지만, 아이들의 변화에 교사가 힘을 보태었다면 교사로서 더없이 큰 보람을 느낄 것이다.

긍정 교육의 핵심은 자기 칭찬

자존감이 낮거나 실패하는 아이들이 가장 못하는 것이 자기 칭찬이다. 보통 칭찬 릴레이, 칭찬 스티커 같은 칭찬 프로그램을 많이 하는데, 긍정 교육의 핵심은 남 칭찬이 아니라 자기 칭찬을 먼저 가르치는 것이다. 긍정적인 교실을 만들기 위해 아이들에게 먼저 '너 자신을 칭찬해라', '너 자신을 좋아해라'라고 가르쳐야 한다. 모든 칭찬은 자기 칭찬부터 시작해야 한다.

다음은 어느 남자 고등학생들과 함께 토의한 '별 볼 일 없는 집단'이라는 그룹의 특성이다.

- 학원을 다니긴 한다.
- 공부를 안 하는 것은 아니지만 시키는 만큼만 억지로 한다.
- 소소한 규칙을 조금씩 어긴다.
- 무리 지어 다닌다.
- 담배 정도는 동네에서 피워준다.
- 틈만 나면 게임한다.
- 장래 희망은 아직 모른다.
- 너무 진지한 것은 싫지만 약간의 걱정은 한다.
- 특별한 재능은 없다고 느낀다.
- 학교에서도 큰 관심은 없다.
- 그렇게 나쁜 놈은 아닌 것 같다.

- 조금만 하면 잘할 것 같은 인상을 주긴 한다.
- 집에서는 외동이거나 두동이라서 무척 귀하게 여긴다.
- 담임은 가끔 기억하거나 이름도 헷갈려 한다.

 자신을 별 볼 일 없는 사람이라고 느끼는 아이들이 의외로 많다. 두드러지게 공부를 잘하는 학생을 제외하고는 자신이 성공하거나 긍정적으로 평가받을 것이라는 기대감이 적기 때문이다.

 자신을 소중히 여기고, 반 친구들이나 교사에게도 그렇게 평가받는 것은 아이들의 동기 부여, 미래 희망과 관련하여 매우 중요하다. 흔히 교사들이 모두가 소중하고 모두를 사랑한다고 쉽게 말하지만, 아이들은 이런 표현에 대해 위선적이라고 반응한다. 저마다 소중한 가치가 있으며, 특별한 재능이 없더라도 삶을 긍정하며 소박하고 성실하게 살아가는 것도 매우 값진 일이라는 교사의 메시지, 태도, 학급 분위기 속에서 아이들은 비로소 자기 사랑을 배울 수 있다.

 따라서 교사는 아이들이 스스로를 자신이 소중한 사람이라고 느낄 수 있도록 여러 가지 장치를 만들어야 한다. 자기 사랑, 자기 칭찬이 마음에 자리를 잡기 위해서는 훈련이 필요하다. 긍정 교육 실천의 일환으로 '자기 사랑 노트'를 쓰게 하자. 처음에는 '나는 잘생겨서 나를 좋아해', '돈 많은 아버지가 있는 내가 좋아' 하면서 장난처럼 가볍게 시작하지만, 진행될수록 점차 진지해지고, 자신의 구체적인 모습과 행위에 대해 칭찬하게 된다. 아이들이 자신을 칭찬할 때 교사는 '그래, 진짜 멋지다', '이런 멋진 모습, 계속 기대하겠다'며 충분히 감탄하고 기대해주어야 한다. 그럴수록 아이들은 자긍심이 커지고 자신을 사랑하는 일에 노력한다.

　부정적이고 비관적인 사람들은 자신을 돌보지 않는다. 마찬가지로 자신의 존재에 대해 나쁘게 평가받는 아이들은 자신을 소중하게 여기지 않는다. 긍정적인 교실을 만들기 위해서는 아이들이 자신을 사랑하고, 칭찬하며, 자신이 필요한 존재라고 느끼도록 해주어야 한다. 그런 아이들이 많을수록 교실에 긍정의 에너지가 넘치게 된다. 남 칭찬에 앞서 자신을 칭찬하도록 진지하게 도와주자.

능력 중심에서
노력 중심으로

과정을 소중히 여기는 교실

아이가 시험에서 100점을 받았을 때 어떻게 반응하는가? '문제가 쉽게 나왔어?' '다른 아이들도 100점이야?'라고 묻는 엄마들은 결과를 중시하는 평가 목표형이다. 과정을 중시하는 학습 목표형 엄마들은 '100점을 받은 건 좋은 일이지만 시험이 너에게 새로운 것을 가르쳐 주지는 못했구나' 하고 말할 것이다. 부모가 어떤 반응을 보이느냐에 따라 아이들이 공부를 대하는 태도가 달라진다.

마찬가지로 교사의 인정 시스템은 아이들의 학습 동기에 많은 영향을 준다. 교실에 많은 영향을 끼치는 교사의 메시지는 구성원들에게 동기를 불러일으키거나 반대로 무력하게 만든다. 교사가 능력을 중시하고, 결과를 중요하게 여기며 목적을 이루기 위해 수단과 방법을 가리지 말라고 한다면 학급이 동기화되기 어렵다. 능력을 중시하는 교사는 평가와 결과를 강조한다. 이런 학급의 학생들은 실패했을 때 좌절하며, 그것이 새로운 배움이 될 수 있다고 생각하지 않는다.

능력과 평가를 강조하는 분위기 속에서는 동기화된 아이들이 나올 수 없다. 어렸을 때부터 평가를 받고 그 결과에 따라 부모의 반응이 달라지는 모습을 보며, 점수가 낮을 것 같으면 아예 하려고 들지 않는 것이다. 한국의 아이들은 평가에 따라 자기가 어떻게 분류되는지 초등학교 때부터 알며, 평가에 대한 방어로써 못하는 것보다 안 하는 것이 낫다고 생각한다. 그것이 몸에 배어 중고등학교에 이르면 공부를 포기하는데, 그런 과정에서 피해 의식을 갖게 되며 노력보다 능력이 중요하다는 생각을 한다. 시간이 지나 자신의 변화를 이끌어낼 용기를 내기 어려운 상태가 되면 이런 태도가 고착되어 바꾸기 어렵다.

주위의 도움으로 쉽게 성공한 사람은 실패했을 때 충격으로 인해 좌절하기 쉽기 때문에, 계속되는 성공은 별 도움이 되지 않는다고 캐럴 드웩이 이야기한 바 있다. 그는 "더 중요한 것은 성공하면 성공에 대해, 실패하면 실패에 대해 분석할 줄 아는 것"이라고 하였다. 과정에 대해 칭찬을 받았던 아이들은 성공을 경험했을 때 자신이 어떻게 성공했는지에 대해 분석할 줄 안다. 그리고 실패를 하더라도 낙담하지 않고 원인을 분석하고 다시 도전한다. 과정에 대한 칭찬은 결과를 칭찬하는 것보다 호기심을 더 확장시키고 배움의 과정에 주목시킨다.

캐럴 드웩은 아이들을 동기화하기 위해서는 실패했을 때 어떻게 반응하느냐가 더 중요하다고 말한다. 대부분의 교사들은 아이들의 성공에 주목하고 칭찬하며, 실패하면 비난한다. 실패가 좌절감으로 고착화

되느냐 아니냐는 아이가 실패를 어떻게 다루게 하는가에 달렸다. 실패를 좌절로 받아들이면 동기는 사라진다. 계속 배움이 일어나도록 도우려면 노력에 기초한 과정을 중요하게 여기고, 교실 전체가 그것을 강조하는 분위기가 되어야 한다.

'참 잘했다, 진짜 똑똑하다' 같은 칭찬은 별 도움이 안 된다. 칭찬할 때 '어떻게 해서 그렇게 할 수 있었는지 말해주겠니?' 하고 물어 잘한 아이가 과정을 발표하고, 또 다른 아이들이 그것에 관해 질문하도록 이끄는 것이 좋다. 서로의 과정에 주목하고, 그 과정을 돕는 분위기를 형성하는 것이다.

노력은 능력보다 값지다

무기력한 아이들을 변화시키려면 노력이 얼마나 값진 것인지 일깨워야 한다. 노력이 쓸모 있는 것임을 경험하도록 돕자. 캐럴 드웩은 무기력한 아이에게 노력의 불씨를 지펴야 교실이 살아난다고 하였다. 능력과 그 배경, IQ, 집안 등 운명론을 부추기는 불씨를 꺼버려야 한다.

'공부 잘하는 애들은 타고 난다' '인생은 한 방'과 같은 가치관을 가지면 자기 삶에 변화가 없을 것이라고 여겨 노력하지 않고 쉽게 포기한다.

일찍 포기하는 아이들이 과거보다 많아졌다. 과거에는 성적이 잘 나오지 않아도 공부를 완전히 포기하는 일이 드물었지만, 요즘은 초등학교 4~5학년에 포기하는 아이들도 있다. 노력이 의미 없다고 생각할수록 타고난 운명, 능력이 중요하다고 여겨 남을 탓한다.

가정에서 아이들을 포기하게 만들기도 한다. 가정에서 훈육할 때 아이의 IQ와 능력을 따지고 모든 것이 이미 결정됐다고 자꾸 얘기하는 것이 대표적인 예다. 자녀의 수학 점수를 보며 '넌 이미 글렀다, 이렇게 해서 대학 가겠냐?' 하며 희망이 없다는 단정적인 태도로 아이들을 대하는 것은 문제이다.

교사는 잘하지 못하는 아이들에게 변할 수 있다는 희망을 주어야 한다. 이때 노력이 값지다는 것을 알게 하는 것이 핵심이다. 무기력한 아이들 앞에서 자신은 노력하는 사람을 좋아하고 어떤 것이 노력하는 것인가를 교사가 반복해서 알려줘야 한다.

성공을 어떻게 받아들이게 하는가도 중요하다. 교실과 가정에서 성공의 요인이 네 능력 덕분이라고 칭찬하면 동기를 없앤다. 성공의 요인이 노력 때문임을 강조하여 칭찬해야 동기를 부여할 수 있다. 흔히 '머리가 좋아', '타고 났어'라고 칭찬하는데, 이는 전형적인 능력 칭찬이다. 잘하면 머리가 좋아서이고 못하면 머리가 나빠서라는 말을 들었던 아이들은 부모에게 물려받은 것에 의해 성공 여부가 결정된다는 인식을 갖게 된다. 그래서 개척하려는 의지가 적고 실패했을 때는 그것을 탓하며 성찰하지 않는다.

많은 엄마들이 평소에는 능력 칭찬을 하다가도 '우리 아이는 머리는 좋은데 노력을 안 한다'고 말한다. 이것 역시 전형적인 능력 칭찬이다. '될성부른 나무는 떡잎부터 알아본다'는 속담은 노력 의지를 깎아내린다. '잘생겼다' '똑똑하다' '잘한다'처럼 표현이 구체적이지 않고 일방적인 칭찬을 받았던 아이들은 어려움이 닥쳤을 때 노력하지 않고 능력을 탓하게 된다.

'나는 능력이 뛰어나지도 않고, 외모가 빼어나지도 않아', '우리 집 사정으로는 할 수 없어'라고 하며 자신의 환경을 단정 짓고 이미 삶의 결과가 나온 것처럼 생각하는 아이들에게 '노력하면 되지 않겠니?'라고 말하면 싫어할 수밖에 없다. 자신의 노력이 주목받지 못했기 때문이다. 아이들이 무기력한 것은 평가 목표에 시달리면서 노력의 의미를 잃어버렸기 때문이다.

노력 칭찬을 많이 하는 사람은 과정을 중시한다. 과정을 칭찬하면 호기심이 배가 된다. 그리고 점수에 연연하지 않는다. 노력 칭찬을 많이 받은 아이들은 성공했을 때 우연이 아니라 필연이라고 생각한다. 이런 아이들은 성적이 생각보다 나오지 않을 때 '내가 노력을 하지 않은 결과로구나' 하고 받아들이지만, 능력 칭찬에 익숙한 아이들은 '시험이 어려웠다'고 판단하며 자기 성찰을 하지 않는다.

한 아이에 대해서 똑똑하다, 능력 있다, 다 잘한다는 식의 칭찬을 하는 것은 위험하다. 때문에 교실에서 교사는 잘하고 못하고는 크게 중요하지 않다는 태도를 유지하고, 잘하는 것과 못하는 것의 이유를 함께 생각해보도록 유도해야 한다.

노력하면 변할 수 있다는 믿음은 인생에서 큰 자산이다. 잘하는 것만 칭찬하는 것은 동기를 빼앗는 행위이다. 그런 점에서 교사가 어떤 메시지를 전달하느냐에 따라 교실 안 노력의 열기가 달라진다고 할 수 있다. 능력 메시지를 전달하는 교실에서는 소수의 아이들만 노력하지만, 노력 메시지를 전달하는 교실은 모든 아이들이 노력한다.

또한 교사는 노력에 대해 적절하게 보상해야 하는데, 그 방법 중 하나가 일취월장에 대한 칭찬이다. '학교에서는 성적표의 점수로만 평가

하지만 나는 성적이 아닌 다른 평가 기준을 적용하겠다'라고 말해주자. 학기를 시작할 때 교사가 미리 일취월장이 중요하다고 말하고, 변화의 양을 중요하게 여긴다는 점도 강조한다. 각기 다른 출발선에서 출발하는데 골인 지점만 얘기할 수는 없기 때문이다. 변화의 양이 큰 아이에게 일취월장상을 준다.

'성장학교 별'에서는 가장 노력한 학생을 '이달의 학생'으로 선정하였는데, 아이들이 직접 뽑았다. 거부당하고 위축되었던 아이가 다른 아이들에게 노력을 인정받아 일취월장상을 받으면, 매우 영예롭게 여긴다. 교사가 일방적으로 뽑으면 편애라고 여기기 때문에 아이들이 직접 뽑도록 한다. 이는 교실에서 노력을 부각시킬 수 있는 좋은 방식이다.

또한 성공의 요인을 과정의 문제로 칭찬해주는 것도 잊지 말아야 한다. 노력하는 즐거움, 과정의 즐거움, 학습의 즐거움을 알게 하는 말과 태도, 분위기를 끊임없이 조성한다면 교실이 노력하는 열기로 가득 찰 것이다.

갈등과 경쟁에서
협동과 기여로

협동 속에서 배움이 일어난다

미국의 교육 개혁 패러다임에서는 협동, 나눔, 기여를 통해 교실 안의 공동체를 회복하자고 주장한다. 그것을 실천하는 방법으로 '서로 돕자', '기여하자'고 한다. 사실 이런 가치들은 예전에 다 들어본 것들이다. 근면, 자주, 협동이나 상부상조는 시험에도 자주 나왔던 단어가 아닌가. 하지만 현재 우리의 교실에는 협동, 나눔, 기여가 사라지고 경쟁, 차별, 무시가 횡행한다.

프레네 교육 이론 역시 학급이 협동체가 되어야 한다고 말한다. 사회의 축소판인 교실이 협동체, 협동 훈육의 장이 되어야 함을 강조한다. 이를 위해 가장 중요한 것이 바로 학생 회의이다. 프레네 교육에서 협동과 협동 학습은 의미가 조금 다르다. 협동 학습에서는 교사보다 동료

학생의 역할이 크다. 모둠을 기본으로 하는 일종의 생활 공동체 개념으로, 한 아이가 배우는 데에는 다른 아이의 도움이 필요하며 교실에서 협동 없이 사는 것이 가능한가를 질문한다. 반면 협동은 도달할 목표가 아니라 일상생활에서 일어나는 일로, 이 덕목의 가치를 부각시키고 그것이 잘 일어나도록 돕는 것이 학교의 역할이다.

대안학교에서는 대부분 토론식 수업을 한다. 토론식 수업은 책을 보고 와서 말하기보다 자신의 생각을 표현하는 데 중점을 둔다. 한 사람의 생각은 옆 친구에게 도움이 되며, 다른 사람의 시각을 듣는 것에서 배움이 일어난다. 책에 있는 내용을 그대로 이야기하는 것은 그다지 의미가 없다. 책을 보면 알 수 있기 때문이다. 하지만 자신의 이야기를 하면 친구들이 그것을 듣고 비교하고 분석하여 나름의 관점을 만들고 실천 계획을 짜게 된다.

그런 의미에서 자신의 생각을 이야기하는 것도 협동이다. 협동의 본질이 이렇기 때문에, 협동이 없으면 교실에서 배움이 일어나지 않고 죽은 공간이 된다. 한국 학생들은 경쟁이 심하여 자신의 생각을 말하지 않는다. 좋은 생각일수록 공유하기보다 감춘다. 그래서 더욱 배움이 일어나지 못한다.

교실의 협동은 단순히 남을 돕는 행위가 아니다. 사고력과 판단력을 키우기 위해서는 타인의 생각을 듣는 게 중요하다. 어른의 경험, 친구의 관점을 듣고 자신의 생각을 이야기하는 것은 마음을 여는 일이다. 이를 통해 서로 높은 수준의 합의점에 도달하면 다 같이 발전할 수 있다.

배움을 위한 협동에서 생활 기여에 이르기까지, 교실에 협동하는 분위기가 넘치도록 하는 기술이 필요하다. 그러기 위해서는 교사의 태도와 설명이 중요하다. 한 집안에서 형제들을 놓고 사이좋게 지내야 하는 이유를 설명하는 것처럼, 반 아이들에게 서로 사랑하고 협동해야 함을 충분히 납득시켜야 한다.

학급 기여 목록 만들기

1980년대부터 미국의 교실 개혁, 학급 경영에서 많이 회자된 또 하나의 주제는 학급 아이들이 서로 기여하도록 하자는 것이다. 기여(contribution)와 기여에 대한 축하(congratulation), 두 가지가 중요한 가치로 부각되었다. 협동하고 협력하는 반을 만들기 위해 실천적으로 기여하는 풍토를 만들어야 한다. 능력이 아니라 협동과 기여를 토대로 서로 평가하자. 반 아이들이 어떤 것으로 자신이 교실에 기여할 수 있는지, 학급 기여 목록으로 만드는 것을 제안한다.

교사는 아이들을 가르치는 것으로 사회에 기여한다. 아이들에게 학급 기여 목록을 만들자고 제안할 때 교사가 먼저 '내 사랑이 완벽하지는 않지만, 나는 너희들을 잘 가르치고 사랑하는 것으로 기여하겠다'며 기여에 대한 자발적 고백을 한다면 아이들이 더 진지하게 임할 것이다. '너희들도 기여를 하면 좋겠는데, 뭘 기여할지는 너희 스스로 정해라' 하고 말했을 때, 아이들은 어떤 것을 기여하겠다고 할까? '친구를 사랑하는 것으로 기여하겠다', '재미있는 이야기를 해서 기여하겠다' 등 여러 가지 대답이 나올 것이다.

이야기 치료(narrative therapy)에서 많이 쓰는 방법인데, '네가 웃음으로 크게 기여해서 우리 모두가 한 학기 동안 아주 즐거웠다' 같은 내용으로 학기 말에 기여증을 주면 아이에게 의미 있는 보상이 된다. 선생님의 수업을 도와줘서, 체육 대회 때 우리 반이 상을 받도록 해줘서 고맙다는 내용으로 긍정의 의미를 담아 상을 주면 아이들이 행복해한다.

인정 시스템을 가동하여 아이들에게 협동, 기여의 메시지를 강력하게 전달하자. 경쟁은 기여 풍토를 저해한다. 서로 경쟁하기 바쁜데 어떻게 기여를 하겠는가. 경쟁이 아닌 협동의 메시지를 교사가 어떻게 주느냐가 중요하다. 기여, 나눔이 우리를 행복하게 만든다고 알려주고, 아이들이 자부심을 느끼도록 눈에 보이는 보상을 한다면 협동과 나눔의 학급 분위기를 조성할 수 있다.

서로 관심 없는 학급이 되는 이유는 서로에게 관심을 둘 수 없는 환경 때문이다. 또 관심을 갖도록 권장하지 않기 때문이다. 관심을 둘 수 없는 환경이란 오직 자신의 공부만 하면 문제가 없는 환경으로, 현재 이런 풍토를 조성하는 세도를 우리 힘으로 모두 바꾸기는 어렵다. 하지만 교사가 교실 내 분위기를 바꿀 수는 있다. 아이들의 문제가 아니다. 서로 관심을 가질 수 있는 장치를 교실에 두지 않는 것이 문제이다. 먼저 교사가 아이들에게 관심을 가지는 태도를 보여야 한다. 다음으로 기여하는 학생들을 알아보고 칭찬한다. 기여 마일리지를 운영하는 것도 한 방법이다. 학년에 따라 다르지만 교실에서 아이들이 기여할 수 있는 목록을 제시해주는 것도 좋다.

누군가에게 기여하면 저절로 자긍심과 존재감이 높아진다. 예전에 많이 하던 '마니또 놀이'는 관심을 통해 기여를 창조하는 전통적인 방법이다. 특별한 희생이 아니더라도 학급 회의나 조회, 종례를 잘 활용하여 학급에 도움이 될 만한 일들을 서로 찾는다면 교실에서 인간적인 분위기가 물씬 날 것이다.

배움과 나눔, 협동의 관계는 매우 중요하다. 협동은 서로 협상해서 갈등을 없애기 위한 소극적인 행위가 아니라, 서로를 더욱 풍요롭게 하기 위해서 기여하는 것으로 일어나는 적극적인 행위라는 메시지를 아이들에게 전해주자. 중요한 것은 교사가 이런 메시지를 강력히 전할 수 있느냐 하는 것이다.

사실 교사들은 협동의 경험이 적다. 앞서 이야기한 바 있듯, 파커 파머는 교사라는 직업이 가지고 있는 치명적인 단점으로 교사가 혼자라는 점을 지적했다. 교사 자신이 협동에 기초해 일상생활을 하지 않기 때문에 협동을 가르치기 어렵다는 것이다. 의사는 혼자 수술을 할 수 없다. 적어도 4명이 함께 수술하고, 수술하는 과정을 다른 의사들이 지켜본다. 수준 높은 의사가 되려면 진료를 공개해야 한다. 교사 또한 마찬가지다. 다른 교사들에게 수업을 공개하고 피드백을 받아야 한다.

협동할 기회가 적은 교사들은 의식적으로 협동하는 법을 몸에 익혀야 한다. 스스로 협동해야 아이들에게 협동을 가르칠 수 있다. 교실 역동, 즉 아이들의 관계를 만들어 가는 교실의 리더로서, 학급을 운영하는 담임으로서, 교사가 아이들을 협동시키는 노하우가 없다면 큰 문제가 된다. 협동이 없는 교실은 살아 있는 교실이 아니다. 협동하도록 이끄는 것은 교사의 의무인 것이다.

미움과 냉소에서
사랑과 관심으로

미움과 냉소, 어디에서 올까

학급에 미움을 전파하고 갈등을 조정하는 아이들이 있다. 이런 아이들은 또 선생님과 친구들에게 미움을 받는다. 이렇게 미움의 악순환이 반복되면 협동하는 분위기가 형성되기 힘들다. 미움과 냉소는 어디에서 기인할까?

호감 심리학의 중요 과제 중 '미움 받아보기'가 있다. 교실에는 칭찬받는 아이들보다 그렇지 못한 아이들이 더 많다. 그 중에는 어렸을 때부터 칭찬, 호감과는 거리가 멀고 잘하는 것이 없어 혼나는 것에 익숙한 아이들도 있다. 그렇다면 혼나는 아이들, 미움을 받는 아이들의 심리는 어떨까?

미움을 받아본 적이 있는가? 그때 어떤 감정을 느꼈는가? 한 강의에서 이 질문을 했을 때 다음과 같은 대답을 들은 적이 있다.

"선생님께서 기대감을 갖고 나를 예뻐하셨는데, 공부에 불성실한 실제 내 모습을 보고 실망하며 미워하셨어요. 그때 크게 상처받았습니다."

미움받는 심정이 어땠는지 떠올려보자. 미움을 받으면 누구나 서럽고 분하다. 이해가 되지 않는 미움을 받았을 때는 저 사람이 또 무엇으로 꼬투리를 잡을까 의심이 생기고 편집증적으로 변하기도 한다. 교사가 반장, 부반장 혹은 반에서 1~3등 하는 아이들만 좋아하면 나머지 아이들은 차별의 서러움을 느낀다. 서러운 마음을 지닌 채 매일을 살아가는 아이는 교사가 가까이 다가오면 두려워하기도 한다. 자신은 선생님에게 혼날 일밖에 없다고 여기기 때문이다.

이런 아이들에게서 나오는 감정은 어떤 감정일까? 인간은 받은 것을 주는 속성이 있다. 사랑을 많이 받은 아이는 다른 사람들에게 사랑을 나눠주고, 미움을 받았던 아이는 다른 사람들에게 미움을 준다. 서럽고, 분하고, 이유를 모르겠고, 내가 어떻게 할 수가 없다고 느끼면 절망하고 포기하며 자신이 받은 감정을 주변 사람에게 전달한다. 남녀 차별하는 엄마, 공부 잘하는 아이만 좋아하는 선생님, 조건이 좋은 사람만 선호하는 사회를 아이가 어떻게 할 수 없을 때 느끼는 부정적인 감정은 고스란히 아이의 감정이 된다. 그리고 그 관계에서 자신이 받은 미움의 감정을 다른 사람에게 준다.

교사가 일부 아이들만 좋아하고 아이들을 엄격히 재단하며 '너는 안 돼' 하고 미움의 감정을 준다면, 그 감정은 고스란히 부메랑이 되어 돌아온다. 아이들도 어떤 선생님은 좋고 어떤 선생님은 나쁘다고 재단하며, 나아가 싫어하는 선생님의 수업을 듣지 않고 방해한다.

불행을 많이 겪은 사람은 행복을 어색해한다. 반 아이들의 절반 정도는 미움이나 비난을 주로 받는다. 성적이 중상위가 안 된다는 이유로 집에서 '밥값이라도 해라', '들러리 서러 학교 가냐', '엑스트라 인생, 너는 언제 무대에 올라가니?' 같은 소리를 듣는다. 이런 미움을 받으며 교실에 앉아 있는 아이들의 심정은 어떨까?

미움받는 것에 익숙한 아이에게 교사가 긍정적으로 다가가면 아이는 선생님의 호의를 분명 무언가 대가를 요구하는 의도가 있을 거라 여기거나 가식이라고 생각한다. 자신에게 다가오는 행복을 못 보고 놓친다. 선생님의 호감을 못 받아들이는 아이들은 다른 사람이 자신에게 호감을 가질 리 없다는 확신을 갖고 있다. 그동안 많은 어른들이 자신에게 그렇게 대하지 않았기 때문이다. 그래서 호감을 경계한다. 잠깐 좋아하다 떠나버리면 상처가 클 것 같아 방어한다. 어떤 아이들은 선생님의 호감이 진심인지 걱정하고, 시험하기도 한다.

부정적 정서 상태에서 오랫동안 지낸 아이에게 심리 검사를 해보면 중립적으로 접근해도 공격적으로 해석하는 경우가 흔하다. '너 멋지다'라고 얘기하면 '왜 놀리세요?' 하고 반응한다. 이런 아이들은 선생님이 미워서가 아니라 미움을 받았기 때문에 진심으로 이야기해도 받아들이지 못하는 것이다.

미움과 또래들의 비웃음을 주로 받았던 아이들에게는 조심스럽게 접근해야만 한다. 이들은 비난받지 않기 위한 방어적 갑옷을 입고 있어 좀처럼 마음을 열지 않는다. 적어도 한 학기에 이르는 긴 전략을 짜고 천천히 다가서야 한다. 고슴도치처럼 몸을 웅크린 아이에게 준비 없이 다가갔다가 교사가 오히려 상처받을 수 있다. 사람들의 호의를 믿지 않는 이들에게 신뢰는 매우 중요한 열쇠이다. 호의적인 모습으로 꾸준히 대해야만 천천히 안전함을 느끼면서 자신의 갑옷을 내려놓는다.

한편, 공연한 칭찬은 이런 아이들에게 오히려 불신만 키울 수 있다. 선물을 줄 때는 선물을 주는 때(timing), 선물의 규모(dosage), 선물 주는 방식(situation)이 모두 중요하다. 교사가 칭찬이라는 선물을 주려고 하더라도, 이런 요소가 적절하지 않으면 오히려 냉소적인 반응만 불러일으킬 수 있다. 전통 무예 택견에 매우 중요한 기술로 거리두기가 있다. 마찬가지로 누군가와 친해지고 싶을 때는 상대방이 거리를 어떻게 두는 사람인지를 알아야 한다. 거리를 멀리 두고 지내고 싶어 하는 사람에게 갑자기 다가서면 상대방은 당황하여 공격한다.

따라서 아이가 어떤 취급을 받아왔는지 이해하는 것이 우선이다. 아이의 까칠함과 거부, 냉소가 그동안 받은 소외감과 미움 탓이라면, 그만큼 저항이 있을 것이다. 꾸준한 관계로 아이가 갑옷을 스스로 벗도록 접근한다. 조금씩, 꾸준히, 신뢰를 쌓으며 교사가 지치지 않게, 적어도 한 학기 정도는 관계를 형성하며 아이의 마음을 열어간다. 시간과 이해 그리고 따뜻한 인내심이 필요한 과정이다.

나는 아이들에게 어떤 감정을 주고 있는가

심리 상담을 할 때면 가장 먼저 그 사람의 감정이 어디에서 온 것인지부터 살핀다. 화가 나는 감정이 내부에서 비롯된 것인지 남에게 받은 것인지 아는 것이 중요하기 때문이다. 성숙한 사람은 내 감정 상태가 어떤지, 지금의 감정이 어디에서 왔는지 스스로 살필 줄 안다. 자기 감정을 드러내는 것을 금기시하는 동양 문화의 특성상, 우리는 무의식중에 감정 표현을 억제하는 훈련을 해왔다. 그래서 자신의 감정을 잘 모르고, 특히 부정적 감정에 눈감는 경우가 많다. 자신의 감정이 어디에서 왔는지 이해하려면 많은 훈련과 시간이 필요하다.

교사는 자신이 아이들에게 주는 감정이 무엇인지 알아야 한다. 교사가 아이들에게 '너 왜 짜증 내냐?'며 혼내는 경우가 많다. 하지만 실제로 더 화를 내고 짜증을 내는 쪽은 교사이다. 학생이 교사에게 예의 바르고 친절한 것은 당연히 여기면서, 교사는 자신의 감정을 거르지 않고 학생들을 마구 대하고 있지는 않은가? 교사가 아이들을 사랑으로 대했는데 선생님이 밉다고 할 리 없다. 물론 사랑을 받아본 경험이 적은 아이들은 어색해할 수 있지만, 교사가 화기애애한 분위기를 조성하고 사랑을 주고 있는데 아이들이 '왜 저를 사랑하세요?' 하며 따져 묻지는 않는다.

교사로서 자신이 아이들에게 주는 감정이 어떤 것인지 생각해봤다면, 다음으로 훈육 기술을 파악해야 한다. 내 훈육 기술은 긍정적인가, 부정적인가? 사랑, 인정, 격려, 칭찬 등은 긍정적 기술이다. 반면 무관심, 무시, 경멸, 꾸짖기, 비교, 비난, 모욕, 폭력, 협박, 강요, 위협, 비하 등은 부정적 기술이다. '똑바로 안 할래?', '엄마한테 이른다' 같은 말들은 모두 부정적 기술이다.

아이들이 교사에게서 경험하는 주된 정서가 사랑인가 미움인가, 따스함인가 차가움인가 하는 것은 교사가 쓰는 훈육 기술과 변화 전략이 긍정적 기술인가 부정적 기술인가에서 기인한다는 것을 잊어서는 안 된다.

　교실의 의사소통 수단이 미움, 무시, 비교, 비하로 가득 차면 부정적인 변화가 많이 일어난다. 아이들은 교사가 없는 자리에서 선생님 흉내를 많이 내는데, 그 현장에서 아이들이 선생님처럼 비하하기, 협박하기 등을 하고 있다면 교실에 좋은 변화가 일어나기란 매우 힘들다. 교사가 부정적인 훈육 방법으로 아이를 대하면 아이들도 교사를 부정적으로 대한다. 모범생으로 살아 미움받은 경험이 적은 교사들이 미움받는 아이들의 심정을 이해하기는 힘들 수 있다. 하지만 미움받는 아이들의 마음이 어떨지 늘 깊게 헤아려보아야 한다.

차별 없는 교실을 만들자

　종종 교실에 앉아 있는 아이들을 다 사랑한다고 말하지만, 사실 모든 아이들을 예뻐하기는 어렵다. 집안에 아이가 둘밖에 없어도 둘 다 똑같지는 않다. 하나는 예쁘고 다른 하나는 덜 예쁘다. 하물며 30명을 모두 예뻐하기란 거의 불가능에 가깝다. 하지만 미움을 줄이고 차별 없이, 공평하게 대하려고 노력하는 것은 가능하며 꼭 필요한 일이다.

　교사가 모두를 사랑하기 위해 노력하고 아이들을 차별하지 않으면 교실 안의 공격성을 크게 낮출 수 있다. 가정에서 남녀 차별을 하면 남매 사이에 의가 돈독해지지 못한다. 남녀로 대립히며 서로 미워한다. 미찬가지로 교실 안에 차별이 있으면 교실이 분열되고 통합이 어려워진다. 예쁨을 받는 아이와 미움을 받는 아이들로 나뉘며, 미움받는 아이들은 예쁨받는 아이들을 미워한다. 차별이 교실에 만연할수록 교실은 황폐해진다. 아이들 속에서 거부되고 위축된 아이는 교사가 감싸줌으로써 그 아이를 보호하고 다른 아이들이 공격하지 못하게 하여 교실 통합을 유도해야 한다.

'저 선생님은 우리를 차별하지 않았어', '차별을 덜한 선생님이야'라는 평만 들을 수 있어도 이상적이고 통합된 교실 역동을 만드는 데 긍정적인 영향을 미친 교사가 될 것이다. 사회적으로나 학교 차원에서나 워낙 차별이 일상적이다. 차별을 하지 않으려고 노력하는 것만으로도 가치가 있으며, 이런 노력이 아이들에게 긍정적인 영향을 미친다.

교사도 사람이다 보니 차별을 안 하는 것은 불가능하다. 수업을 하다 보면 저절로 눈이 가는 예쁜 아이들도 있다. 이때 잘하는 아이를 일부러 외면할 필요는 없다. 다만 칭찬을 할 때는 구체적으로, 명시적으로 해야 한다. 다른 아이들이 수긍할 수 있도록 그 아이가 왜 예쁜지, 무엇을 잘하기 때문에 예쁜지 상세하게 언급한다. 아이들에게 이유를 잘 설명하는 것이 중요하다. 누구는 잘하는데 너는 왜 못하냐는 식의 비교는 아이들의 자존감에 상처를 준다. 칭찬의 이유를 긍정적으로 설명하면 다른 아이들이 비난하지 않는다.

교실 안에 호감이 넘치도록 하려면 내가 먼저 호감을 보여야 한다. 내가 보이는 호감에 아이들이 익숙하지 않다는 것도 인정해야 한다. 주목받지 못하고 미움받고 차별받는 데 익숙한 아이들을 헤아리고, 많은 아이들이 병적인 피해 의식, 억울하다는 생각에 사로잡혀 있다는 것을 알아야 한다. 한꺼번에 변화시킬 수는 없겠지만 적어도 공평하다는 느낌을 주어야 한다. 이 모든 것을 실천하는 가장 좋은 방법은 눈 맞춤이다.

칭찬을 받아본 적 없는 아이들은 어른과 눈을 맞춰본 적이 없다고 한다. 눈을 마주치지 않고 진실한 대화가 가능할까? 눈 맞춤을 해본 적 없는 아이들에게는 눈을 맞추고 '너 참 괜찮다'고 말해주자. 아이들을 칭찬할 때는 착하다, 예쁘다는 표현보다 아이들에게 존재감을 느끼게 하는, 혹은 자아에 힘을 실어주는 '괜찮은 아이'라는 표현을 추천한다. 애정 어린 시선, 관심 있는 눈길을 고루 나눠주고, 또 그런 눈길이 편안하게 느껴지는 교실을 만들어야 한다.

교사가 아이들에게 신뢰를 주는 세 가지 태도가 있다. 따뜻하고, 엄하며, 침착한 태도이다. 교사가 엄격하지 않다는 인상을 주는 것은 좋지 못하다. 따뜻함과 엄격함은 상반된 개념이 아니며, 교사는 따뜻하되 원칙이 있어야 한다. 훌륭한 프로페셔널일수록 따뜻한 인상이지만 일관된 기준을 갖고 있다. 또한 우발적인 상황이 벌어졌을 때 흥분하지 않는 태도를 유지해야 한다. 차갑고, 원칙이 없으며, 쉽게 흥분하는 유형은 휴먼 서비스에 맞지 않는 사람이다. 교사가 따뜻하고 엄격하며 일관되게 아이들을 대할 때 아이들은 교사에게 믿음을 갖는다.

훈육 중심에서
상담 중심으로

행동주의는 여전히 유효할까

발달학 교과서나 교수법 이론에서 강요된 훈육이 상담보다 효과적이라는 이론을 본 적이 있는가? 강요나 통제, 금지가 사람의 행동을 고치는 데 일시적으로 유용할 수는 있지만 그 효과는 시간이 흐르면 사라진다. 사람을 근본적으로 바꾸지 못하기 때문이다. 차라리 매 맞는 것이 더 편하다고 하는 아이들도 있다. 잘못된 행동에 대한 대가로 매를 맞고, 잊는 것이다. 체벌이라는 일종의 채무를 이행한 아이는 매를 맞은 원인에 대해 생각하지 않아도 된다. '빨리 때려주세요' 하는 아이는 용감한 아이가 아니라 성찰이라는 고통스러운 과정을 회피하는 아이다.

어떤 시스템은 벌점이 아이를 고친다고 여기고 벌점제에 의존하지만, 이것 역시 문제 행동이나 어려움을 변화시키는 데는 효과가 없다. 교사

앞에서만 그 행동을 안 할 뿐일 가능성이 높기 때문이다. 강요나 통제에 기초한 행동 수정은 단기적이며, 지속되지 않는다. 때문에 교사는 변화에 대한 신념을 바꿔야 한다. 아이들이 진짜 두려워하는 것은 긴 시간 동안 상담하고, 그 과정에서 자신의 마음이 변하는 것이다.

예전에는 교사가 심하게 혼내서 아이에게 수치심을 느끼게 하고 그럼으로써 잘못된 행동을 못하도록 했다. 하지만 요즘 아이들은 수치심을 느끼면 잘못에 대한 반성은 커녕 증오, 복수심을 갖는다. 선생님의 꾸중을 사랑의 관심으로 받아들이지 않는다.

'수치심을 느끼면 변화한다'고 생각하는 전통적인 그룹이 있고 '수치심을 주기보다 도와줘야 변화가 일어난다'고 주장하는 쪽이 있다. '사람은 말로 호소해서 변화할 수 있다'는 신념을 가진 이도 있고 '어떤 사람은 말로 되지 않는다'고 확신하는 이들도 있다.

상황과 맥락, 유형에 따라 다양한 활동이나 행동에 기반한 훈육이 더 적절한 경우가 있고, 상담이 더 맞을 때도 있다. 법심리학에 따르면 반사회성이 고착된 성인들의 경우 상담이나 교육, 치료보다 법에 의한 처벌, 통제가 더 효과적이라는 의견이 대체로 받아들여진다. 그렇지만 학생들에게 같은 원칙을 적용하는 것이 옳을까?

18~20세 이전의 아이들에게는 반사회적 인격 장애라든가 사이코패스라는 결론을 내리지 않는다. 그때까지는 성격이 고착되지 않아 변화 가능성이 있다고 보기 때문이다. 반드시 벌로 처벌해야 되는 아이들이 있다는 의견에 대체로 동의하지 않는다.

나는 어떤 교사인가. 공포를 주 무기로 삼고 있지는 않은가? 많은 아이들이 앉아 있는 교실에서 공포를 사용하지 않고 생활하기란 현실적으로 불가능할지도 모른다. 그러나 주 무기로 삼지는 말자. 교사의 삶이 공포로 가득 찰 수 있다. '아이들이 내 말을 잘 듣게 하려면 어떻게 해야 하나?' 하는 생각이 '아이들을 어떻게 지배할 것인가', '아이들을 어떻게 나에게 굴복시킬 것인가'로 잘못 발전하면, 협력을 끌어내기보다 권력을 휘두르고 공포를 조장하게 된다.

그렇게 지내면 교사의 내면도 괴로워진다. 자신의 삶 역시 공포로 가득 차서 가정에서도 이런 면을 보이게 된다. 체벌은 간편하면서도 단기적으로는 효과를 발휘하기 때문에 중독성이 있다. 그러나 체벌을 자주 하면 참을성이 없어지고 교사의 삶이 불행해진다.

그래도 벌주어야 한다면

아무리 완벽한 부모나 교사라도 부정적 방법을 완전히 멀리하기는 힘들다. 그렇다면 부정적 통제는 어떻게 사용해야 할까? 부정적 통제를 어떻게 쓰느냐는 굉장히 중요한데, 이 과정에는 반드시 대화가 따라야 한다. 통제나 금지의 규칙을 세웠다면 이유가 무엇인지 충분히 대화하여 아이와 새로운 관계를 만들어야 한다.

어떤 교사는 마음이 약해 아이를 혼내고 나서 바로 나가 떡볶이나 피자를 사주기도 한다. 문제 행동을 해결하는 방법으로 혼내는 것밖에 몰라 아이에게 수치심을 주고는, 자신의 불편한 마음과 좋은 평판을 잃을까 걱정하는 마음 때문에 아이를 바로 달래주는 것이다. 아이를 힘들게 하고 나서 바로 미안하다고 말하는 것은 상대방보다 내가 불편하기 때문인 경우가 많다. 자신이 아이에게 부정적 영향을 주었다는 상태를 견디기 힘들어하는 것이다. 하지만 그런 사람들은 미안하다고 사과하고는 다시 그러는 경우가 많다.

아이를 진심으로 생각해 훈육했을 경우, 바로 달래는 것은 도움이 되지 않는다. 아이와 교사 모두 고통을 견뎌야 한다. 혼내고 나서 생각할 시간을 주어야 아이 스스로 고통을 달래는 법을 깨닫는다. '선생님이 계속 미워하면 어떡하지? 내가 더 노력해야지', '이번 일에서만 나를 미워하지 계속 그러지는 않을 거야' 하며 스스로 생각할 수 있도록 충분한 시간을 준다. '선생님, 제가 잘못했어요' 하고 진심으로 말하는 아이들은 스스로 자기를 달랠 줄 아는 아이들이다. 만약 그러지 못하는 아이라면 도와줘야 한다. 부정적 통제가 동반된 훈육을 하고 달래는 일이 반복되면 보상을 바라고 추후에 더 큰 문제를 일으킬 수도 있다.

또 하나 중요한 것은 아무리 좋은 훈육이라도 그것이 충동적이면 도움이 되지 않는다는 것이다. 부득이 벌주어야 하는 경우에는 약속된 벌만 사용한다. 규칙에 대한 준수율을 높이려면 규칙에 따른 상벌을 정할 때 아이들을 최대한 참여시켜 수용할 동기를 갖게 한다. 약속된 규칙을 어겼을 때는 자신들이 정한 벌을 준 다음 교육적 효과를 위해, 생각할 시간을 주고 벌이 끝나는 시점에 이야기를 나누며 진심을 전달한다. 무엇보다 벌, 금지, 부정적 통제의 사용이 적을수록 아이들과 관계가 긍정적이며, 교사의 생활도 행복하다는 점을 기억해야 한다.

대화와 상담의 힘

약속은 왜 안 지켜질까? 사실 어른들은 약속을 했다고 생각하나 아이들은 어른의 잔소리 시간을 줄이기 위해 어쩔 수 없이 '예' 하고 답했을 뿐이다. 순간을 모면하기 위해 약속에 응하는 경우가 더 많다. 못 지킬 약속을 말하고 아이가 지키겠거니 안심하는 것은 제대로 된 약속이 아니다. 약속은 지킬 만한 것을 최소한으로 정하고, 실질적인 본인의 동의를 반드시 얻어야 한다. 서로 상처받지 않기 위해, 약속을 잘 하는 것이 매우 중요하다.

아동 발달에서 아이를 키우는 동안 행동을 교정하고 약속을 잘 지키게 하기 위한 훈육 원리로 체벌, 애정 철회, 설명 세 가지를 꼽는다. 체벌은 직접적으로 신체를 때리는 행위부터 고통이 동반된 가혹 행위를 감내하는 것을 포함한다. 애정 철회는 사랑을 두고 협박하는 것으로 '이렇게 하면 너를 사랑하지 않을 거야' 식의 심리적 협박과 위협, 강요를 말한다. 설명은 이해하고, 납득시키는 전 과정이다.

당연한 말이지만, 약속을 지키고 모범적인 행동을 하도록 이끌기 위해서는 설명이 가장 좋다. 행동 변화를 측정하는 학자들은 설명해서 이해하고 납득했을 때만 장기적이고 지속적인 변화가 일어난다고 주장한다. 설명을 통해서 아이를 지도하라는 입장에는 '일부러 문제를 일으키는 아이는 없다. 그 뒤에는 모두 이유가 있다'는 철학이 전제로 깔려 있다. 문제 행동을 하는 아이들은 문제를 일으킬 만한 어려움이 있으니, 그에 대해 이야기를 나누고 도움을 주라는 것이다. 일부러 지각하고 싶은 아이는 없으며, 지각하는 이유가 무엇인지 살펴 그것을 해결할 수 있도록 함께 작업하고 기다려주어야 한다.

멜 레빈은 〈게으름이란 없다〉라는 책에서 "게을러 보이는 행동은 본질적인 부지런함에 장애가 생겼기 때문"이라고 말한다. 아이가 지각을 극복하는 일에 장애물이 생겼다면 어른은 그 장애물을 걷어낼 수 있도록 아이를 도와야 한다는 것이다.

애정 욕구가 강한 아이가 학교에 갔을 때 자신을 좋아해주는 사람이 아무도 없다면 학교에 가기 싫을 것이다. 학교 가기 싫어하는 아이와 가고 싶어 하는 아이는 등교를 준비하는 속도부터 다르다. 학교에 가고 싶은 아이는 후다닥 준비하지만, 가기 싫은 아이는 침대에서 뒹굴다가 잔소리를 들어야만 겨우 일어난다. 욕실에 들어가서 오랫동안 거울을 들여다보고, 칫솔에 치약을 묻히는 일도 천천히 한다. 지각해서 혼나는 아이에게는 학교에 가기 싫은 이유가 있으며, 그것을 잘 극복할 수 있도록 상담하고 돕는 과정이 필요하다.

그러나 매번 상담하고 설명하기란 힘들고 귀찮기 마련이다. 그래서 어떤 교사는 '너희들 각자 사정을 어떻게 다 들어주냐?'며 아이들의 개별적 특성이나 본성을 이해하지 않겠다고 선언하기도 한다. 이는 개성을 무시하는 행위이다. 이런 말을 들은 아이는 교사가 너희 모두를 다 사랑한다고 말해도 거짓이라고 생각한다. 교사는 자기 방식대로 따라오는 아이들만 사랑하고, 각자의 방식을 사랑할 수 없다는 메시지를 전한 셈이다.

교사가 상담 대신 체벌을 사용하는 데에는 이유가 있다. 지친 것이다. 대화를 싫어하며 아이들을 획일적으로 통제하려는 교사는 지친 상태이다. 그렇기 때문에 손쉬운 벌을 선택한다. 그러나 대인 관계가 중요한 휴먼 서비스 관련 직업을 가진 사람들은 이야기하는 것을 좋아해야 한다. 아이들의 많은 아픔을 발견할 수 있는 사람이기에 교사의 상담은 특히 더 중요하다.

아이들의 말을 잘 들어주는 교사들에게는 여러 사건들에 대한 제보가 몰린다. 똑같은 벌을 주더라도 평소 아이들의 말을 많이 들어준 교사가 주는 벌은 아이들에게 수용되며, 잘못을 반성하게 만든다. 그만큼 대화와 상담의 힘은 크다.

단기 효과가 분명한 벌의 유혹은 달콤하다. 하지만 아이의 내면에서 벌의 원인이 되는 행동을 수정하겠다는 마음이 생기지 않는다면 벌은 그냥 벌일 뿐이다. 원인을 고치지 않으면 언제든 재발하기 마련이다. 당장 눈에 보이는 효과가 없는 상담이 회의적일 수 있지만 진정으로 아이의 변화를 바란다면 상담을 선택해야 한다. 장기 효과가 있는 상담을 통해서만 아이의 변화를 이끌 수 있다. 교사의 수고가 더 많이 들어간다는 어려움이 있지만, 사람의 변화가 수고 없이 이루어지겠는가.

감성 교과를
통한
자기 치유 수업

교실이 곧 치료실

교육이 치료의 효과를 가지고 있다는 주장은 오래되었다. '발도르프 교육학'의 시조인 게오르그 케르셴슈타이너(Georg Kerschensteiner)는 〈교육이 치료이다〉라는 책에서, 교실에서는 수업이 이루어짐과 함께 또래 관계와 사제 관계가 형성되어 다양한 배움과 경험이 일어난다고 했다. 그는 또래 관계, 사제 관계, 수업에 의해 아이들이 치유될 수 있다고 보았는데, 이것이 교실에서 배움과 치유가 일어날 수 있는 세 가지 조건이라는 것이다.

수업에서 가르치는 모든 교과 내용은 삶과 연관된 진실과 진리를 담고 있어 아이들의 심리를 헤아리고 치유한다. 인문학만 그런 것은 아니다. 수학이든 과학이든 영어든 국어든, 어떤 과목인가는 중요하지 않다.

수학이 정직을 가르치고 과학이 자연의 위대함을 가르치기도 한다. 수업을 통해 아이들에게 필요한 심리 치유 과정이 일어날 수 있다.

수업뿐 아니라 교사와 학생 사이에서, 또래 관계에서도 치유가 일어난다. 그중에서 가장 직접적인 치유는 사제 관계에서 나온다. 인정하고 공감하고 격려하고 칭찬하고 사랑하는 과정을 통해 치유가 일어나는 것이다.

교실 민주주의와 감성 교과로 치유하기

최근에 깨달은 것이 있다. '성장학교 별'에서 왜 아이들이 변했을까 살핀 결과, 아이들을 치료한 것은 바로 교실 민주주의였다. 아이들을 긍정적으로 변화시킨 교사들은 학급 운영 방식을 바꿔 교실 민주주의를 실천하고 있었다. 아이들에게 참여하고 소통할 기회를 주고, 자신의 의견을 소중하게 느끼도록 했다.

교사가 아이들의 의견에 귀 기울이며 민주적인 방식으로 운영한 반 아이들이 가장 많이 변했다. '저 선생님은 공정하다', '민주적이다' 하는 평가를 받은 교사들은 아이들 개개인을 구체적으로 알며 아이들 사이의 관계를 공평하게 만들어주려고 애썼다. 잘하지 못하는 아이들과 잘하는 아이들 모두 성장하도록 격려했다.

참여와 소통을 기반으로 한 민주적인 학급 분위기는 교실의 핵심 요소이다. 아이들이 교실에서의 자신을 살아 있는 존재로서, 얼마나 자유롭게 느끼는지가 중요하다. 멋대로 하는 자유가 아니라 내 의견을 자유롭게 표현하는 자유를 말한다. 수업시간에는 몇몇 아이들만 표현하고 쉬는 시간에만 떠들썩한 교실은 죽은 교실이다. 학교생활 전반에서 생생하게 살아 있게 만드는 자유가 아이들을 치유한다. 그러므로 교사는 아이들이 다른 사람의 자유를 침해하지 않는 한도 내에서 맘껏 자유로울 수 있도록 여러 장치를 만들고 유지해야 한다.

　감성 교과를 통해서도 치유가 일어날 수 있다. 교실에서 일어나는 긍정적인 변화를 치유라고 한다면, 기존 수업에 감성 교과를 추가하여 아이들의 부족한 감정을 채우고 불안정한 감정을 안정시킬 수 있다. 교실에서 일어나는 많은 사건들은 대체로 아이들이 분노를 조절하거나 자기를 표현하는 능력이 부족하여 생긴다. 거절을 못하거나, 비관적이거나, 우울하거나, 비겁한 모습은 감성과 사회성의 문제로 인해 일어난다. 그래서 '감성 교과'와 '사회 기술 교과'의 도입이 시급하다. 아이들의 치유를 위해 새로운 주제, 새로운 교과 수업이 필요한 것이다.

　부정적인 아이들에게 필요한 것은 '행복 수업', '낙관 수업'이다. 어떻게 하면 더 행복해질 수 있는지를 공부해야 한다. 소심하거나 거절당해 위축된 아이들에게 적용할 수 있는 수업은 '거절 수업'이다. 거절하는 말을 가르치고, 거절해도 큰일이 일어나지 않음을 알려주며, 거절하는 것이 자신을 잘 돌보는 일 가운데 하나라고 가르치는 수업이다.

　'자기주장 수업', '용기 수업'도 효과적이다. 자기 의견을 명확히 표현하는 언어 훈련을 하고, 자기주장과 싸움을 구분할 수 있도록 돕는다. 목소리가 커지면 싸우는 것이라고 생각하거나 무조건 싸우면 안 된다는 생각을 갖고 있는 아이들에게, 자기 신념을 말하는 것은 싸우는 것이 아니며, 자기주장이 왜 중요한지 깨닫게 하는 수업이다.

눈치가 없는 아이들에게는 '표정 수업'을 한다. 사진을 보며 타인의 표정을 관찰하고 심리를 이해하는 수업이다. 지나치게 민감한 아이들에게는 '둔감력 수업'을 적용할 수 있다. 지나치게 민감한 사람들(hyper-sensitive person)은 자신에게 입력되는 무한히 많은 감각들을 어떻게 받아들이고 활용할지 몰라 불안해한다. 일본의 정신과 의사인 와타나베 준이치는 '히키코모리(은둔형 외톨이)'처럼 타인의 시선에 민감한 사람들은 위축될 수밖에 없는데, 그들에게는 자신을 안정되게 방어할 수 있는 훈련이 필요하다고 했다. 지나치게 민감한 것이 얼마나 자신을 불편하게 하는지 알게 하고 어떤 것에는 둔감해도 괜찮다는 걸 가르쳐주어야 한다는 것이다.

학생들 중에도 평가에 민감하고 타인의 시선과 말에 예민한 아이들이 있다. 이런 아이들은 감정의 기복이 심해 신체적으로도 그 반응이 나타난다. 심장 박동이 심하게 뛰고 과민성 대장염 같은 증세를 보이는 이런 아이들은 배려가 필요하나, 적당히 둔감해지는 것이 삶을 살아가는 데 도움이 된다고 알려줄 필요가 있다.

아이들이 삶의 균형을 잡을 수 있도록 도와줄 수 있는 주제와 수업은 상당히 많다. 현대 사회에서는 감성과 사회 기술에 관련된 교육을 가정에서 가르치지 않는 경우가 많아, 더더욱 학교에서 이런 부분을 가르쳐야 한다. 대안학교인 '성장학교 별'에서는 이런 수업들을 꾸준히 개발하고 적용하고 있다.

아이들이 생활하는 공간, 즉 가정이나 교실에서 치유가 일어난다면 더할 나위 없이 좋다. 굳이 병원이나 상담소를 찾지 않아도 교실에서 일어날 수 있는 변화가 너무나 많다. 아이들을 위해 먼저 교실을 치유

환경으로 바꾸고, 너무 많이 힘든 아이들은 선별하여 전문적인 도움을 받도록 한다. 또 필요하다면 수업을 이용하여 집단적, 개별적 치유 방법을 제공한다. 치유 환경을 갖춘 교실은 관심이 넘치고, 따뜻하고, 협동이 넘치는 민주적인 교실이다.

아이들에게 도움을 주는 일은 쉽지 않다. 언제나 심사숙고할 필요가 있기 때문이다. 하지만 이 모든 도움의 기초는 관계이다. 아이들과 치유적인 관계, 따뜻하고 사려 깊은 진정한 관심이 전해지는 관계를 맺고 있다면 아이들에게는 이미 치유가 일어나고 있는 것이다.

돌봄의 체계와 교사의 역할

한 아이를 키우는 데 마을 전체가 필요하다는 말이 있다. 그러나 그
것이 어디 마을에만 한정할 일인가? 아이들이 건강하고 행복하게 자라
려면 가정과 학교, 마을을 포함한 사회 전체가 긴밀하고 효과적인 돌봄
의 체계를 이루어야 한다. 그 속에서 아이들은 어려움을 극복하고 성장
하며 사회 구성원으로서 자신의 역할을 잘 수행할 수 있다.

도움이 필요한 아이들은 대체로 한 가지 문제만 겪고 있지 않으며,
여러 가지 어려움이 한꺼번에 있는 경우가 많다. 한 예로, 결석이 잦고
학교에서 싸움을 일삼는 아이 뒤에는 알코올 중독에다 술만 먹으면
폭력을 휘두르는 아버지, 지적 발달 장애를 겪는 어머니가 있을 수 있
다. 이런 아이를 학교에서 학습만 돕는다고 문제가 해결될까?

다중 문제를 가진 아이들

교사 혼자 모든 문제를 해결할 수는 없다. 마음은 굴뚝같아도 실제 도움을 줄 수 없는 경우도 있고, 아이나 가족이 도움을 거부하기도 한다. 최근 사회 복지, 심리 복지 서비스에서는 이렇게 여러 문제를 동시에 겪는 아이들을 '다중 문제를 가진 아이들', '다중 위기에 처한 아이들'이라고 표현한다.

이들에게 도움을 줄 때 무엇이 가장 중요한지에 대해서는 의견이 분분하다. 앞서 말한 아이의 경우 학습이 우선이다, 아버지의 폭력에서 분리하는 것이 먼저다, 가족의 해체보다 부모의 양육 책임감을 교육시켜야 한다 등 여러 의견이 오갈 수 있다.

도움에 대해 어른들의 입장이 다르면 아이는 혼란스러워한다. 한 기관에서 아이의 문제를 다 해결해주면 좋은데, 각 기관마다 역할이 다르고 관점이 달라 책임지는 사람이 누구인지 파악하기 어렵다. 여기저기에서 도움을 주어도, 밑 빠진 독처럼 아이에게 변화가 생기지 않는 이유는 돌봄이 체계적으로 이루어지지 않기 때문이다.

돌봄에도 체계가 필요하다. 여러 가지 어려움을 동시다발적으로 가지고 있는 아이들에게 제대로 된 돌봄을 주기 위해서는 도움을 주는 사람과 기관들이 협력해야 한다. 아이들이 성공적으로 학교를 마치고 성인기에 접어들 수 있도록, 어떤 도움을 어떤 순서로 줄 것인지 각자의 역할과 시기 등을 잘 조정하여 제공해야 한다.

학교를 다니는 것이 가장 중요하다

현재까지 돌봄의 체계에서 가장 중요한 우선순위로 합의된 것은 '학교를 다니는 것'이다. OECD 보고서에 따르면, 학교를 다닐 시기에 교육을 중단하는 것은 평생의 위기이며, 특히 빈곤 가정일 경우 빈곤을 대물림하는 핵심적인 위기가 된다고 하였다. 그런 점에서 학교생활은 아이들에게 가장 기본적이고 중요한 서비스라고 할 수 있다.

미국의 케네디 대통령은 "국가적, 사회적으로 가장 큰 부담은 오늘, 학생들에게 교육을 시키지 않는 것"이라고 연설한 바 있다. 그만큼 아동과 청소년들에게 제공해야 할 돌봄의 체계 중에서도 교육은 가장 중요하다. 전쟁 중에도 천막을 치고 학교를 중단시키지 않았다는 우리 부모 세대의 자부심에는 근거가 있다. 배우지 않으면 미래를 만들 수 없다는 확고한 의식이 있었던 것이다. 전문가들 역시 돌봄의 체계에서 학교를 다니도록 개입하는 것이 최우선 과제라는 데 합의하고 있다.

그렇다면 돌봄이 필요한 아이를 일차적으로 책임지는 사람은 누구인가?

한 학생이 학교를 끝까지 잘 다니도록 하려면 학교의 힘만 가지고는 부족하다. 미국에서 비행 청소년을 예방하고 지도하는 프로그램인 FAST track은 가족, 학생, 교사와 지역 사회의 지원 단체 등 네 개 팀이 협력한다. 그래야 비로소 아이가 위기를 극복할 수 있다는 것이다.

이 모델은 돌봄의 체계에서 아이를 돌보는 주요 책임자를 교사로 본다. 학교를 다녀야 할 나이에 가장 중요한 것은 교육이 유지되는 것이고, 교육에 모든 서비스의 초점을 맞추기 위해서는 교사가 조정자가 되어야 한다는 것이다. 이 프로그램은 매우 성공적이었고, 그 결과 돌봄의 체계에서 교사의 역할이 가장 중요하다는 인식이 생겼다.

풍부한 정보를 가진 부자 교사되기

교사는 아이를 도와줄 수 있는 기관에 대한 정보가 풍부해야 한다. 돌봄의 체계에서 열쇠를 쥐고 있는 교사가 그에 대한 정보가 부족하면 아이가 받을 수 있는 기본적인 서비스도 놓치는 경우가 생긴다.

최근에는 정부와 지역 사회에서 도움을 주겠다는 이들이 많이 늘었다. 학교를 졸업하지 않기가 어려울 정도로 사이버 학교부터 기숙형 공립학교 등 다양한 형태의 학교도 늘었다. 무상화 정책을 통해 중학교까지 많은 부분이 무상화되었고, 현재 고등학교도 무상화 정책을 추진 중이다. 정신건강복지센터, 위we센터, 청소년 상담복지센터, 건강가정지원센터 등등 이제 센터는 더 세우지 말자는 이야기가 나올 정도로 각 부처마다 수많은 센터를 곳곳에 세워놓았다.

앞서 말한 아이의 경우, 알코올 중독 아버지의 문제를 해결하는 것이 시급한데, 아버지를 입원시키려면 정신보건센터 혹은 알코올전문상담센터의 지원이 필요하다. 정신 지체인 어머니는 정신지체복지관에서 지원 서비스를 받을 수 있다. 학대와 방임으로 인한 상처는 아동 보호 전문 기관에서 도움을 준다. 아이가 크면 청소년 상담실, 청소년지원센터, 청소년 수련관을 이용할 수도 있다.

이렇게 아이들이 어려움에 처했을 때 도움을 줄 수 있는 기관들을 잘 아는 교사가 부자 교사다. 아이가 최종적으로 학교생활을 마칠 수 있도록 교사가 풍부한 정보를 갖고 활용해야 한다.

현재까지 돌봄의 체계를 활용하고 그 효과를 얻는 데 가장 중요한 조종자는 학교와 교사다. 아이들에게 체계적인 돌봄을 주기 위해서는 사회적인 노력과 함께 교사의 역할이 중요하다는 것을 기억해야 할 것이다. 효과적인 돌봄을 통해 아이들이 잘 성장할 수 있도록 교사가 돌봄의 체계를 이해하고, 정보와 자원에 익숙해질 필요가 있다. 이것이 어려움을 겪고 있는 우리 아이들을 실질적으로 돕는 길이며, 교실을 풍요롭게 하는 중요한 자원이자 힘이 될 것이다.

끝으로, 의사가 환자에게 군림하기 위해서가 아니라 치료하기 위해 진료실에 있는 것처럼 교사가 학교에 있는 것, 교실에 서 있는 이유는 아이들을 돕기 위함이지 아이들에게 군림하기 위해서가 아니라는 사실을 우리 자신에게 자주 일깨워주자. 교실, 이곳은 내 삶 최대의 진보를 만드는 곳이다.

희망의 원동력을 다시 만들자

교사의 자리는 이전과 달라졌다. 아이들에게는 인기가 좋고 늘 희망 직업 1위가 되지만, 실상 업무는 더 많아졌고, 노동 강도는 높아졌다. 사회적 지위는 전보다 추락했고, 교사라는 직업에 대한 사회적 시기라고 할 정도로 교사는 비판의 대상이 되곤 한다. 한마디로 일은 힘들어졌고, 인정은 받지 못하게 되었고, 쉬지도 못하게 되었으며, 연금은 더 줄어들었다. 사기가 오를 만한 일은 없고 관리자뿐 아니라 학부모, 아이들까지 어디 하나 편안한 대상이 없다.

정부도 교사들의 사기를 올려줄 생각을 하는 것 같지 않다. 사회적으로 교사를 돌보는 사람도 없다. 교사는 고립되고 끼리끼리 지내는 경우가 많다. 그리고 과거에 비해 교사들의 정신건강의학과 진료는 몇 배 이상 늘어났다.

교사의 상처, 소진은 이제 흔한 우리들의 문제이자 이슈가 되었다. 교사가 하는 감정노동의 강도는 우리가 생각했던 것보다 커졌다. 우아한 가르침의 세계가 아니라 듣지 않고 대들고 다른 것 하자는 아이들 틈에서 소리 질러야 하며, 과거보다 더 고급스런 수업 기술을 더 써야 하며, 더 많은 힘을 들여서 버텨야 한다. 교사는 미래의 희망을 키워나가는 사람인데, 교사에게서 희망이 무너지면서 교육이 무너질까 걱정이다. 또한 교사들은 사회적으로 너무나 큰 통제의 대상이어서 여러 가지 면에서 자유롭지 못하다. 빼앗긴 자유의 목록들이 적지 않으며 이 또한 되찾지 못하고 있다. 교사의 자유는 날개가 자라나질 못한 채 세월만 계속 보내고 있다. 간혹 다른 나라 교사들의 자유로움을 듣게 되면, 안타까울 뿐이다.

새로운 성장 체계 만들기

교사들이 스스로 깨어 있고, 자신들을 잘 모니터하면서, 교사 자신의 지식을 높여야 한다. 서로가 돌보고 함께 거울이 되어주어야 한다. 그리고 교사가 전문직으로 더 발전하기 위해서는 '혼자 일하는 체계'에서 '함께 일하는 체계'로 진화해야 한다. 더 이상 스스로를 스스로가 돌보는, 자수성가의 체제로 교사 자신을 되찾기란 어려울 것 같다. 전문직은 그렇게 성장하지 않기 때문이다.

그리고 교사들 스스로가 자신에게 또 동료교사들에게 자비와 연민 그리고 자긍심을 동시에 나누어야 한다. 오랜 슬럼프에 빠져 몽롱한 채로 매너리즘에 빠진 교사로 살지 않도록, 학교를 잊고 도망가지 않도록,

함께 지켜주어야 한다. 여러 문헌을 검토해본 결과, 교사의 가장 큰 치유자는 동료 교사였다. 동료 교사와 학생들이 자신의 삶에 행복을 돌려주는 가장 큰 원동력이라는 것을 뒷받침하는 결과들은 도처에 있었다.

재독 철학자 한병철 교수가 말한 것처럼 '더 많은 자유가 주어진 것 같지만 내가 할 수 있는 일들이 없고, 아무것도 특별히 하는 것이 없지만 시스템에서 자유롭지 못하는 이 우울한 피로사회와 격차사회, 자기애적 투정에 빠진 어른 없는 사회에서의 탈출'은 교사에게도 간절히 필요하다. 교사들은 더 만나야 하고, 교실 문을 열어야 하며, 교실 안에서의 사건들을 다른 교사들과 연결하고 사회에 알려야 한다. 교실 안에서의 일들이 곧 사회에서 일어날 일들이라는 진실에 사람들이 더 귀를 기울일 수 있도록 해야 한다.

교사는 아이들에게 빛이 어디에서 비추는지를 가르쳐주는 사람이었다. 그래서 교사, 선생님, 스승에 대한 비유는 흔히 등불이기도 하였다. 이 시대 속에서, 앞으로도 그렇게 되려면, 교실로부터 출발하여 사회로 나아가는 발걸음이 어디로 어떻게 향해야 하는지를 함께 토의해야 한다. 오늘날 교실에서 벌어지는 일을 사회적 어젠다로 제시하며 여럿이 함께 사회의 준비를 촉구해야 한다.

교실 안에서 일어나는 크고 작은 사건 또한 혼자서는 해결할 수 없을 만큼 너무나 많은 일들이 있는 것 또한 사실이다. 그런 의미에서 교실 안에서의 제도를 바꾸는 것은 사회의 제도를 바꾸는 초석이라고 할 수도 있다. 사람들이 말한 대로 교실은 사회의 축소판이라는 인식이 현실감으로 다가올 때 비로소 우리는 성장을 시작할 수 있다.

교실심리

행복한 교실을 만드는 희망의 심리학 개정판

초판 1쇄 발행 2012년 4월 30일
개정판 1쇄 발행 2019년 3월 18일
개정판 3쇄 발행 2020년 12월 30일

지은이 김현수

발행인 김병주
COO 이기택
CMO 임종훈

편집주간 이하영
편집팀 신은정, 최진영, 김준섭 **디자인** 씨오디
뉴비즈팀 백헌탁, 이문주, 김태선, 백설
행복한연수원 이종균, 박세원, 이보름, 반성현, 남기연, 고요한
에듀니티교육연구소 조지연
경영지원 한종선, 박란희

펴낸곳 ㈜에듀니티(www.eduniety.net)
도서문의 070-4342-6114
일원화 구입처 031-407-6368
등록 2009년 1월 6일 제300-2011-51호
주소 서울특별시 종로구 인사동 5길 29, 9층

ISBN 979-11-6425-015-8 (13370)